经世录

美第奇 著

上海财经大学出版社

图书在版编目(CIP)数据

经世录/美第奇著 . —上海：上海财经大学出版社，2024.1
ISBN 978-7-5642-4263-3/F•4263

Ⅰ.①经…　Ⅱ.①美…　Ⅲ.①世界经济-经济概况　Ⅳ.①F112

中国国家版本馆 CIP 数据核字(2023)第 192429 号

□ 责任编辑　陈　佶
□ 封面设计　贺加贝

经世录

美第奇　著

上海财经大学出版社出版发行
(上海市中山北一路 369 号　邮编 200083)
网　　址：http://www.sufep.com
电子邮箱：webmaster@sufep.com
全国新华书店经销
上海颛辉印刷厂有限公司印刷装订
2024 年 1 月第 1 版　2024 年 1 月第 1 次印刷

787mm×1092mm　1/16　16 印张(插页:2)　267 千字
定价：78.00 元

目　录

中国篇

K型经济　/ 3

高考分数线放榜后被强制住院的张雪峰　/ 6

鸭鼠之辨：板结的利益集团和无解的塔西佗陷阱　/ 10

14元芹菜罚10万元，严法宽行与脱缰的罚没　/ 13

宾客云来，怎么人民币还崩了？　/ 16

今日商业首飞的C919大飞机，正是掀桌子的第一步　/ 21

OPPO芯片断臂的刀，正是偷袭华为的那把　/ 24

1%的胜负：人民币结算反超美元和半岛新版"古巴危机"　/ 28

马歇尔计划、终极贷款人与RMB版"布雷顿森林循环"　/ 32

美国篇

美国最高法院突发裁决，大学禁止黑墨加分　/ 39

城市中心的垮塌：中美缓和的最大原因　/ 43

特朗普被求刑百年，动摇国本之外，还证实外星人不存在？　/ 46

百万漕工和死亡旋转，美国深入骨髓的路径依赖　/ 50

大明的盔甲和英美的舰队　/ 55

美国的PTSD：从GDP注水到中国触顶论　/ 59

违约大雷，7天倒计时 / 63
"新华盛顿共识"：当美国人开始师"夷"长技以制"夷" / 69
美国护照的失灵与 Pax Americana 的终结 / 72
薛定谔的美元违约 / 76
不是韩国化，而是万历化：被捕的特朗普，景山的两捧土？ / 80
"戏精上身"的耶伦和美国银行"土木堡" / 84
特朗普官宣"被捕"与巴菲特会盟救市：帝国中年大危机 / 88
雷曼时刻？硅谷最大银行突爆雷，科技泡沫火烧金融连环船 / 94
科技大停滞与美国周期律 / 98
一日销千亿：拜登第二大金主的惊天巨骗，正在引发一场"特色"金融海啸 / 102
"封建化"经济反噬美国：NASA 的探月发射又失败了 / 106
拜登的"卫绍王时刻" / 110
急需充电的美元霸权，能否等到第二个沃尔克奇迹？ / 114
加州春节的枪声和 2024 年的悬念 / 118
从美国《芯片法案》看美国政治生态的恶化 / 125
"特朗普的完美替代品"：共和党的火箭新星、佛罗里达州州长德桑蒂斯 / 133

欧洲篇

"法国之春"？法国大骚乱和欧洲去工业化 / 143
跳船的老鼠和散了的队伍 / 147
生死面前，脸皮算什么：瑞士人改法律撕欠条，这次表演了个无底线 / 150
群狼逼宫 / 154
好日子结束了…… / 158
大崩坏：美欧形变，春秋之后无义战 / 162
"帝国杀手"通货膨胀：从古罗马看新罗马 / 166

800年仇怨终见曙光：爱尔兰统一和英国的归位 / 171
华盛顿最后一个俄国佬：俄罗斯驻美大使阿纳托利·安东诺夫 / 177
勒庞：贞德再生抑或恶魔女儿 / 182

亚洲篇

日本枪击案背后日本社会的向心坍塌 / 191
ChatGPT和人工智能：毁灭人类之前，先毁灭印度 / 194
"安稳20年"还是"背临深渊"？日本的大国叙事与"小确幸" / 201
几两碎银和鬼节鬼故事 / 204
金融珍珠港，"逆子"又背刺 / 207
"世界工厂"的接力棒，有点烫：越南、韩国接连亮起红灯 / 211
三箭折断：庞氏尽头的日本 / 215
横扫日本和东亚的"妖风" / 219
"新科世界工厂"越南惨被打脸 / 223
不用真名的印尼总统佐科威 / 226
让韩国总统"惧内"的第一夫人金建希 / 234

随笔篇

屠龙少年终生鳞，叛逆首富受招安 / 245
可控核聚变突破：人类里程碑、美国降维打击还是里根星球大战？ / 249

经世录

中国篇

K型经济

雪糕刺客和饮料刺客

以往都说,经济不好的时候,口红就会卖得特别好。① 可今年这光景,连口红都积压了。

疫情时期还能说戴着口罩不用化妆,可摘下口罩之后的 2023 年一季度,口红效应也没有回归。化妆品的库存几乎是 4 年前的两倍,积压严重。

最近接连有快消品公司传出困顿的消息。先传出坏消息的是著名的"雪糕刺客"②钟薛高。

有人发现,6 月 6 日,钟薛高深圳南山分公司被注销,这样钟薛高旗下全部 21 家分支机构全都处于注销状态。其实钟薛高今年已经很努力了,甚至放下身段推出了一款 3.5 元的雪糕,可似乎还是难逃无处不在的经营压力,只能大举收缩。

之后又传出"饮料刺客"元气森林也陷入麻烦。元气森林过去几年可谓风头无两,创造了一个快消品的神话。2018—2021 年,元气森林的销售额增长率分别为 300%、200%、309% 和 170%,随着几何级数增长的销售额,其估值也从 2020 年 7 月的 20 亿美元、2021 年 4 月的 60 亿美元增长到 2021 年底的 150 亿美元,约合千亿元

---

① 口红效应也叫"低价产品偏爱趋势",每当美国经济不景气时,口红的销量反而直线上升。在美国,人们认为口红是一种比较廉价的消费品,在经济不景气时,人们仍然会有强烈的消费欲望,所以会转而购买比较廉价的商品,而口红作为一种廉价的非必要之物,可以对消费者起到一种安慰的作用。

② 雪糕刺客,指的是那些隐藏在冰柜里,看着其貌不扬的雪糕,但当你拿去付钱的时候会用它的价格刺你一剑。

(单位：亿美元)

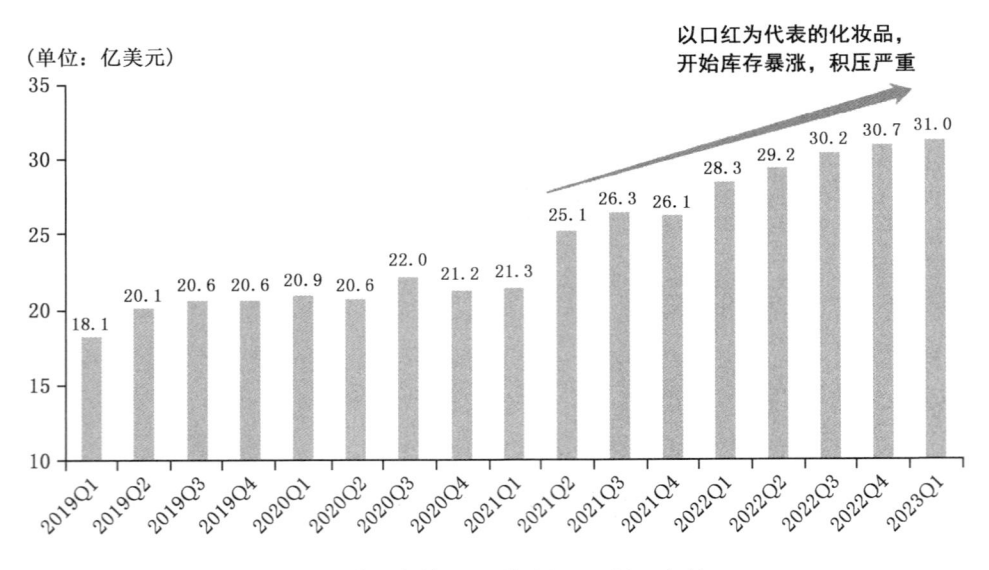

以口红为代表的化妆品，开始库存暴涨，积压严重

雅诗兰黛库存情况（图片来源：远川研究所）

人民币，超过了老牌巨头康师傅。可进入 2022 年之后，元气森林却突然失速，全年回款不到 90 亿元，销售额增长率降低到 20% 以下。库存则飞快增长，根据创始人唐彬森的说法，元气森林的库存达到了"数百万箱"，比上年"多一位数"，这还没有包括已经进入渠道的存货，元气森林一度被积压的库存压得透不过气来。

"上一秒还值 5 万，下一秒最多值 2 万。"辛平告诉虎嗅，在华南、东北、华北、华中的经销商圈子里，这款元气森林的气泡水被戏称为"难卖之王"。"有身高一米八几的大老爷们，因为卖不动这款气泡水在电话里哇哇大哭。"

——虎嗅：《元气森林向经销商低头》

曾经消费市场的宠儿，突然陷入滞销，原因很简单，出厂价 2.8 元一瓶的元气森林，零售价要卖到 6 元，比 3.5 元一瓶的无糖可口可乐贵了 2.5 元。而种种迹象表明，之前还愿意为"0 糖 0 脂 0 卡"的健康概念为元气森林买单的消费者，似乎不愿意多掏这 2.5 元了。消费降级，肉眼可见。

30 万元以上豪车，今年卖出 100 万辆

雪糕、口红、快乐水，这些普通人消费的产品，在迅猛地消费降级。但中高端汽

车和奢侈品市场,似乎又在消费升级。

根据乘联会最近发布的消息,2023 年 1—5 月,30 万元以上的豪车累计卖出了 104.6 万辆,同比增速高达 35.1%。相比之下,30 万元以下的经济型车累计销量为 658.7 万辆,同比增速仅为 0.5%。随着高端车型销量的暴涨,豪车市场份额也明显扩大,2020 年占比仅 9.5%,2023 年一季度占比已经高达 13.9%。

豪车如此,奢侈品也是如此。2019 年,中国消费的奢侈品只占全球的 11%,与日本的 8% 相近,而亚太除中国外其他国家奢侈品消费总市场份额约为 23%(包含日本)。短短几年之后,到 2021 年,中国奢侈品消费的全球占比就达到了 21%,相当于日本的 3 倍,比亚太其他国家之和的 18% 还要多。根据仲量联行的预测,到 2030 年,中国奢侈品消费全球占比将达到 26%,相当于日本的 4 倍,超过亚太其他国家总和、欧洲总和,并超过奢侈品消费第一大国美国。

一边是普通人贵几元的饮料和雪糕都不吃了,另一边是 5 个月就有 100 多万人新买了豪车。天差地别的经济状态,似乎如同小说《北京折叠》里写的一样,生活在两个世界。

K 型复苏

疫情之后,摩根大通提出了一个新的经济复苏理论:K 型复苏。所谓 K 型复苏,就是在疫情冲击之下的快速衰退(K 的一竖)后,一部分人因为各种各样的原因,依托对经济刺激政策的近水楼台先得月,快速恢复(K 斜向上一笔),而另一部分人则没有沾到刺激政策的红利,却背负了印钱、通胀等经济刺激的副作用,走下坡路。

向上复苏,让百万人在 2023 年前 5 个月里换了豪车,让 30 万元以上车型成为中国车市里唯一增长的细分市场。向下滑坡,让普通人不愿多付几元钱,让雪糕刺客和饮料刺客陷入困境,甚至连说好了的"口红效应"都库存滞销。

在新的刺激措施推出之际,也许该好好考虑一下这个 K 型分化的问题。

(本文写作于 2023 年 6 月 29 日)

高考分数线放榜后被强制住院的张雪峰

放榜后被强制住院的张雪峰

今天高考放榜，各省大多公布了分数线。

今年浙江第一年使用全国卷新课标Ⅰ卷，终于可以与江苏、山东、广东这些高考大省一较高下，结果浙江一战立威，把一本线干到了594分，比素有高考"地狱级"难度之称的江苏、山东还要高70分。作为全国基础教育最发达的地区，浙江"卷"的程度，的确有点高。①

浙江分数线如此之高，甚至有段子说，与其在杭州花几百万元买学区房，还不如去鹤岗买个10万元的房子落户，享受黑龙江287分的理工本科线来得有效。

高考完了，后边最重要的，当然是填报志愿。最近有消息称，将加大对高考志愿咨询的监管力度。

好巧不巧，就在加强监管后不久，以高考志愿咨询著称的教育"大V"张雪峰，就自曝"被强制住院"，在一年中业务需求最旺盛的几天里，高挂了免战牌。

---

① 浙江分数线这么高，有一部分是误解。浙江虽然用了全国卷，但是只有语、数、外3门用了全国统一的卷子，而其他3门是浙江省自主命题。而且浙江是3+3赋分制，也就是说，语、数、外3门是卷面分，剩下3门是按照考生分数排名的百分比赋分计入高考成绩，而不是按照卷面成绩计算。这种计算方式的不同导致浙江的分数线与其他省份没法直接对比。

张雪峰与实用主义

原本作为考研辅导名人的张雪峰,真正爆火反倒是高考志愿填报的相关言论。2016年,他的一段有关考研院校选择的视频"7分钟全面解读34所985考研名校"在网上大火,从此走上了指点莘莘学子怎么选学校专业的这条路。

他对各种专业的点评,充斥着浓厚的实用主义原则。一切向就业看、向"钱途"看,说了很多"政治不正确"的话,的确让不少人听着不顺耳、看着不顺眼。

也不知是有意在高考志愿填报之前炒热自己,还是正好"话赶话"说得过火,最近张雪峰在与一名考生家长连线时,听到理科成绩预估590分、远高于一本线的新疆学生有意报考四川大学的新闻专业后,情绪激动、表情夸张地回应称,"别报新闻,你闭着眼睛摸一个专业都比新闻好",并说如果他是家长,孩子非要报新闻学的话,"一定会把他打晕"。

张老师聪明一世,没想到这句话祸从口出,一下子招致无数媒体人的围攻。他骂生化环材是"天坑"那么多次,啥事没有,没想到喷了一句新闻传播专业,就被搞得狼狈不堪。再加上又有加强监管"志愿咨询"的消息,索性"被强制住院",在业务最旺季忍痛停工。

张雪峰到底有错吗?当然有,而且很大。

国内高校中,不但有各种听起来很高大上、实际上很"野鸡"的假大学,而且哪怕在真大学里,也有很多"毕业即失业"的"天坑"专业。如果"张雪峰"多了,那这些大学和专业还怎么生存?

这当然是玩笑话。"张雪峰"们的存在,最大的问题是过于功利性的追求,导致考生过于短视的选择,导致脱缰的"马太效应",热门专业热到人满为患,冷门专业冷到门可罗雀。可再热门的专业,需要的人数也是有限的,供求失衡之下,可能还不如冷门专业就业好。再加上A股里那么多行业分析师尚且不能看清一年后哪个行业更景气,一个考研辅导老师如何能预知四年本科或者七年本硕毕业之后,哪个行业会好,哪个行业会差呢?可是为什么"张雪峰"们还存在,而且被推崇、被需要?

因为高考制度是相对公平的,但选专业填志愿和之后的就业并不是。象牙塔里的既得利益者众,他们并不会自己革自己的命。如今社会发展日新月异,许多专业早已经没有需求,但是招生却既不压缩也不调整。毕竟专业如果调整了、压缩了、取消了,这些专业里的教授、院长们怎么办?

还有一些行业,"板结"已经到了惊人的地步,比如之前成都街拍火了的石油大学花裙女,家里都是石油系统的,子女也跟着进石油系统,如果你是毫无根基也不在这个行业里的"普通家庭",如何与这些人竞争?

不光石化、电力、烟草、金融行业等可能都有这个问题,只是程度轻重不同。

说白了,人生的重大选择,不过选择行业和选择伴侣两件。对人生大事给选择的建议,需要很深的阅历和足够的信任。阅历不深,不能知道其中的隐秘关节;信任不足,只能给出挑不出毛病的漂亮话,不会讲"到位"的大实话。就好像给人做情感咨询,"追求爱情最重要"这话漂亮且正确,但毫无价值,而提醒你"贫贱夫妻百事哀"这话不体面,但有可能真的有用。台面上讲的当然都是漂亮话,而那些有用但不体面的"体己话",常常只在相互信任的私人场合中才会说。

现如今,一个家境普通、父母见识有限的寒门学子,如果看学校印制的"伟光正"介绍材料,问大学的招生老师,听毕业典礼上成功毕业生的慷慨论述,只能听到漂亮且正确的"面汤话",是听不到有用但不体面的真实建议的。高中的老师们有时也加剧了这个错配,对于他们来说,985的冷门专业和普通一本的热门专业,很多时候他们会选择引导学生去报985,而不管之后的就业如何。毕竟985的升学率是他们的业绩,四年后学生的就业率与他们无关。

结果就是既得利益者在小圈子里信息高度透明,普通人蒙在鼓里被别人引导四处踩坑,成了既得利益者们的猎物。现在有个人出来,通过他的就业数据和对高校的研究,把这些"私下里的不体面建议"公开说出来,让那些没有能力进到小圈子里、听到"体己话"的普通学生们提前看到险恶和大坑,避免给别人当分母和炮灰,这才有了市场。

余味 · 市场经济

人生的确不只有眼前的苟且,还有诗和远方。但是哪怕诗和远方玩到巅峰的诗圣杜甫,在草堂的时候也得关心一下茅屋漏水的苟且。

有理想、有主见、有见识、有基础的学生,是不会去咨询"张雪峰"们的。那些原本就被"实用主义"驱使的普通人才需要。不过话说回来,360行,行行都精深。专业的行业研究尚且猜不到一年后自己钻研的行业好坏,更别说一个考研老师能对所有专业四年乃至七年后的行情看得清楚。"张雪峰"们的作用,其实也没那么大,他们的建议也不一定那么准,但普通人对他们的需求却是实实在在的。因为他们利益不相关。

要想真的消除"张雪峰"们的土壤,得先消除既得利益阶层的板结,疏通鲤鱼跳龙门的通道。

(本文写作于 2023 年 6 月 27 日)

鸭鼠之辨：板结的利益集团和无解的塔西佗陷阱

传染性近视眼和权力的傲慢

谁能想到，为了分辨一个鼠头是不是"鸭脖"，竟然需要省部级的重量级调查组，折腾两个多星期才能下定论，实在是有些滑稽。

在视频上牙齿如此清晰的情况下，这件事竟然要动用国内权威动物专家的专业能力，才敢得出不是鸭脖而是鼠头的结论。

其实道理很浅显，两千多年前就诞生过"指鹿为马"典故的中国人，谁能不知道是怎么回事呢？可就是在你知道是怎么回事、他也知道是怎么回事的众目睽睽之下，某些人就是敢睁着眼睛说瞎话。

如果《皇帝的新衣》里皇帝不穿衣服是因为被蒙骗，那这次不穿衣服的有关部门，是明知道所有人都知道自己没穿衣服，但仍然敢裸着出来让大家称赞自己的"新衣"，因为足够有信心，敢被人戳破真相。何等的权力傲慢！

AI 时代的超级塔西佗陷阱

古罗马历史学家塔西佗曾提出一个理论，如果权威反复地欺骗民众，当公权力失去其公信力，无论其如何发言或处事，无论是说真话还是假话、做好事还是做坏事，都会被认为是说假话、做坏事。这就是所谓的塔西佗陷阱。

> 一旦皇帝成了人们憎恨的对象，他做的好事和坏事就同样会引起人们对他的厌恶。
>
> ——塔西佗评罗马皇帝迦尔巴

这个现象中外均存在。《论语》中子贡也提出，因为纣王作恶太多，结果天下的恶事都归罪于他。殷纣王的不善，不如传说的那样严重。因此，君子非常憎恶居于下流，（一旦居于下流，）天下的一切坏事（坏名）就都会归到他的头上来。其实子贡说的比塔西佗说的更到位，塔西佗陷阱应该改称"子贡陷阱"。

当事人搞定了，市场监督局也搞定了，区区一个职高的食堂承包商就有如此"能量"和"胆量"，敢于欺骗14亿全国人民。那动辄几十亿元的"大项目"背后的名商巨贾，能做到什么程度？鼠头能变成鸭脖，那么别的事情有何不可能？

一个鼠头都要省级的重量级调查团才能弄得清楚，那利益更大、背景更复杂的悬案，国家的级别还够用吗？

塔西佗陷阱一旦形成，将再无逆转的可能。遍地不信任的干柴之下，任何微小的事件都有可能引发滔天巨焰。

而AI时代，更是让信用面临更大的挑战。借助技术，各种足以乱真的消息、图片、视频都可以被轻易地制作出来。一旦塔西佗陷阱形成，别有用心之人就可以轻易地篡改事实，引发惊涛骇浪。

板结的利益集团

说到底，是鸭脖还是鼠头，并非什么重大的问题。真正的问题是这次暴露出来的基层利益集团的板结。历史书都是由胜利者书写，所以王朝末期的君王似乎一个个都是没有头脑的政治白痴。可实际上，经过皇家启蒙教育又在夺取皇位过程中摸爬滚打的胜利者，又怎么可能是真的政治白痴呢？

实际上，这些末代君王看起来比他们的先祖软弱的原因，全在板结这件事上。王朝持续了两百年也就是近二十代人，基层利益集团已经非常稳固，通过联姻、师生、同门、同乡、提携等各种方式，利益完全盘根错节地捆绑在一起，形成板结的一块铁板，以至于皇帝想要杀鸡儆猴的时候，都抓不到任何孤立的"鸡"，找不到合适的对象。最后甚至板结的地方利益集团可以脱离中央皇权管辖，帝国空洞化，随便碰到外敌或者灾年,就会轰然而倒。

　　这次鸭头事件所暴露出的,也正是基层利益集团的板结。"小地方靠关系",食堂承包商、学校、市场监管,乃至当地媒体,都已经是板结成一块,以至于他们有足够的信心去指鹿为马也不用担心被揭穿,甚至有信心以为能够绑架上级组织与他们一起说瞎话。

　　幸而板结化只存在于基层,当有更上一级介入之后,板结被打破,鸭脖也就还原成了鼠头。可如此小事都要省级的干预才能得到处理,这板结的程度已经可想而知。如果这板结从基层进一步蔓延呢?如果这次的鸭鼠之辨不是职高食堂的小事,而是更大的项目、更广的利益呢?

　　不破板结,王朝周期律就还会发挥其可怕的破坏力。这是关乎国运的大事。

(本文写作于2023年6月18日)

14元芹菜罚10万元，严法宽行与脱缰的罚没

14元芹菜罚款10万元

2019年9月，闽侯县的陈大伯路过邻居的芹菜地，攀谈之中邻居提到自家菜园芹菜成熟。被邻居怂恿的陈大伯于是就以122.5元买了邻居70斤芹菜，并运到当地蔬菜批发商处转手卖掉，总共赚了14元。

没想到，这批芹菜被抽检抽中，检验发现农药残留不合格。陈大伯虽然只是第一次顺路批发了一些蔬菜，但也被立案调查。后来当地市场监管部门做出处罚决定：没收违法所得14元，处以罚款5万元。

陈大伯文化程度不高，也无力承担5万元的罚款。逾期未交之后，市场监管局又加罚5万元。陈大伯无力支付，市场监管局之后向法院申请强制执行。第一次卖菜的陈大伯，赚了14元，却被罚了5万元，这显然很不合理。但市场监管部门倒也是依法而行，《食品安全法》第一百二十四条规定：生产经营致病性微生物，农药残留、兽药残留、生物毒素、重金属等污染物质以及其他危害人体健康的物质含量超过食品安全标准限量的食品、食品添加剂，货值金额不足一万元的，并处五万元以上十万元以下罚款。也就是说，罚款的起点就是5万元。没想到市场监管局的强制执行却被闽侯法院驳回了。有司的面子似乎不允许他们放过一个家贫的老伯。为了这14元的违法案件，竟然提出复议，上诉到中级人民法院。二审法院依然维持一审判决，驳回了市场监管部门的申请。市场监管部门的处罚似乎的确有法可依，但为什么后来被闽侯法院驳回了强制执行的请求呢？这里就牵扯到司法实践中的"严法宽

行"问题。

严法宽行与凉皮里的黄瓜

最近上海一家名叫"一馍家"的饭店卖了 7 份凉皮,却收到了监管部门的 5 000 元罚单。原因竟是这家饭店的凉皮里加了黄瓜丝。根据监管部门的说法,这家店虽然有食品经营许可证,却没有冷食类食品制售许可证,所以凉皮能卖,黄瓜丝罚款。

宁波一家饭店有 3 个客人点了五菜一汤,结账时还有一些菜没有吃完,结果被象山县市场监督管理局突击检查碰上,当即以《中华人民共和国反食品浪费法》的规定,对店家罚款 1 000 元。

重庆则发生了顾客点了 16 支雪糕但没吃完,店家被当场罚款 2 000 元的事情。

是依法办事吗?没错。但合理吗?这就是目前法治的一个灰色地带。中国的有些事情,往往是一抓就死,一放就乱。因此国内实践中,常常有所谓"严法宽行"的做法。一放就乱的复杂现实,的确要求"严法"。但严法之下必须辅以"宽行",法规设计得密不透风,然后在执行中给条活路,市场死气沉沉就手松一分,市场纷乱就手紧一寸。"严法"和"宽行"形成平衡。

比如《行政处罚法》就开了这么个"后门"。《行政处罚法》的基本原则中有一条是"过罚相当",也就是处罚应该与违法行为的性质、情节、危害程度和主观过错相一致。规定了违法情节轻微及时纠正不罚、初次违法后果轻微及时纠正不罚、足以证明没有主观过错等情形不罚。陈老伯既非职业菜贩,而且案值不过 130 元,获利仅 14 元,并且本人并不知晓销售的芹菜不合格,案发后积极配合调查,应该算得上可以减轻或不予处罚的情况。

然而,严法宽行在实践中却变成了寻租的灰色空间。在各地收入下降的当下,要警惕把严法宽行的平衡变成弥补缺口的手段。

罚没收入

对于各地投资,之前说"投资不过山海关",最近似乎又变得更谨慎些,变成"投资不出南宋域"。各种营商指标琳琅满目,但罚没占收入之比似乎可以给出一个新的视角。

依赖税收者，大致靠近法治经济、市场经济；依赖罚没者，则更靠近管制经济、权力经济。一地政府，罚没收入比超过5%，就需警惕；超过10%，就已接近经商的填埋场了；如果超过20%，那就不只是填埋场了……

然而，在各地收入下降的当下，罚没似乎有提速的迹象。2022年7月，各城市陆续公布2021年的预算执行情况。有媒体统计了全国300余个地级市的罚没收入，其中，有111个地级市公布了罚没收入数据。

2021年，有80个城市罚没收入呈上升态势，占比超过72%，有15个城市罚没收入同比增长超过100%，如四川乐山增长155%、江西南昌增长151%。

14元的芹菜罚10万元，7份凉皮里的黄瓜罚5 000元，雪糕没吃完罚2 000元。只依严法而忽略宽行，罚没脱缰失衡之下，要警惕造成更深远的问题。

（本文写作于2023年6月14日）

宾客云来,怎么人民币还崩了?

宾客云来

马斯克坐着私人飞机,三年之后第一次来到中国,受到了超高规格的接待。官方的不说了,光到北京之后第一顿晚餐,就让马斯克感觉颇佳。到北京第一顿饭,宁德时代的曾老板在华府会摆下盛宴,整个晚宴以马斯克的"马"和 Elon 的 E 为主题,晚宴共 16 道菜,包括马家沟芹菜樱花虾、意大利黑醋松板肉、酸菜象拔蚌、芙蓉玻璃明虾球、怀旧妈妈菜等,定制豪华无出其右。这中英文的菜单,连"以梦为马,横行万里"的话都写出来了,菜品据说也围绕"一马当先"组织编排,这份用心,马老板看起来相当受用。

马首富和宁德曾老板聊得宾主尽欢,拿了 4 个亿特别奖金的朱晓彤(Tom Zhu)也在旁作陪。曾老板当然也不白忙,这顿饭之后,上海新建的储能超级工厂电池项目,也就是特斯拉的 Megapack 项目,可能即将上马。不过人家马首富可是拥有推特的媒体大亨,当然知道宣传的重点。去豪门吃盛宴当然不适宜传播,发宣传稿的,肯定是去苍蝇馆子吃包子的照片。

最近来的不光有马首富,还有华尔街之王。

美国最大银行摩根大通银行 CEO 杰米·戴蒙最近也来到了中国。作为华尔街最有影响力的人,当然不会自己一个人来。他这次带上了辉瑞 CEO 艾伯乐、星巴克新任 CEO 纳思瀚一起跑到上海开峰会,甚至还能请到 100 岁的基辛格和前国务卿赖斯远程参会,颇有点武林盟主号令天下的意思。

这样的重量级人物，当然不会空着手来。先是拿到了独资的期货公司，之后还获批以 2.5 亿元的价格，把上投摩根基金管理有限公司中上海国际信托有限公司所持有的 49% 的股份买回，成为国内第 6 家外商独资的公募基金管理人。

摩根大通当然也投桃报李，准备将员工人数翻一倍（美国摩根大通正在裁员中），将大量业务带到中国大陆，进一步协助上海确立远东金融中心的地位。

其实不光马斯克、戴蒙，苹果的库克、英特尔 CEO 基辛格等有头有脸的西方商业大佬近期基本上都来了中国，全球 500 强中，4 月至 5 月间派高管到访中国的超过 100 家。企业交流的火热与政治交流的冷暴力形成鲜明的对比，中国在对美战术上采取了新战术。相比起大放厥词、出尔反尔的政治人物，每个季度要对"底线"（bottom line）负责的商界人士显然更有信用和更容易打交道。给马斯克和戴蒙铺的红毯，能换来真的落地执行的合同，而与布林肯和雷蒙多费口舌，即使形成了协议，在为大选预热的美国现今政治环境下也根本没有任何执行的可能。既然这样，还不如与真正说了算的"金主们"沟通更有意义。对美"政冷经热"，算是把拉一派打一派的艺能发挥到了新高度。

莫名其妙地崩了

然而，外商云集北京、上海，个个都看好中国经济，外贸 4 月又狂赚 6 000 多亿元顺差，威震海内才没过去多久，RMB 却莫名其妙地崩了。

这崩得实在有点不知所以。美元 5 月虽然走强，但远没有强到这个地步。5 月份出炉的国内经济数字虽然不好看，但也没差到如此地步。毕竟连国内爆发了房产泡沫危机、连续十几个月逆差导致外汇狂降的韩国，这个月兑美元都升值了 1%。大额顺差的中国反倒是这么个走势，实在有点匪夷所思。

这背后到底发生了什么事？

新的包围网

有人认为，RMB 贬值的罪魁祸首，可能是新的包围网。

5 月 27 日，到处碰壁的拜登政府，终于拿出了第一个像样的外交成果：美国主导的"印太经济框架"(IPEF)14个成员国就供应链协调达成了一致。协议的中心要点,就是建立一个"排除中国"的供应链。

这个印太经济框架,是拜登在TPP失败之后搞出来的替代项目。2022年5月成立,成员国除美国外有13个,包括韩国、日本、印度、澳大利亚、新西兰、印度尼西亚、泰国、马来西亚、菲律宾、新加坡、越南、文莱、斐济,总人口25亿,GDP总额38万亿美元,占世界经济的40%。这个组织号称有4个主要议题:公平贸易、供应链、清洁能源和公平经济(税收及反腐败)。但骨子里就一件事,将中国排除在世界经济大循环之外。总体上说,这个印太经济框架的想法是很"高明"的。想要替代made in China,任何一个国家都很难有这样的巨大生产力。那么,就把印太地区出口旺盛的国家组合在一起,似乎就能拼凑出可以替代中国产能的阵势。

看上去气壮如牛、声势浩大,但是这里边除了日、韩、澳之外,其他国家反对中国的动力非常微弱,大家不过是听说美国要给订单、给生意,临时凑在一起的。所以14个国家吵了一年也没有什么成果。面对国内政治压力和经济压力,拜登不得不进行重大让步,这才让4个议题中"排除中国的供应链"这一议题协商成功,将加强芯片、关键矿物等基本材料的供应链,以"减少对中国的依赖"。

乍看上去,这个"去中国化"的供应链协议,配合拜登政府一直在推进的"友岸外包"政策,似乎一头一尾形成闭环,真的能把中国排除在全球经济大循环之外。但仔细看的话,似乎又不是那么回事。重构供应链,关键要投资。即使能把每年出口40万亿元的中国剔除出去,但重构如此巨量的供应链所需要的投资是天文数字。美国现在的情况,因为缺钱,连阿富汗都拱手放弃,俄乌那边每个月还要烧上百亿美元,实在是没有这个余力。所以美国人提出来的办法是,印太经济框架成员国分担供应链重塑的成本。又要马儿跑,又要马儿不吃草,哪有这样的好事?结果就是,除日、韩、澳这3家铁杆之外,只有越南、印度尼西亚几个拎不清的国家真的开搞。果不其然,被坑得死去活来。

而印度则继续疯狂地"关门打狗",把西方大厂割得吱哇乱叫。而且割韭菜的手段越来越神奇,之前对付谷歌、亚马逊的罚款查税都已经是老把戏,新的套路层出不穷。比如,最近印度航空公司捷行航空(Go First)破产了,这个航空公司破产前从西方飞机租赁公司处租了40架飞机,破产之后,这40架租来的飞机竟然被扣下拍卖了。相当于房东把房子租给房客,房客滥赌,结果把自己租的房子给卖了抵债。西方飞机租赁公司不但没收到飞机的租金,连飞机也被割走,叫天天不应,叫地地不灵,亏得一塌糊涂。

这傻的傻,骗的骗,各自心怀鬼胎的包围网哪能成什么气候?这个印太包围网,充其量也就起个心理作用,难以影响大局。

成长的阵痛

如果这个印太包围网可能只有心理上的短期冲击,那么RMB贬值的原因到底是什么呢?我认为有两个大的因素。一个是"报复性消费"之后,国内经济陷入产能过剩,许多外贸企业取得外汇之后,没有扩大再生产的动力,也就不需要大量的RMB。同时,美国当前利率更高,因此大量企业不进行结汇,导致顺差并不能对RMB汇率有支撑作用。

但更重要的,可能是最近货币互换协议的"锅"。

随着"去美元化"的加强,RMB货币互换的国家和金额快速扩大。40多个国家同中国央行签订了超过5 800亿美元规模的RMB货币互换协议。RMB作为交易结算和储备货币也得到了极大的增强。

但相应地,这些国家也获得了用本币大规模兑换RMB的通路。客观上说,许多与中国达成本币双边兑换的国家,如巴西、阿根廷,目前有严重的经济问题。比如阿根廷,目前通胀率已经高达100%,阿根廷国内普遍把1 300亿元人民币的双边兑换协议,当成阻止比索进一步贬值的救命稻草。为此,阿根廷经济部长、今年阿根廷大选热门候选人马萨,5月30日专门跑来北京,希望扩大与人民币互换规模。这样,阿根廷就可以用自己手上快要跌成废纸难以换到美元的比索,先以比较好的汇率换成RMB,然后再抛售RMB换取美元,"曲线救国"。结果事实上就成了大量RMB在国际市场上被抛售,打压了RMB的汇率。

不光阿根廷这么操作,巴西甚至俄罗斯、沙特都有这样的操作。因为货币互换协议的很多汇率浮动并非完全市场化,有些甚至是锁定的,所以比索、雷亚尔和卢布可以以非常优惠的汇率换取RMB,然后卖出换取美元还债甚至套利。可以说,这是RMB国际化之路上不可避免的"成长的痛苦"。

欲戴皇冠,必承其重。既然要RMB国际化,成长的阵痛肯定难以避免,一些亏总得吃下去。美国作为霸权,搞包围网不出本钱都难以成事,更何况我们是作为追赶者。该出的本钱还是要出,该吃的亏还是要咽下去。毕竟 3 万亿美元外汇储备在手,大量顺差还在持续,几个漏风的小窟窿不会影响大局。话虽如此,路要一步步走,饭要一口口吃,一些明摆着吃亏的场合,咱们还是别掺和了。

(本文写作于 2023 年 5 月 31 日)

今日商业首飞的 C919 大飞机，正是掀桌子的第一步

话筒到底在谁手里？

国内的舆论，总是让笔者怀疑，咱们的话筒到底是在什么人手里？

比如人民币和美元的汇率，2022 年气贯长虹地从 7.2 涨到 6.7，媒体反应平平，2023 年汇率从 6.91 跌到 7.06，结果媒体上成篇累牍的"破 7"新闻。

又比如前几日北京沙尘暴的时候，不少媒体阴阳怪气地指桑骂槐：耗资巨大的三北防护林，种下那么多树有什么用，怎么没挡住风沙？没有沙尘暴的时候，又不忘了出来贪天之功，区区百万棵树的××森林也能"有效阻止沙尘暴"。

就这些媒体的造型，也难怪连某德国小伙打断腿骨增高都能上热搜，但是今天（5 月 28 日）中国大飞机 C919 首次商业飞行这么大的事情，却搞得这么无声无息。

看来，有些人是颇看不上这件掀桌子的大事。

C919 首次商业飞行

5 月 28 日，东航首次将 C919 投入商业飞行，班次为 MU9191 上海虹桥—北京首都。

2021 年 3 月，中国东航成为首批 5 架 C919 的购买者；2022 年 9 月 29 日，C919 获得中国民用航空局颁发的型号合格证之后 3 个月，东航就正式接收编号为 B-

919A 的全球首架中国自产大飞机。

  2022 年 12 月 26 日,中国东航全球首架 C919 开始进行总计 100 小时的验证飞行。这 100 小时验证飞行持续到 2023 年 2 月中旬,起降的机场涉及 9 个省市的 10 座机场。中间不过在上海虹桥出现了一次发动机反推失灵的故障,就被各路媒体描绘成试飞灾难、行将下马的失败项目。

C919(图片来源:《文汇报》)

  东航 C919 大飞机首次商业飞行的意义十分重大。商业飞行证明 C919 已经相当成熟,商业首飞的示范作用之后,将是国产大飞机的大规模商业化运营,基于运营的表现,为其国际化铺平道路。实际上,在 100 小时的验证飞行之后,东航已经对大飞机的安全性能和商业表现充满信心,验证飞行结束之后,东航将 5 架 C919 布置到上海、北京、西安、昆明、广州、成都、深圳等地的热门航线上。上海到成都航线,也有一班由 C919 执飞。

  不夸张地说,今日首次商业飞行的 C919,正是掀桌子的第一步。

富强必须掀桌子

  咱们的体量,决定了要想富强,就必须掀桌子。
  这其实并非什么民族主义情绪,而是一道简单的数学题。

咱们被卡得最惨的芯片行业，全球总产值不过 6 000 亿美元。假设将来全被中国人拿下，14 亿人口的分母一除，人均 GDP 不过增加 429 美元。目前中国人均 GDP 为 1.2 万美元，距离逃离中等收入陷阱的人均 GDP 目标 1.8 万美元还差 6 000 美元，也就是中国人得垄断 15 个芯片行业才够逃离中等收入陷阱。

咱们现在连一个芯片行业还没搞定，上哪儿去找另外 14 个？因此，中国要想跨越中等收入陷阱，就必须发展所谓"掀桌子"的行业。什么是"掀桌子"的行业？就是西方国家依赖工业定价权、产生超额利润的行业：7 000 亿美元的飞机制造业，2.9 万亿美元的汽车制造业，1.4 万亿美元的制药业……如果仔细看看西方发达国家的 GDP 构成，你就会发现它们都是"二八原则"，20%－30%是有实际产出的工农业产品，70%－80%是服务业。

服务业与工业品是不同的，服务业的产值基于它服务的对象。同样都是刷盘子，在德国刷的工钱可能是国内的 5 倍，并非是在德国刷盘子能创造 5 倍的价值，而是因为在德国用盘子的人能出 5 倍的饭钱。都是刷盘子，凭什么在德国就是刷一个 3 元，在中国就是刷一个 0.6 元？区别只在于用盘子的人通过垄断高端工业品，获得了这些工业品的定价权，也就带来了超额利润，这些超额利润又支撑"高价"的服务业。以 20%的工业产出推高 80%的服务业"价值"，西方国家的富强，就基于此。

因此，中国要想富强，就得掀了西方人的工业品定价权，你有我有全都有的时候，这价格才能公道起来。解决有无是首要，引擎、飞控国产率这些则是次要。

等到西方人不再掌控顶端工业品的定价权，依托于 20%工业产出超额利润的服务业，自然也就变成了镜花水月。当西方和中国刷盘子都是 1 块钱 1 个的时候，西欧人还能吊儿郎当一周 4 天工作制，还能吃香喝辣、用度不愁吗？因此，C919 的商业化异常重要。这不单是中国终于能够进入欧美垄断百年的行业的问题，而是直接威胁到西方人所掌控的定价权和它背后的好日子。

奥巴马曾直言不讳地说过，如果中国人过上美国人一样的生活，地球的资源将无法承受。如果奥巴马说的没错，地球的资源不够支持中国人像美国人一样生活，那么唯一的办法，就是把美欧的桌子掀了，中国才有空间富强起来。

今天的大飞机商业首飞，就是咱们掀桌子的第一步。

（本文写作于 2023 年 5 月 28 日）

OPPO芯片断臂的刀,正是偷袭华为的那把

OPPO芯片一日断臂

2023年5月12日最大的新闻,莫过于OPPO手机旗下名叫哲库(ZEKU)的芯片部门一日之间全部裁撤。这个新闻实在有点出人意料。一方面,OPPO搞芯片,那是投了大本钱、下了大决心的。从当年OPPO上海研究院(哲库前身)开始,OPPO就不吝巨资全行业挖人,高通的负责人、华为的工程师,杂以展讯、中芯各路专家,颇有点重赏之下必有勇夫的味道。短短几年间,OPPO芯片已经有3 000人的队伍,位居国内IC设计公司第五,其战略决心是非常明确的。

另一方面,哲库的确还是搞了点东西出来的。哲库已经搞出了成熟的NPU(神经网络芯片)、ISP(图像芯片)、蓝牙SoC。马里亚纳X芯片已经一次流片成功,马里亚纳Y芯片也马上要进入流片环节。

哲库还搞了电源管理芯片,就在两个月前,OPPO首席产品官刘作虎还在微博上兴奋地秀肌肉,说这颗电源管理芯片功能如何强大,将来OPPO和一加要全线搭载。

而且OPPO已经投入巨大资源搞自研AP(application process 手机的CPU),其志不小。投入之巨大,成果之斐然,更加映衬出OPPO芯片关门的不合常理。

首先,这次的关门毫无征兆。哲库的扩张一直没停,甚至出现了挖来的高管入职一天就公司关门的搞笑状况。

其次,哲库这次关门异常决绝,毫不拖泥带水。一天之内,3 000人裁撤得干干

净净。

OPPO这次裁撤，遣送费给得相当到位，在职员工N+3不含糊，连应届生都给了3个月薪水的补偿金。以哲库的规模，3 000人的补偿金也得打出去10多亿元了。而哲库这批人，其实在市场上极其抢手，外资、内资各路大小企业疯狂抢人。

一边是高昂的遣散费，另一边是抢手的员工。如果稍微算算经济账，OPPO完全可以先大幅降薪，然后放出公司运营困难的传言，拖上两三个月，员工自然跳槽流失大半，OPPO这10多亿元的遣散费可以省下好几个小目标。

最后，芯片自主研发，已经变成基本国策。哲库这种已经有成熟产品，也有应用渠道和场景，还在业内具有相当名望的企业，显然是很好的投资标的。自研的芯片产品，专利也值不少钱。哲库创立以来，全是OPPO自己掏钱去烧，没有引入外部投资者，实在亏得受不了了，完全可以把哲库分拆出售，连老罗的"锤子科技"这种都有人接盘，哲库这种硬科技更不用说了。哲库只需要再顶几个月，等到产品大规模应用到OPPO手机上，有了销售额之后，估值折价找到几个产业引导基金接盘还是完全有可能的。实在不行，单独把产品设计、专利拿出来卖一卖，也能回点本，至少把遣散费赚回来。

现在这样决绝地一刀切，一天之内就地解散，怎么看都是商业上不合乎逻辑的路子。

OPPO芯片解散的原因

事出反常必有妖。本来生龙活虎，眼看就要成亲的OPPO芯片，突然自断其臂，这事的原因肯定不简单。最先提出的是"风水论"。OPPO作为外行进入芯片行业，显然不知道这行"风水"和"运气"是第一生产力。一次流片4 000万美元，成或不成，似乎是玄学……哲库这名字，听上去就又是挫折又是痛苦的，实在不讨喜；做出来的芯片，又叫"马里亚纳"，这可是世界上最深的海沟、最深的坑，怎么看都是挫折痛苦地去填坑的既视感，看上去就很难成功……

风水当然是玩笑话。真正主流的声音还是芯片行业投入太大而OPPO独力难支。

许多媒体表示，专业的人做专业的事，芯片行业体量小而竞争激烈，所谓"专业分工合作是行业主流,是技术进步的重要原因。每个企业只能做自己擅长的事,半导体专治不服,有多少实力雄厚、心比天高的人,不顾产业规律埋头造芯,但最终折戟沉沙",说白了,还是手机厂商搞芯片是不行,芯片得交给高通、联发科这些专业厂商。例如,壮如三星,坐拥世界上最大手机份额,而且自己就有先进制程芯片生产能力,想搞自己的猎户座芯片,依然各种吃瘪。再加上 2023 年海外手机市场的确冰封,2023 年一季度欧洲市场,OPPO 虽然还位列第四位,但是销量下降了 47%,几乎腰斩。

最后各路媒体给出的结论就是,OPPO 芯片关门完全是在市场竞争中落败。芯片烧钱太多,而 OPPO 主业又堪忧,没法继续让哲库烧钱。中外厂商市场角逐,咱们技不如人,输得堂堂正正,也没什么可抱怨的。以后把芯片这样专业的事情,还是交给专业的大公司去做。看上去的确数据严丝合缝,逻辑也没什么大问题,只不过咱们财经媒体的屁股,歪得实在是让人有点难以置信。

同一把刀

相信 OPPO 关闭芯片业务,肯定有前文提到的经营困难、烧钱太快、主业寒冬等影响。但是真的支撑不下去要关门,需要如此壮士断臂般一刀两断吗?前文已经分析过,搞上几个月的缓冲期,不但十几亿元的遣散费可以大大减少,同时还可以通过出售股权的方式回笼大笔资金,至少能少亏一点。在商言商,100 多亿元的投资,怎么可能一天之内一笔勾销?

这种当天开会原地解散的快刀断臂,似乎怎么看都不符合商业逻辑。

看看 OPPO 大佬们的言论,似乎也有点诡异。比如 OPPO 背后大佬段永平发话:改正错误要尽快,多大代价都是最小代价。

OPPO 前副总裁沈义人说得就更露骨一点:钱能解决的其实不是大问题,无非是多少、快慢问题,而钱不能解决的问题才是难题。这钱不能解决的问题,是什么问题呢?显而易见。

往小了说,OPPO 2023 年已经出货 1 760 万部手机,绝对的中国第一。如果 OPPO 的 AP(手机 CPU)芯片真的如传言中研发成功,那么高通 ARM 在国内的日子估计要难过不少。之前各行各业都有过这样的例子,比如 CT 能国产替代了,国外那些几千万元一台的高价机器就得被逼降价。

高通2023年利润已经暴降了42%，联发科暴降了49%，如果再来个国产SoC，那日子还怎么过？显然这些厂商会勾结在一起，向OPPO施压：要么关掉自研芯片，要么你就别想上骁龙旗舰。OPPO自己的AP芯片可能还有几年的时间，而且就算设计出来了，这枚4nm制程的芯片，可能也无法获得台积电的先进制程产能。手机不可能没有SoC，在国外供应商的威逼下，必须自断一臂。

往大了说，美国的制裁名单可一直悬在所有中国企业的头顶上。华为因为飞得太高，第一个被剪断了翅膀，苦心攻略的海外市场尽数倾覆。OPPO现在自研NPU是6nm的，将来AP是4nm的，在美国人眼里，这应该也算飞得有点太高了。段老板消息灵通，收到了相关风声，所以"多大的代价都是小代价"。毕竟对于华为来说，手机业务被冲了，还有通信基站等，家大业大顶得住。对于只有手机的OPPO来说，一旦手机上了制裁清单，那就是万劫不复，熬不到明年春天就得散伙。咱们再发散一点，前两天刚刚曝光了凯盛融英等专家网络，其中专家人数最多的，就是TMT科技传媒通信行业，突然对OPPO制裁风声紧，与这些"专家"有无关系？

说白了，OPPO这次断臂，用的刀正是2019年5月16日曾经见血的那把。区别不过是一个被砍一个自砍而已。

余　味

OPPO头顶达摩克利斯之剑，不能明说自己背后被人拿刀顶着腰眼身不由己。可咱们的媒体，却一再炒作什么"吞金兽"，什么业务寒冬，什么现金流困难。非得把美国人的盘外阴招洗成光明正大的市场竞争，非得给OPPO一个"堂堂正正地输"的勋章。

敌人的刀固然可怕且可恨，在旁敲边鼓的翰林却更让人觉得厌恶。

（本文写作于2023年5月13日）

1%的胜负：人民币结算反超美元和半岛新版"古巴危机"

人民币在中国双边结算中，历史性地反超美元1%，"去美元化"趋势大成。再加上金砖国家经济实力反超G7，叠加大量区域强国申请入盟，工业革命之后，世界上第一次出现了没有西方人参与和主导的、占有经济和人口优势的联合体。工业革命之后的世界秩序，可能将第一次脱离西方人的掌控。

这个时候，美国人靠着"恭顺"的尹大统领，要在40年中第一次部署核潜艇到韩国，想要复刻"古巴危机"把水搅浑。

被逼到绝境的野兽最危险，过招到了下半场，1%定胜负。

人民币结算反超美元

2023年4月27日是"去美元化"具有决定性意义的一天。根据彭博社的测算，2023年3月，人民币在中国跨境收付的比重达到48%，首次超越美元；美元占比从2022年同期的83%下滑至47%。

2010年之前，中国对外跨境交易中人民币的占比基本上为零，而美元占比则达到了83%，占到绝对压倒性优势。随着人民币国际化的不断推进，过去十多年来人民币在中国跨境结算中的占比不断提升。但2016年开始的贸易战，导致人民币受到很大的冲击，结算占比开始下滑。到了2020年左右，人民币跨境结算比例大约为30%，而美元占比大约为60%，依然是人民币的两倍多。2020年之后，人民币跨境结算突然开始提速，经过3年的急速攀升，到2023年3月份，人民币终于以1%的优势,在中国双边结算中力压美元,第一次成为最主流的货币。在这背后,有俄乌战争的东风,有美国傲慢带来的失误,有遍交天下朋友的好人缘,有外贸竞争力上升带来的更强议价权,有中国式"马歇尔计划"的智谋。1%的胜负,从数量上看似乎优势很小,但这1%却是从量变到质变的里程碑。趋势已成,再无逆转的可能。中国终于拿回了贸易结算的主动权。

美国"七伤拳"

人民币对美元的反超,除了我们自己的努力,美国战略失误导致美元受损也是很重要的因素。俄乌战争爆发以来,美国不断滥用美元的优势地位,肆意制裁俄罗斯等国,导致美元信用实质性受损,随随便便就能冻结对方几千亿美元的外汇,美元武器化是压垮美元信用的最后一根稻草。

既然美国明知美元武器化会影响到帝国根基——美元霸权——的稳固,那为什么还是不断滥用这个"七伤拳"呢?原因还是在于深植于骨子里的傲慢。美国财长耶伦就明确表示,制裁的确可能影响到美元信用,但是坚信世界上其他国家很难找到什么替代货币来取代美元的地位。没有选择之下,只能使用美元。

可实际上,美国高估了美元的不可替代性。俄乌开战之后,人民币跨境支付系统(CIPS)在2022年处理业务数增加到了440.04万笔,同比增长31.68%,处理金额为96.7万亿元,同比增长21.48%。许多国家,特别是资源国开始以人民币进行直接的贸易结算。这样一来,持有人民币储备的国家,不但原本就能用人民币从中国购买到质优价廉的全品系工业品和日用品,还能用人民币向产油国(俄罗斯、中东国家等)购买能源,向粮食出口国(巴西、东盟国家)购买食品,衣食住行全包,人民币的接受程度自然呈几何级数上升。在美国人为制造"美元荒"的时候,人民币取而代之顺理成章、水到渠成。"去美元化",很大程度上是美国的傲慢和短视带来的自作自受。天予不取,反受其咎。对手出昏招的时候,必须抓住。这1%的胜负,将对世界秩序起到重大的影响。

世界新秩序

在"去美元化"的大背景下,世界新秩序似乎徐徐拉开帷幕。2023年南非金砖国家峰会之前，有19个国家申请加入金砖国家行列，其中包括沙特、阿尔及利亚、埃及、伊朗、阿根廷、塔吉克斯坦、马来西亚、印度尼西亚等资源和人口大国。在这些国家新加入之前，2023年金砖五国第一次在经济总量上超过了G7，成为世界上令人瞩目的新力量。目前金砖国家国土面积占世界领土总面积的26%，人口占世界总人口的42%，经济总量占全世界的31%，不论是哪个维度，都已经超过了G7。原本已经占有优势的金砖五国，再加上这19个新成员，工业革命之后，世界上第一次出现了没有西方人参与和主导的、占有经济和人口优势的联合体。工业革命之后的世界秩序，可能将第一次脱离西方人的掌控。

这是300年来头一遭的大事。纵观世界五千年历史，实际上西欧成为世界舞台的中心不过300年而已。西欧作为世界岛的一隅，霸占世界舞台的中心，并非常态。近30年间，世界正在回归历史常态，西欧也逐步回归它300年前的地位，退化为地区性中心。这件大事的意义，怎么吹都不为过。

半岛版"古巴危机"

对手不会坐以待毙，棋盘上落了下风，盘外招也就随之而来了。近日韩国总统尹锡悦访问了美国，这位尹大统领对美国的"恭顺"，让美国人都有点受不了，不但之前爆出的CIA窃听韩国总统的事件完全不提，唾面自干，尹锡悦还专门联系要英文发言，颇有要"博取主子欢心"的架势。

我本将心向明月，奈何明月照沟渠。尹大统领这份热心，倒是完全没被美国人领受。尹大统领原本说，这次去美国，要当"首席推销员"，带着120名商界人士一同去美国，想要解套可能炸掉韩国一半GDP的全贳房大雷，提振韩国经济。可就在他到达美国的同时，美国法院突然宣判，韩国三星涉嫌侵权美国企业的专利，罚款3亿美元。要知道，三星2023年业绩超级差，第一季度利润下滑90%以上，净利润才4.5亿美元，原本就已经有点揭不开锅了，结果一个官司直接让美国人拿走了2/3，这脸打得啪啪响……

立威之后，美国人拿出来正餐：美国将借鉴北约模式，同韩国设立"核咨商小组"，有效加强美国延伸遏制，即美国提供"韩国型核保护伞"。北约1966年成立了"核计划小组"，让盟国参与核武器的运行和使用决策，包括确定核打击目标、选择核弹当量、确定核攻击任务等。这种"核计划小组"不但具有防御性质,也有很强的进攻性。美国将借该协商机制向韩国分享对延伸威慑的看法,而韩国能够介入其中。核保护伞这么贵重的东西,当然不会白给,美国向韩国派出了核潜艇,这是40年来首次在韩国部署核打击平台。

看上去获得了核保护伞,似乎提升了韩国的安全性,可既然部署了美国人的核平台,那韩国也就成为核打击的对象。一旦发生相关冲突,必定遭到先发制人的打击,作为一个全国60%的人口挤在一个城市的毫无纵深的国家,这实在是拿自己民族的未来开玩笑的行为。

1962年,苏联把远程导弹运到了古巴,引发了古巴危机,美国这次在朝鲜半岛不过是想复刻老套路,搞个半岛版的"古巴危机"而已。想用这些盘外招来延缓经济上的颓势。

被逼到绝境的野兽最危险,想通过半岛危机来搅浑水,美国人的野心着实不小。只是韩国普通人无端地被绑上战车,成了被打击的目标。

过招到了下半场,一着不慎满盘皆输,1%定胜负。

(本文写作于2023年4月27日)

马歇尔计划、终极贷款人与 RMB 版"布雷顿森林循环"

美元霸权与美元循环

美国建国 247 年以来，基于精英治国的理念，相较于它欧洲的前辈来说，出现了更多的能人强吏。特别是 20 世纪大量接收欧洲精英移民之后，美国政坛应该说是西方国家中最有能力的。这其中最耀眼的，就是有一个人奠定了美国"二战"和冷战两场战争的胜利，美国最卓越的战略家、第一个会讲中文的国务卿：马歇尔将军。

马歇尔最伟大的创举，就是把美元送上了现在的霸主宝座。

要成为美元这种全球储备货币，是很难的。美国有个叫做特里芬的教授，曾经提出过国际储备货币的悖论：当一个国家的货币同时作为国际储备货币时，有可能造成国内短期经济目标与国际长期经济目标的利益冲突。一个国际储备货币，必须将大量的货币输出到国际上，一般来说，这就要求这个国家必须是逆差国（输入商品，输出货币）。但一个国际储备货币又必须保证币值稳定，这就要求这个货币所在的国家必须国力昌盛，是贸易顺差国。一个国家如何既是逆差国又是顺差国呢？这就是著名的特里芬悖论。

马歇尔正是通过解决了这个特里芬悖论，形成了美元循环 1.0 版，让美元成为全球储备货币。

战后美国是唯一没有遭到战火波及的工业国，工业实力是压倒性的，贸易顺差不成问题，真正有问题的是，如何将足够多的美元输送到美国之外的国家。马歇尔通过史无前例的欧洲重建计划,向欧洲输出了大量的美元援助。马歇尔计划的官方名称是"欧洲复兴计划"(简称 ERP)。马歇尔以高超的政治手腕,摆平了美国上上下下各种政治势力,从 1948 年开始,拿出了相当于美国 GDP 的 5% 的巨额资金(以美国现在的 GDP 计算,相当于 1.2 万亿美元),重建欧洲。马歇尔计划先后向英国、法国、比利时、荷兰、西德和挪威等 16 个欧洲国家发放援助。这些援助款是无须偿还的。在 4 年的援助期内,战争期间严重受损的城市、工业和基础设施等快速重建,因为援助有力,消除了欧洲邻国之间的贸易壁垒,并极大促进了这些国家与美国之间的贸易。到 1952 年,获得资金援助的国家经济增长已超过战前水平。面对迅速恢复秩序和生活水平的西欧国家,苏联的渗透无功而返,美国将整个西欧牢牢掌控在自己手里。

通过马歇尔计划(在东方为"道奇计划",援助日本、韩国等),美国成功向这些国家输出了大量的美元,这些离岸美元自然而然成为这些国家贸易的基准和央行的储备。这样,美国以净出口国的身份,形成了美元的国际循环,也就奠定了美元储备货币的身份。

这正是美元循环的 1.0 版,后来美国实力下降,从顺差国变为逆差国,这个 1.0 版的美元循环才出了问题,结果就是布雷顿森林体系崩塌。不过美国又靠着另一位战略高手起死回生,形成了美元循环的 2.0 版,并以此形成了牙买加体系,给帝国续上了几十年的阳寿。

摸着美国过河

可以说,在马歇尔的神奇计划下形成的美元循环 1.0 版,克服了特里芬悖论,是美元成为世界储备货币的基础。如今咱们的情况,与"二战"之后的美国颇有些相似,都是具有超强的工业能力、不断输出工业品获取巨额贸易顺差的国家。如果想让 RMB 也能走上世界储备货币的道路,最好的办法就是摸着美国过河。

珠玉在前,咱们复刻就好。当然咱们的新版"马歇尔计划",比马歇尔将军那版更加高明。

彭博社最近发了一篇文章,指出了中国的高明之处。根据彭博社的统计,从 2000 年开始,中国大规模向外提供美元贷款,到现在已经累计超过 2 400 亿美元。

进入2015年之后（也就是特朗普开始竞选、贸易战酝酿的时候），中国向外提供美元贷款的速度突然开始加快。

彭博社的研究者发现，2016—2021年间，中国一共向发展中国家提供了超过1 850亿美元的紧急贷款，而同期国际货币基金组织仅仅放款1 440亿美元。中国从2015年开始无声无息地发放美元贷款的行动，已经让中国成为世界发展中国家的终极贷款人，夺走了美国从20世纪40年代开始垄断的这一地位。

这些紧急贷款不会像西方一样，附带严苛的内政干涉条款，但要求该国同中国签订货币互换协议，甚至用RMB偿还相关债务。因此，40多个国家同中国央行签订了超过5 800亿美元规模的RMB货币互换协议。RMB作为交易结算和储备货币也极大地得到了增强。

这样，如同马歇尔计划一样，用美元贷款敲开发展中国家的大门，然后借助货币互换计划和用RMB偿还贷款，把RMB塞到了这些国家手里。既然RMB可以获得商品、能源，也可以偿还债务，那还有什么道理非要接受IMF屈辱性的条款去获得美元呢？用RMB部分替代美元，作为这些国家的储备货币，也就理所应当了。彭博社直截了当地下了结论：中国这套打法，通过为陷入债务困境的国家提供跨境救援贷款，建立了一个新的全球体系，并可与自20世纪40年代以来美国主导的国际债务体系框架并驾齐驱。

这样搞了六七年之后，再加上俄乌战争美国错误地使用美元作为武器制裁俄罗斯的东风，美元作为储备货币的地位大大下降了。过去一年间，全球官方外汇储备中，美元的数额就减少了6 440.3亿。高盛董事总经理、宏观交易员博比·莫拉维（Bobby Molavi）通过美国十年期国债与黄金价格脱钩的情况推演出："美元储备货币体系正在走向终结，我们正在转向一个更加多极化的储备体系。"

当年美国还是出口国的时候，靠着马歇尔计划形成了美元的循环，如今同样是强力出口国的我们，是否也能摸着美国曾经走过的石头，通过成为发展中国家的终极贷款人的方式，形成RMB版的"布雷顿森林循环"呢？

余味·天下逐鹿

如今，在美国接连的昏招之下，"去美元化"已经成为大势所趋，甚至美国人都不避讳。特朗普就明确说过，美元将不再是世界货币了。

秦失其鹿，天下共逐之。

不少国家想起来试试自己的斤两，比如最近到处签订货币互换协议的印度。可是东风来了，不是所有人都准备好了远航。

印度与俄罗斯签订了卢布与卢比互换，2022年贸易额达到了398亿美元，但是俄罗斯突然发现，自己向印度出口了373亿美元货物，而从印度只买了25亿美元东西，手上还剩价值348亿美元的卢比，完全没有地方可以用。想用卢比向第三国买东西，没人愿意接受，想用卢比直接跟印度买东西，结果发现也没多少能买。相当于俄罗斯拿油气换了一堆印度白纸……无法形成循环，这样的协议当然很难维持下去。

同时，俄罗斯手上拿到的人民币则好用得多，不但可以从中国买到几乎全品类的工业品，就算想买粮食、矿石，也可以用人民币向东盟、巴西、巴基斯坦、尼日利亚这些已经与中国签订货币互换协议的国家买。如果真的要决胜，胜负非常明显。

元末大乱，各地起义。元朝朝廷虽然实力大大衰退，但当时还是天下最强的武力，从江南起兵的朱元璋在徽州求教学士朱升，他给出了九字真言"高筑墙、广积粮、缓称王"。让韩山童、陈友谅这些人先去与元朝消耗，自己低调发展，时间到了，自然能北伐一战而定。

如今各国都在搞"去美元化"，许多人说人民币应该开放自由兑换，抢一个头筹，现在咱们步子太慢。笔者倒是觉得，这个时候，应该效法朱升，作为终极贷款人，在发展中国家"广结善缘"，让人民币国际循环先转起来，不用开放自由兑换博个虚名。至于国际货币的名头，让印度、俄罗斯、东盟这些人马先去消耗，时机到了自然会有常遇春和徐达。

（本文写作于2023年4月9日）

经世录

美国篇

美国最高法院突发裁决,大学禁止黑墨加分

大学入学的黑墨加分

虽然美国社会一直以"Meritocracy"(唯贤主义)自称,但美国的高等教育大概是全世界最不公平的体制。一方面,依靠捐款、校友体系或称"传承体系"录取(Legacy Admission,比如父母毕业于哈佛,其子女申请该校就会获得额外的关照)的比例越来越高,比如哈佛新生当中,有30%是父母或者爷爷奶奶是哈佛毕业的,父母如果是哈佛毕业生,则该生受到的优先录取优待相当于考试成绩增加160分(满分2 300分),导致严重的阶级固化。

另一方面,美国高校为了彰显自己的自由主义形象,大肆给黑人学生、拉丁裔学生疯狂加分。甚至出现了某黑人学生在大学申请书中写了"黑人的命也是命"100遍,马上因为"品行优异",即使成绩不佳但被斯坦福大学录取的怪事。

而且热爱体育的美国人也把这份热爱传染给了美国大学招生办,美国大学狂招体育生,体育生比例高达10%,部分学校比例甚至高达25%。

那白人学生靠着父母荫蔽,黑人学生靠着"政治正确",都挤上了美国名校的大船,谁被挤下来了呢?没错,就是考试分数高,但没有政治地位的华裔。福克斯新闻报道,在"美国高考"SAT考试中,佛罗里达州18岁的高中生乔恩·王(Jon Wang)考出了1 590分的高分(满分1 600分),其中数学部分更是得到满分。这种成绩,放在国内,那肯定是状元无疑,各大名校招生办老师要踏破他家门槛。

然而,这位王同学的大学申请书,竟然被麻省理工学院、加州理工学院、普林斯

顿大学、哈佛大学、卡内基·梅隆大学和加州大学伯克利分校 6 所美国大学回绝。最终他只能选择进入佐治亚理工学院。实际上，大批美国大学连"美国高考"都准备舍弃了，哈佛大学、耶鲁大学、普林斯顿大学、芝加哥大学、哥伦比亚大学这种名校都不再要求 SAT/ACT 考试成绩。

靠二代的身份和靠政治正确的黑墨成为生源的主力，也难怪美国大学的科研实力不断滑坡。如果不是靠着虹吸全世界科技精英，有一群外国移民撑着，美国的科技树早已经摇摇欲坠。美国近年来的主要创新全靠外国移民：马斯克是南非裔；ChatGPT 创造者伊尔亚·苏茨克维是俄裔（阿尔特曼其实是个商人而非发明家，之所以把他宣传成发明 ChatGPT 的人，主要还是他犹太人身份的政治正确光环）。

薅秃了的高科技和美国的警醒

一些不学无术的黑墨学生，只管训练、不学数理化的运动员特招生，以及"家里有矿"的白人富二代，这些人显然不会安心下来做学术研究。后果就是高科技被后来的中国人给薅秃了。

中国做不出来的叫高科技，中国做出来了就叫制造业。近几年国内的发展，把高科技薅得有点秃。以前的各种"高科技"在快速"白菜化"，似乎除半导体之外，各行各业的"高科技"都在迅速消失。

之前被"白菜化"从"高科技"中除名的，还都是些"圆珠笔尖"之类的小东西，现在已经开始一个门类一个门类地被"除名"。大型医疗器械、大型工程器械、LNG 运输船，乃至航母、邮轮、大飞机，成片的"高科技"变成了"制造业"。高科技越来越"秃"了。"秃"到什么地步？美国国内现在竟然出现了一种说法，叫做"反向星球大战"。当年美国用"星球大战"计划，把苏联人拖入军备太空竞赛，极大地消耗了苏联的国力，成为苏联内爆的重要原因。现在美国人发现，中国似乎也准备用这招来对付美国。比如美国原本慢慢悠悠地搞载人登陆火星，结果发现中国要登月，马上紧急调转枪口要"重返月球"。原本 NASA 计划 2028 年重返月球的，但是听说中国要 2030 年登月，赶紧把计划改成 2024 年。

也不怪美国人紧张，中国人提出的大工程计划都是按时完成的，而美国的工程延期个三五次都算是准时的了。如果真的 2028 年登月，那可能要落后于中国了。

但美国在匆匆忙忙中，竟然把之前登月成功的土星五号重型火箭的图纸弄丢了，七手八脚地搞了个阿尔忒弥斯新火箭，一再延期。2024年登月计划被推迟到2025年，然后阿尔忒弥斯新火箭连续发射失败，登月计划又推迟到了2026年。2023年5月16日，NASA又传出消息，"受'星舰'二级HLS月球着陆器和月面EVA宇航服研制进度的影响，载人重返月球的'阿尔忒弥斯三号'任务推迟到2028年是目前的合理估计"。

火烧到了眉毛，美国人终于警醒起来。再这样下去，怕是真的要被中国人追上了。

美国最高法院：禁止黑墨加分

在这个背景下，已经日益保守化的美国最高法院，最近突然做出了一个非常"政治不正确"的裁决：禁止黑墨加分，美国大学录取必须唯才是举。当地时间6月29日，美国最高法院以6票赞成、3票反对的投票结果宣布，全美的公立和私立大学必须停止在招生时考虑种族因素，裁定哈佛大学和北卡罗来纳大学的"平权行动"招生计划违宪。

最高法院审查的是美国高等教育的两个支柱机构对黑墨少数族裔倾斜招生的做法：对象征着几个世纪成就和权力的常春藤盟校哈佛大学，以及北卡罗来纳大学，最高法院最终做出裁决，在大学入学中考虑种族是违宪的。通过为少数族裔（黑人、拉丁裔）提供更低的分数要求，优先录取黑墨，损伤了美国的竞争力。该判决将迫使美国高等教育机构重新制定入学标准。几十年来，追求多样性（指黑人和拉丁裔的高比例）一直是美国大学录取的核心。无法再给予这类申请人自动优势之后，招生办公室现在必须改弦更张。首席大法官约翰·罗伯茨代表法院写道："消除种族歧视意味着消除所有种族歧视。学生必须根据他们作为个体的经历而被对待，而不是根据种族来对待。许多大学长期以来一直做得正好相反。"美国最高法院的3位自由派法官持不同意见。索尼娅·索托马约尔大法官认为，社会"并不是也从未是无色彩的"，并表示法院忽视了美国领导层不反映人民多样性所带来的危险后果。哥伦比亚大学校长李·鲍林格预计，这个裁决做出之后，将出现5年的混乱，各高校的招生办只能探索利用收入水平、社会经济因素和其他种族中立因素来保持多样性。

在科技竞赛枪响之后，原本还有余力搞点"政治正确"的美国，突然发现自己的地位岌岌可危。为了重塑美国的科技优势，终于撕下面具，开始重新唯才是举、唯分录取，下大力气，倾斜大量资源给 STEM 数理工程等学科，削减文史艺术的拨款。

美国人都醒悟过来了，那咱们呢？

美国国父约翰·亚当斯有句名言：

"我必须研究政治和战争，这样我的儿子们才会拥有研究数学和哲学、地理、博物、造船、航海、商业和农业的自由，他们的孩子们才有研究绘画、诗歌、音乐、建筑、雕塑、织艺和陶瓷的权利。"

连马放南山、开心地玩"绘画、诗歌和音乐"的美国人都掉转枪头，开始拼分数、拼数理化的时候，咱们哪还有余裕去讨论"学生特长加几分？""素质教育大减负""哪些专业好考公上岸？"我们需要大幅提升对数理工程高等教育的投入，引导学生投入科学和工程研究，进一步提升理工科占比。

美国幡然重抖擞，不拘一格降人才，连政治正确的大旗都抛了，要重振科技。我们作为追赶者，怎么能不更努力？

（本文写作于 2023 年 6 月 30 日）

城市中心的垮塌：中美缓和的最大原因

讲道理的内因

中美关系正在迅速缓和，这是个不争的事实。比如台积电获得美国的允许，准备向中国芯片企业重新开放先进制程的代工，德国企业突然大规模获准投资中国，又比如岸田文雄突然宣布想要访问北京。这些证据足可以证明布林肯这次访华的确带着和解的意愿和指令。

这里就产生了一个问题，美国为何在这么一个时间节点上，突然要和解呢？照外媒的说法，美国最近经济极大改善，乌克兰正在全面反攻俄罗斯，美国很有可能从东欧泥沼中腾出手来重返东亚，日本、韩国、澳大利亚、印度、菲律宾已经结成了准同盟，三面包围之势已成，而中国经济陷入困难，怎么看也是高歌猛进的时候，和解实在有点匪夷所思。有一种说法，美国人是被最近被全中国表彰的轰-6机组突破美军航母给吓怕了。这事肯定有关系，但是还远没有到要逼得美国前来缓和关系的地步。毕竟俄罗斯当年也这么干过，当时美军还是很镇定的。航母虽然是美国的撒手锏，但也只是一件兵器，远不至于被人破了之后就认怂的地步。

美帝国主义者很傲慢，凡是可以不讲理的地方就一定不讲理，要是讲一点理的话，那是被逼得不得已了。毛主席70年前的这句话，可能才是这次美国暂时高挂免战牌的原因。

美国人自己家里起火，实在是无力与中国死磕下去了。

城市中心的垮塌

马斯克最近开始反复地说一件事：美国的市中心完蛋了。马斯克的好友、PayPal前COO大卫·萨克斯发了一条有关洛杉矶商业地产危机的推文，该推文写道："洛杉矶的办公大楼平均每英尺负债230美元，今年唯一售出的大楼以每英尺154美元的价格出售。亏了很多钱。洛杉矶最大的房东、加拿大巨头布鲁克菲尔德今年已拖欠了超过10亿美元的贷款。洛杉矶办公大楼的售价比其背负的债务还低。旧金山和其他大城市也如此。"

马斯克所言非虚，美国商业地产的确进入爆雷的快车道。疫情发生之后，居家上班趋势大幅减少了全球办公大楼的使用，对商业地产的需求大幅下降，几乎所有城市的商业地产空屋率都创下历史新高。

当城市中心没有了白领，那商场、咖啡馆、餐馆这些服务业也就没有了主顾，商业地产的需求瞬间崩盘。再加上美国加息让融资建楼的开发商的债务负担进一步提高，全美商业地产陷入全面亏损，很多商业地产产生的租金收入，连暴涨之后的利息都难以覆盖。甚至连黑石这种全球最大的商业地产商都陷入了挤兑及偿付困难的情况，开始大幅限制投资人的赎回请求。

全美商业地产商，不论大小，全都陷入了困境。如果只是商业地产商，这事还好，但这些商业地产都是加了巨大杠杆的项目，这些抵押贷款又被包装成抵押证券卖给了银行。美国现在累积了8万亿美元的商业地产贷款，70%被美国中小银行所持有，现在商业地产空置率爆表，借新还旧的成本越来越高，这些贷款和抵押证券的底层资产爆雷在即。8万亿美元的盘子，耶伦还能像救硅谷银行一样兜底吗？银行业可能因此陷入危机。为了挽救这场危机，美联储甚至都停止了加息，生怕加速商业地产大雷的爆破。

美国和欧洲的发迹，来自高度的城市化，但当去工业化开始，又发生了去城市化，市中心越来越变成贫民窟云集的区域，而富裕的中产阶层开始逐渐转向郊区。但依靠市中心的办公和商业建筑，美国的城市才有活力；现在如果商业地产全面崩溃，那么美国市中心的全面垮塌将难以避免。

美国市中心的垮塌，不但将如同马斯克所说，把美国住宅价格拖下水，也会点燃

8万亿美元商业贷款大雷,把美国银行业炸成废墟。

对于拜登来说,除了经济上的危局,政治上也十分危险。因为他的支持者中包括许多黑人,而这些人大多聚集在市中心而非郊区。市中心的垮塌将导致这些人原本拮据的生活进一步沦为赤贫。如果连面包都吃不上了,哪怕拜登再有手段,少数族裔也不会继续将票投给他了。而特朗普还在那边摩拳擦掌准备向拜登一家复仇自己被起诉的事情,这个时候,无论如何都不能影响到自己铁票盘的投票率。

余味·缓兵之计

因此,这次美国的和解,的确是拜登的缓兵之计。美国的市中心垮塌危局让他只能攘外必先安内。对华和解、专心拆雷可能是核心目的。因此,布林肯不过是个先锋,真正的对美谈判,还要等耶伦和商务部的雷蒙多,才能见到真章。

(本文写作于 2023 年 6 月 22 日)

特朗普被求刑百年，动摇国本之外，还证实外星人不存在？

特朗普被求刑百年

2023年6月9日，美国司法部正式宣布以最高级别的间谍罪及密谋罪刑事起诉特朗普。10日，49页的起诉书被公布，引起轰动。美国国内左右两派加上各路"吃瓜"群众，下巴都惊掉了。虽然这不是特朗普第一次被刑事起诉，但上几次都是与色情女明星桃色新闻相关的小罪名，随便想想也不可能定罪的。但这次不一样，不但证据十分确凿，而且罪名是极其严重的间谍罪与密谋罪，按照起诉书上所写的罪行，可以判100年监禁，与之前的"桃色犯罪"根本不在一个层级上。

除了罪名吓人以外，这次的起诉书还附上了许多令人无法辩驳的证据，看起来特朗普这次的间谍罪和密谋罪基本上是板上钉钉了。根据起诉书，特朗普把大概300份涉密材料搬回了位于佛罗里达州的私宅，这其中有98份是美国绝密文件，有30份属于比绝密文件级别更高的渠道绝密文件。

这些泄密文件涵盖了美国各项极端重要的绝密信息，除了"间谍通讯录"之外，还包括：

● 美国的核计划。美国已经部署的核武器的数量、战备情况、分布地域、战斗效能，以及储备核武器启用的流程和时间等。

● 美国和外国的国防和武器能力。包括世界主要大国的核武器性能、战备、生产和动员态势。

● 美国及其盟国在军事攻击方面的潜在弱点。涉及五角大楼和国家安全局对美国军事防卫力量的评估，特别是美国装备的弱点、部署薄弱之处、安全漏洞等。

● 应对外国袭击的报复计划。就是著名的美国版"死手"计划。当年苏联制订了一个一旦苏联遭到核武器打击，指挥中枢瘫痪之后，核武器自动向敌国发射的计划。美国也搞了类似的系统，只不过一直没有完全公开。根据这个计划，美国一旦遭到毁灭指挥中枢级别的打击，美国将自动向全球主要大城市发射约3 500枚核弹，确保大家一起回到石器时代。（比如"魔都"上海就榜上有名，分到了82颗。）

这些文件中甚至还包括美国之前制订的入侵伊朗的军事计划。特朗普不但自己私藏了这些机密文件，还主动到处炫耀自己的这些收藏。比如他之前请一名作家去他家做客，就跟这个作家讲了一通自己藏了多少机密材料，甚至还把入侵"某些国家"的路径和方式都讲给他听，而这个作家又有录音的习惯，所以这些被全部录了下来变成证据。

不光是跟作家炫耀，特朗普还把这些国家绝密文件以非常随意的方式在自己家的别墅里到处随便存放。比如美国的核计划就被发现存放在特朗普海湖庄园的某个厕所里。还有存在地下室和各种仓库里的。当时搜查的FBI探员都震惊了，这些敌国可能要花费多少人性命都拿不到的情报，特朗普就在家里随便一放，别说门锁，连个门闩都没有。特朗普甚至让他没有被政审也没有涉密资格的贴身男仆帮忙收纳整理这些文件（这个男仆也一同被起诉了）。

特朗普不但是有意存放这些绝密文件，而且是在FBI和美国国家档案馆反复催促他交出绝密文件之后，依然藏匿这些文件，甚至还试图阻挠联邦调查局的调查。根据起诉书，特朗普对他的一位律师说："如果我们直接告诉他们我们这里什么都没有不是更好吗？"建议律师"隐藏或销毁"这些文件，或告诉调查人员他并没有这些文件。可以说故意收藏绝密文件这事的确是铁案。

证实外星人不存在

特朗普这次的大案，引发了美国的宪政危机。不过美国"吃瓜"群众更关注的，是外星人、玛丽莲·梦露和迈克尔·杰克逊。特朗普上台之后，一直说要解密一些绝密文件，包括外星人和51区、被刺杀的肯尼迪和跟他闹绯闻的玛丽莲·梦露，以及迈克尔·杰克逊的神秘死亡都是焦点。但是特朗普任期以国会山大火的混乱终结，他当时也没法解密这些材料。

"吃瓜"的美国群众判断，以特朗普的性格，如果真的有外星人的话，那么特朗普无论如何也要把这些文件带回家里，毕竟核武器计划没法也不敢跟外人吹牛，但外星人这事可以在好莱坞吹一辈子。根据起诉书所说的文件内容，没有关于不明飞行物UFO和51区的材料，因此可以判定，外星人的确不存在。

另外，玛丽莲·梦露之死也是特别风流的特朗普极其关注的事情。如果相关的材料没有被特朗普带回家，说明梦露之死可能的确没有什么"幕后黑手"。

同理还有迈克尔·杰克逊。特朗普与迈克尔·杰克逊关系非常铁，当年杰克逊被诬告娈童的时候，他不但出钱出力公开支持他，甚至在杰克逊最潦倒的时候冒着舆论风险，把自己房子借给他暂住。不少人认为，杰克逊之死不是私人医生开的止疼药过量这么简单，而特朗普一定会给自己的好朋友查明真相。如今特朗普并没有把杰克逊相关的材料带回海湖庄园，看起来的确是没查出什么异常。

史无前例的宪政危机

当然，美国群众"吃瓜"的心态可以理解，特朗普这次被刑事起诉最要命的还是动摇了美国的宪政基础。首先就是"法律之下人人平等"的准条。这次的起诉书如此详细、证据如此确凿，基本上来说是个铁案。但铁案并不一定会判决有罪。如果美国的司法系统在如此罪证清楚的情况下还不能判处特朗普有罪，那么美国的宪政基本上也就变成了笑话。

其次，如果特朗普被判有罪，那么拜登也要被判刑。因为就在特朗普私藏机密文件曝光之后不久，拜登就被发现也在自己位于特拉华州的车库里私藏美国的绝密文件。

美国是海洋法系，是靠案例法判案的。如果特朗普因为绝密文件的事情被判刑，从理论上来说拜登也应该被抓起来。拜登私藏文件的数量可能没有特朗普那么多，但是他从当参议员时就开始私藏绝密文件，前后二三十年，时间比特朗普长多了。论起来严重程度并不差。如果真的细究起来，美国两党的首领一起被关起来，那可就太滑稽了。

最后，美国还有可能出现罪犯当总统的诡异情形。美国《宪法》并不禁止罪犯竞选和当选总统，也就是说，特朗普就算真的被定罪关100年，在大牢里一样能竞选总统。从现在的情况看，说不定被关的特朗普当总统的可能性更大（所谓"受害者光环"，民众同情被强权迫害的候选人）。结合现在的民调，特朗普不但以65%的票数领先所有共和党候选人，在对拜登的民调中也领先1.8%，要知道民调大多数时候是倾向拜登的，如果这都能领先的话，那么实际情况肯定特朗普占优。

最后说不定真的出现特朗普在狱中宣誓就职的诡异场面。（当然只要当上总统，特朗普就能马上赦免自己的所有刑罚，开开心心出狱去白宫当总统。）不管是哪种情景，都是美国现行宪政制度无法应对的局面。选出来一个罪犯当总统，这让共和党喊了近200年的"law & order"（法制和秩序）的口号往哪搁？毕竟特朗普再上台也就是4年，人家共和党200年基业可是要传递下去的。现在共和党内部已经出现了严重的分裂：众议院那边，特朗普的"家仆"麦卡锡疯狂给自己老板提供支持，坚决反对这次起诉；但参议院那边，麦康奈尔和他背后的建制派则明面上不说话，暗地里与拜登勾结准备落井下石。

这样搞下去，说不定美国两党制都要崩溃，变成三党。

看过《三体》的都明白，三体运动极端混乱不可预测。美国一旦真的变成三党，那内乱将永无宁日。

这些事情，拜登不是不知道，但是依然驱使自己手下的司法部冒天下之大不韪，用极刑起诉特朗普，怕也是真的被逼到了角落。

距离美国大选还有17个月，这选战就已经打成这样，看来这次大选的娱乐性将要爆表了。

（本文写作于2023年6月11日）

百万漕工和死亡旋转，美国深入骨髓的路径依赖

死亡旋转

蚂蚁死亡旋转（ant mill）是一种发生在行军蚁中的独特现象。行军蚁通常会组成一支庞大的队伍，由队伍中领军的第一只行军蚁分泌追踪的信息素（trail pheromone），而其他的行军蚁用嗅觉跟随。当系统运作良好时，可以让食物更快回到根据地。但当领头的行军蚁失去方向而产生混乱时，行军蚁仍会盲目跟随这些信息素，最终形成永无止境的循环，若循环没有因为某种原因被打破，行军蚁将无法逃出这个死亡漩涡，持续在漩涡内转圈，直到体力耗尽而死。

现在的西方政治圈对路径的依赖是如此深入骨髓，就陷入了这种死亡旋转之中。固守成规，万事依祖制，在思想桎梏中无法自拔，整个社会似乎丧失了前进的动力，进入了巨大的原地"内卷"之中，而旋转的中心，就是打着"progressive"旗帜的政治正确。

这个政治正确的叙事，渗入社会的各个方面，从政治到社会，从个人到社群，无所不含、无所不包。而且不但内旋，更会"内卷"，政治正确变成了一个互相加码的游戏。

你支持同性恋婚姻，那我就支持男变性人进女厕。你支持毒品合法化，那我就开官方吸毒馆。你支持保护难民，那我就直接给难民发钱。你支持打击警察欺压黑人，那我就支持解散警局。反正互相攀比谁更"先进"、谁更"觉醒"，以至于连常识都可以不顾。

美国的政治正确，已经陷入如蚂蚁死亡旋转一般的"内卷"之中，在一片你疯我

比你更疯的气氛之中,卷得人事不省。

莫名其妙的胜利

这种奇妙的政治正确大"内卷"是怎么形成的呢?最主要来源是西方莫名其妙的冷战胜利。

20世纪80年代的时候,整个西方社会舆论界是很绝望的。因为历史上第一次,西方世界发现自己无法用武力压倒他们的对手。由于核武器的存在,他们甚至连军事冒险的选项都没有。美国刚刚在越南吃了败仗,形势一片萧索。毕竟连越共游击队都打不过,又如何面对苏联的钢铁洪流。直到1985年,美苏争霸的赛场上,看起来还是苏联占据上风。著名历史学家亚当·乌拉姆后来指出:"我们容易忘记的是,在1985年,与世界上的主要国家相比,苏联的政权更为稳固,政策更为明确。"

1960年,赫鲁晓夫在联合国大会上,用皮鞋敲打桌面(图片来源:《参考消息》)

打不过苏联人,甚至连比画两下的勇气都没有,于是只能一边炒作核冬天,吓唬苏联人一旦开战就是玉石俱焚大家一起玩完,千万别学赫鲁晓夫扔靴子,另一边开始"念经",也就是咱们说的"和平演变"。你想想,盎格鲁-撒克逊一族何等"武德溢出",从17世纪开始纵横四海,所当者破,所击者服。如果不是铁炮实在弄不过,被憋得没辙,怎么会把嘴炮拉出来。又是"shining city on the hill",又是摇滚乐,又是可口可乐,变着花地念经。

其实英美的舆论界也没指望念经能有什么效果,具有深厚现实主义渊源的美国政治学家们,从来不相信嘴炮能比铁炮管用,一多半的"经"实际上是念给国内听的,相当于走夜路吹口哨,给自己壮胆。

然后没过几年,苏联竟然就莫名其妙地崩溃了,苏联崩溃得如此之快,甚至北约的指挥官们都没有做好应急预案(苏联庞大的核武器库竟然没出事,真是人类的万幸)。连现代最伟大的地缘政治大师、"国师中的国师"、冷战美国国家战略设计师之一的乔治·凯南都表示:纵观整个"现代国际事务的历史",没有"比俄罗斯帝国和苏联……突然完全解体并消失更令人奇怪、惊讶,并且令人无法理解的事件了"。

面对着莫名其妙拿到的胜利,西方国家非常错愕。除老生常谈"苏联本身的问题"之外,似乎很难说西方在苏联崩溃的过程中起到什么作用。如果苏联在20世纪70年代或者60年代崩溃,那么美国可以很有自信地说,自己的策略埋葬了对手。但是80年代美国明显处于守势,怎么突然就赢了?

冷战的胜利来得如此突然,美国甚至都没有机会仔细复盘,想来想去,除了言过其实的星球大战计划(美国人自己的情报也显示,其实苏联并未上钩),就是念经了。

于是乎,念经这事,被捧上神坛。毕竟那么强大的苏联都被念经念倒了,还有什么靠念经不能成功的呢?

路径依赖

冷战胜利之后短短20年,尚沉浸在冷战胜利喜悦之中的美国突然发现,东方又冒出一个新对手。而且与苏联不同,这个新对手的工业产出和经济实力似乎马上要超过美国(苏联最高峰的时候,经济实力不及美国的六成),计将安出?

本来就没搞明白当初为什么能突然战胜苏联的美国,只能把当初冷战念经的老办法搬出来,再试一次。好比一个大夫,上次乱七八糟抓的药方,竟然把病治好了,下次碰到差不多的病人,只能照上次的药方再抓一次药,至于是怎么治好的,甚至是不是同一个病,完全顾不上了。

所以美国现在对华的总方针,又回到了念经的老路上,认为东方某国自然也会如它北方邻居一样,自己内爆。在这种总方针之下,产生出很多匪夷所思的操作。

要放到50年前,暴脾气的美帝早掀桌子了。老挝是世界上人均挨炸弹最多的国家,越战期间,美国因为怀疑北越借道老挝送补给,在老挝丢了2.7亿颗炸弹,炸死炸伤约100万人,还留了大概8 000万颗未爆炸的炸弹。中老铁路第一件事就是花了5个月把沿线的未爆弹挖出来处理掉。短短半个世纪,地毯式轰炸变成了地毯式念经,实在让人唏嘘。

虽然对着东亚某国已经念经念了20年之久,除了念出来一堆"章家敦",天天喊××崩溃就在眼前,其他一点用都没有。但即使是这样,美国的智库还是摆脱不了"路径依赖",继续高喊:加大念经剂量!

百万漕工

明眼人都看得出来,念经对东亚某国实在没有什么用,向来机敏的美国政治精英为何还不改弦更张?实际上也用不上什么政治精英,连特朗普都看出来靠"和平演变"、念"免煮柿油"("民主自由"的谐音),除了浪费一堆钱,一点效果都没有。所以他上台之后,就裁撤了"念经"的经费(有没有感觉特朗普在台上大打贸易战的时候,舆论环境反而比较正面?只能说天下熙熙,皆为利来),专心搞硬碰硬的经济战和科技战。

实际上效果也着实不错,如果拜登跟着继续加码,或许会让这个东亚挑战者承压一段日子。然而拜登接棒没多久,就重回"念经"老路,经济战全面缓和,最近连放弃特朗普执政期间提出的关税这样的风声都放出来了。

明明特朗普的策略已经被证明有效,为什么拜登却要屈服于一些短期因素,偃旗息鼓,继续回到已经反复被证明无用的"念经"这条路上呢?

原因很简单,百万漕工衣食所系,不得不为。这里讲个明朝的旧事:

漕工,也称漕军,是在京杭大运河上押运粮食的各种督署衙门以及相关的军队和劳工。明朝天子守边,但是北京及河北产粮是无法支持庞大的帝国中枢的,只能从南方运粮北上。当时有两个办法:一个办法是靠京杭大运河,人力漕运;另一个办法是依靠海运到天津然后进京。后来出于各种原因,朱棣最终选择了漕运这个办法,因此催生出庞大的漕工团体,据称最高时超过百万人。漕运总督地位极高,明朝99位曾任漕运总督的官员,有30余位后来入阁拜相。百万漕工形成了巨大的利益共同体。

帝国不断臃肿,帝都的用度不断膨胀,费力低效的漕运渐渐不能支持。一些有识之士提出，重开海运。1487年礼部侍郎丘浚提议重开海运，他详细讲明了海运的优势："海运虽有漂溺之患，但海舟每艘，可载粮一千余石，相当河舟三倍，省牵卒之劳、驳浅之费、挨次之守。"提议一出，马上就遭到漕运利益共同体的强烈反对，直言祖宗之法不可改。毕竟百万漕工衣食所系，海运上马以后难道喝西北风？还记得漕运总督有多少人入阁拜相吗？这些人拧成一股超强的绳子，谁敢推行海运，就把谁"挂华表"……如此这般，虽然海运省力省钱，但大明到亡国也没能大规模重开海运。

美国也是类似的情况。念经念了几十年，有多少人吃念经饭。各种智库、媒体、学术机构、大学研究所，靠念经养家糊口的人何止百万。而且这些人围绕在美国政治顶层人物的身边，江湖之远，就著书立说大谈念经的重要、念经的威力；庙堂之高，就提携后辈，"近亲繁殖"，形成了庞大的 echo chamber（回音室）。在这个回音室里，辩经是极致的高雅，政治正确是绝不能跨过的红线。谁敢说念经没有效果，口诛笔伐。当初特朗普就是不跟这帮人混在一起（不是特朗普看透他们无用，而是特朗普就是不喜欢酸腐的书呆子，特朗普对华策略主要来自不合于主流学术界的那些人，所以才颇有效果），什么帽子都给他扣上，整个传媒、互联网、学术界拧成一股绳，恨不得学漕运总督们把特朗普给挂了华表。

拜登是浸淫白宫40年的政坛老兵，怎么可能不知道"念经团"的巨大威力？当然重新把"狗粮"撒好，把喇叭擦亮，重回念经的老路。至于"念经"是否有用，谁顾得上那么多，G2争霸是持久战，没等分出胜负，拜登早去见他的造世主了，我死之后哪管洪水滔天？与其担心这种大棋，不如多想想一年之后中期选举怎么过关。

余　味

英国已故的格拉伯爵士研究了历史上的诸多帝国，认为一个帝国的寿命，大概平均在250年。

我想，造成帝国不能超过300年的魔咒，大概就来自积重难返的"百万漕工"和"路径依赖"吧。

不要再卷了……

（本文写作于2023年6月9日）

大明的盔甲和英美的舰队

供应商的尾款不要欠

大英的口气,从来不小。

2021年,"英国特朗普"约翰逊首相在被赶下台之前,曾经派了英国仅有的一艘可以战斗执勤的航母"伊丽莎白女王"号行驶2万多海里,跑到东亚耀武扬威,在访问日本横须贺港之后,更夸下海口,要在远东常驻2艘战舰,维护地方秩序。

约翰逊首相吹牛要在远东布置2艘战舰,这事听起来挺神气的,这大英海军萎了30多年,又要全球布武了。但牛吹起来容易,做起来可愁坏了大英海军。连"伊丽莎白女王"号的护卫舰都凑不齐了,哪来闲着的战船能布置在远东?但是牛吹出去了,总不能马上食言而肥,于是乎大英海军表示,我还有好几艘先进的26型护卫舰,马上要下水了,其中2艘"期货"战船将部署到远东。

没想到,这准备部署到东亚、全球布武的"期货"护卫舰,还没服役,就先折了一条。

出事的这条船,名叫"格拉斯哥"号护卫舰,是8艘26型护卫舰中的第一艘,也是英国最新型的导弹护卫舰。排水量6 900吨,150米长,20.8米宽,是大英海军的主力舰,造价高达8.8亿英镑,是当年首相卡梅伦在拮据的大英财政里好不容易抠出来的一点钱建造的。

这艘还没入役的战舰,2022年刚刚下水,就被发现了各种问题,后来查出,原来船上有60多处电缆被人为剪断。剪断的原因也非常无厘头,负责建造这艘战舰的英国著名军火商——英国航太系统公司,拖欠了供应商的尾款,导致供应商一怒之下,把船上的电缆给剪了……这艘原本预计2025年交付英军执行东亚布武的战舰,目前预计将延期至少一年才能服役。

剪了这么多电缆,这船到底受到多大影响谁也不确定。英国航太系统公司一边轻描淡写地跟媒体说,问题不大,一边却马上中止了海试,疏散了船上的工作人员,开始全面检查。大英吹出去的牛,看来还得等等。

1840年大英的舰队从广东打到长江口,所当者破,势如破竹,3个甲子之后,连"期船"都凑不出来,实在拉胯得紧。

趴窝的航母

拉胯的又何止英国。一脉相承的英美,似乎同时忘了自己老祖宗是怎么建出来称霸蓝星的舰队的。比如美军最后一艘濒海战斗舰"克利夫兰"号下水,美国海军二把手带领约3 000名将校、记者等亲临仪式,作战部副部长的夫人亲手开的香槟,结果下水的时候,直接撞到了旁边的拖船,下水即返厂维修……

美军的准航母"好人理查德"号两栖攻击舰,在船坞里大修,结果一个21岁水兵因为对工作分配不满意,点了一把火,把4万多吨的航母烧到报废,还搭上63人,单枪匹马取得美国"二战"之后的最大海战战果。

好不容易造出来下水的战舰,也不安全。美国造船厂商亨廷顿·英格尔斯工业公司负责建造阿利·伯克级驱逐舰的第19艘——"布莱克"号(DDG-19)。整个造船过程总算比较顺利,船也顺利下水在港口里进行舾装,结果在自家码头被一艘名为"鹰"号于青岛建造的半潜船碰撞,造成船身受损和人员受伤。

各种的意外情况,并非孤例。仔细数数代表美国海上霸权的11艘航母,似乎多半在趴窝:"艾森豪威尔"号、"杜鲁门"号在诺福克维护;"卡尔文森"号、"罗斯福"号和"林肯"号在圣迭戈港维护;"华盛顿"号和"斯坦尼斯"号在纽波特纽斯造船厂换料大修;"布什"号正在归航维护路上。其中,"华盛顿"号从2017年开始换料大修,原本说2021年修好,结果到今天都没有消息;"斯坦尼斯"号从2021年开始换料大修,原计划2025年修好,按照"华盛顿"号的状态,估计也得延期。

而部署在日本的"里根"号更是传出了核泄漏的消息。"里根"号从2022年底返回横须贺港之后,号称进行"冬季维护",趴了4个多月才在2023年5月第一次近海出航,旋即返回,似乎真的出了点毛病。

真正能够出击的,只剩在南海的"尼米兹"号、即将维修完毕的"卡尔文森"号和"艾森豪威尔"号。趴窝的航母太多,实在有点捉襟见肘。

大明的盔甲

英美的炮船,让人不禁想起了大明的盔甲。明朝的盔甲,那是赫赫有名的。明前期的札甲,曾让蒙古人箭矢无可奈何。

到了明中期,国力下降和过度依赖火器,明军的盔甲开始弱化,出现了方便穿脱制造但防御力比较一般的罩甲。后来连罩甲也觉得麻烦和昂贵,出现了布面甲。这个时期,明朝的盔甲虽然水平有所下降,但还是非常精良的。万历三大征中在朝鲜对日作战过程中,日军对明军各种看不上,唯独对盔甲称赞有加,出现了很多"矢镞难入,刀过无痕"、刀砍上去被弹回之类的记载。

但是随着明朝承平日久的内部腐坏,到了晚明,原本最精良的明甲已经堕落得不成样子。根据徐光启的记载,到了萨尔浒之战,明军的大将都没有一副完整的重甲可以穿。能穿7斤重没有镶嵌铁片的棉甲的,就已经是亲兵中的精锐,普通士兵甚至连纸甲都没有。

当时朝鲜也派兵跟着明军进攻努尔哈赤,有些曾经见识过万历平倭战争的朝鲜官员记录到,当年明军盔甲鲜明,短短几十年过去,竟然穷困潦倒到士卒衣不蔽体,连棉衣都不够,更不用说盔甲,实在难以理解。

明军的劣质盔甲对萨尔浒之战产生了直接的影响。徐光启记录道:"杜松矢集其首,潘宗颜矢中其背,是总镇监督,尚无精良之甲胄,况士卒乎?"第一路讨伐军杜松和潘宗颜这种指挥将官,因为盔甲太差,被八旗兵轻易射杀,导致战线崩溃。而对面满人的重甲兵,却装备了双层重甲。第二路讨伐军马林挖掘了三排壕沟阻止八旗兵,但是努尔哈赤让500重装骑兵下马,凭借厚甲,顶着明军的火枪和弓弩,从容拨开了障碍,让清军鱼贯而入,最终全军覆没。明朝威力无穷的重甲兵,让女真人学了去。大明不是没有制造重甲的技术,然而承平日久再加上财政紧张,让前线的明军再也没有见到过他们祖上让蒙古人都胆战心惊的盔甲,洪武年间定下的24斤的明甲，到了万历年间变成了 7 斤的棉甲，再到崇祯连棉甲都没了。

英美的舰队

让倭寇惊叹刀枪不入的明甲，需要一个强大的明朝，需要十个布政使司和一个充盈的国库。

当大明承平日久，十个布政使司连赋税都收不齐，哪来精力金钱去造盔甲？让明军逞英雄的明甲也就从 45 斤的山文札甲，到 25 斤的布面甲，再到 7 斤的棉甲和 2 斤的纸甲，最后的遮羞布在萨尔浒一下子被揭掉。

英美曾经称雄世界的舰队，在许久没有打硬仗的承平日久和债务赤字高筑的财政危机的夹击之下，似乎也有点明军盔甲的影子。当年美国 4 年造出 155 艘航母的豪气，是建立在占全世界 50% 的产钢量和 60% 的造船厂的内力之上。如今连塔吊都要从中国进口的产业空心化的美国，再加上债台高筑的财政，与大明那十个布政使司一样，只剩一个空壳。

英美的舰队与大明的边军一样，面子上还维持着万历三大征的威名，实际骨子里早已不是当年封狼居胥的那支虎狼之军了。只要一次小小的失败，花架子就会整个倒下来。茫茫大洋，他们真的敢赌吗？

（本文写作于 2023 年 5 月 18 日）

美国的 PTSD：从 GDP 注水到中国触顶论

大黄制胜论与 PTSD

现状不佳的时候，总是容易幻想。比如越是穷困阶层，彩票买得越多。越是心里忐忑，越要给自己壮胆，比如走夜路的时候越是要吹口哨。国家也是如此，越是对国力不自信的时候，越喜欢搞一些"暴论"，给自己壮胆。不自信的程度越高，暴论的离奇程度也就越高。当年清朝被洋人摁着摩擦，大炮斗不过别人，就搞出"大黄制胜论"这种暴论：道听途说认为洋人全靠中土的茶叶大黄来消化生肉，只要不出口茶叶和大黄，洋人就会因为便秘，被大便憋死。

这样搞笑的"大黄制胜论"，还真的一度在清廷里被认为是"明策"。清廷里不缺聪明人，之所以能信这种暴论，只不过是时局太让人绝望，以至于找到一根"救命稻草"就笃信不疑，就如同家里有绝症病人的家庭，特别容易被邪教欺骗，而家道中落的人家，特别容易被"暴富"骗术给骗到。

与中国贸易战、科技战斗了三五年的美国，也颇有点这种感觉了。从特朗普到拜登，又是制裁，又是加税，又是"友岸外包"，使尽一切手段想要让产业链迁出中国，结果没想到，说好的外贸崩溃，变成了顺差刷新纪录。

而被西方寄予厚望的越南，却出现了崩盘之势。

原本以为手拿把攥的贸易战，越打越被动，美国也有点当年大清的那种 PTSD（创伤后应激障碍）了。于是乎，"暴论"开始层出。

悲伤的五个阶段

精神病学家伊丽莎白·罗斯,在 1969 年第一次提出了人类面对悲伤的五个阶段:否认(Denial)、愤怒(Anger)、讨价还价(Bargaining)、消沉(Depression)和接受(Acceptance)。这个观点一经提出,马上获得学界和公众的广泛接受,悲伤的五个阶段的论述被奉为圭臬。

美国在贸易战受挫、有点 PTSD 之后,也走上了这悲伤的五个阶段。第一个阶段,就是否认。

否认:GDP 注水

在否认这个阶段,最典型的症状就是不接受对手的实力已经到了难以遏制的地步。当年大清一开始也认为洋人不过船坚炮利,离船上岸之后绝不是大清的对手,拒绝正视,甚至故意贬低对手的实力。

美国最近这个倾向也颇为显著。

美国官刊、常常作为美国外交政策放风口的《外交事务》就整了这么个大活。

一名专业研究者提出,中国的 GDP 远没有统计数字那么高。这个人的方法论也挺有意思,他收集了各国晚上的卫星照片,然后通过夜晚城市的亮度,来对标计算该国的经济活动。根据他的计算,中国晚上城市的亮度相当暗淡,尚不如印度。从这个角度计算,中国实际的 GDP 被注水了 35% 左右。以此计算,中国并非即将在经济体量上超过美国,而是只有美国 GDP1/3－1/2 的水平。

这个注水的结论是怎么来的呢?作者对比了 184 个国家 1992－2013 年基于夜间灯光推算出来的 GDP 注水比例,相对于"自由国家",其他国家平均在 GDP 中虚报 35%。因此得出结论,中国也一定如此。

所以文章的结论就是,不用太忧虑中国挑战,中国还差得远。

讨价还价:中国触顶论

然而太掩耳盗铃的结论,实在容易被现实打脸。如果用上述作者的逻辑,直接看用电量的话，中国的经济体量已经是美国的两倍了，从新增发电装机容量看，中国的经济发展比美国快几倍，所以这个结论虽然能让一些美国人睡个好觉，但是大多数人还是很难接受的。

否认之后是愤怒，对付不了东方，只能拿华裔出气，比如美国一些州，不但已经禁止华人买房，连租房也禁止了，实在有点无能狂怒。

愤怒之后，则是讨价还价。既然不能否认中国的实力，那我承认中国现在很强，但将来没什么增长行不行？

于是乎，另一个著名杂志——《经济学人》，整出另一篇大作：《中国触顶论》。

内容就如同这个题目，一方面承认了中国的实力已经非吴下阿蒙，另一方面从各种角度论证，中国实力的发展已经触顶，到 2035 年之前，中国将达到美国 90% 的实力，然后一直维持在这个水平，无法超越。

既然中国无法超过美国，那么大家就能坐下来谈谈怎么划分势力范围，不用担心什么"修昔底德陷阱"，中国应该识趣地归附在现有国际体制之下。从之前每年例行的中国崩溃论，进化到如今的中国触顶论，看起来咱们的实力增长的确超出了西方的认知，打破了他们的幻想。在冷冰冰的现实面前，只能退而求其次，"讨价还价"起来。

余味·Depression 就在前方

从否认到愤怒，现在又到"讨价还价"，看来美国很快就会进入下一个阶段，也就是 Depression（抑郁，也有萧条的意思）。美国银行危机之后，股市转暖，似乎危机已经消退。但百足之虫死而不僵，现在没事不代表风波过去。硅谷银行爆雷后的两个月，标普 500 指数涨了 7%，纳斯达克涨了 10%，似乎一切都安定下来。但是回看 2008 年 3 月贝尔斯登爆雷后的两个月，标普 500 指数涨了 11%，纳斯达克涨了 15%，也是一样的套路，然而到了下个季度，天崩地裂……

华尔街消息最灵的是摩根大通，之前硅谷银行、瑞信银行出事，跑得最快的就是它。摩根大通 CEO 杰米·戴蒙这个时候突然出来说，美国应该禁止做空银行股，这在自由市场的美国可是有点冒大不韪的说法。如果不是逼急了，为何做如此呼吁？摩根大通到底知道了什么我们不知道的事情？

悲伤的五个阶段,美国从否认(GDP 注水论),到愤怒,然后到"讨价还价"(中国触顶论),眼看就要到"Depression"(大萧条)。也许一场大萧条之后,就能过渡到"接受"新的国际秩序了。

(本文写作于 2023 年 5 月 15 日)

违约大雷，7天倒计时

华盛顿陷入史无前例的巨大混乱之中。照理说，2020年之后的华盛顿特区，那是见多识广、见怪不怪了：火烧国会大楼都见识过了，议长选举难产也见识过了，广场上搭绞刑架号召绞死总统和首席大法官也见识过了……但如今华盛顿的混乱却仍然让熟悉"纸牌屋"的观众们直呼看不懂。留给拜登政府解决债务违约的时间，只剩7天了。

屋漏偏逢连夜雨

墨菲定律说，凡是有可能出错的事，一定会出错。美国这次债务危机，正应了这句话。

原本这次美国债务危机，并不那么凶险。然而一连串意外情况的发生，让事情变得有点难以收拾。老公拿过诺贝尔经济学奖的财长耶伦，提前大半年就开始预警债务上限的问题，在她的精确计算下，原本2023年1月19日就是美国政府现金耗尽之时，但是耶伦想出了一系列拆东墙补西墙的所谓"特别金融工具"（Extraordinary Measures），从帝国的小金库里硬是挤出来大概4 000多亿美元，让帝国能撑到美国个税截止期4月中旬，美国国税收入的大头是个税，个税截止期前后会有大笔税款入账，然后再靠这笔税款撑到7—8月。

这个计划应该说是非常周密的，美国债务上限提升需要国会来批准。国会一般在夏天休会数周，暑假之后再重返华盛顿开会。一般来说，准备休假的国会是最容易达成相关协议的（政客也是人，要休假了心情也会好），而且国会有整整3个月的时间来讨论相关的议案,时间和好心情都相当充足。因此,到7月底解决债务上限问题,绰绰有余。

然而,墨菲定律发威,打乱了耶伦的好计划。

2023年美国个税截止日4月18日之后,耶伦突然发现,自己被美国统计局给骗了……美国的经济数字,不论是就业还是GDP,一季度都是稳定或温和扩张的。特别是就业数字,达到了50年来最高点,连喜爱"零元购"的黑人,失业率也低至4.7%。照理说,这么好的就业率和正增长的GDP,税收一定不会差。可是现实数字却打了耶伦的脸。

4月份因为是个税截止日,所以一般美国财政会收进巨额税款,成为全年盈余最高的月份之一,耶伦也正是指望这笔巨款把帝国财政撑到8月份。结果与烈火烹油的火红经济数字不同,美国2023年的税收崩了。2023年4月美国政府税款收入6 390亿美元,而2022年4月美国政府税款收入则高达8 640亿美元。一下子比2022年少了2 250亿美元的收入。

失业率可以造假,税款可没法造假,美国统计局"自嗨"的就业数字救不了财政部的违约危机。这计算之外的税收下降,让耶伦乱了阵脚。一堆哈佛、芝大的经济学博士们一阵狂算,给出了最新的违约日:6月1日。

这可捅了马蜂窝。

7天倒计时

美国国会的老爷们可以熬夜加班,但是绝不能没有休假。众议院和参议院的议长一个最重大的责任,就是制定国会休假日程。一般来说,天塌下来,也要休假。

如果真的是6月1日发生违约,从5月11日到5月18日,只有7天是两院都上班的日子。因此,如果到5月18日债务上限的法案还没通过的话,那美国违约就是板上钉钉了。

本来给自己预留了3个月缓冲期的耶伦,没想到一下子就剩了7天。

以拖拖拉拉著称的美国国会,7天能干成的事情,可太少了。更惨的是,这次债务上限法案碰上了美国东林党。

美国东林党

崇祯从他同父异母的哥哥天启皇帝那儿接过皇帝宝座的时候,天启其实拼命给自己的这个有点傻有点轴的弟弟暗示,千万别杀了魏忠贤。可惜政治智商是负数的崇祯,一点儿也没接收到自己老哥的信号,连国号还没来得及从天启改成崇祯,就把魏忠贤和整个宦官集团给端了。1627年11月,魏忠贤自杀于河北衡水,大明朝覆灭的命运就在这天注定了。

天启皇帝并非傻瓜,之所以宠幸魏忠贤,不过是因为江南士族和他们的政治代表"东林党"实在权势滔天,如果没有魏忠贤和阉党集团,明朝是收不上来税的。没税就没钱,没钱就养不了兵、打不了仗。

真正护佑晚明的其实是阉党,只不过东林党人掌握笔杆子,把对方疯狂抹黑。不过东林党人也没什么好下场,拒不缴税留下的财产美女,让入关的满人一把抄走。

提督苏杭织造太监李实参原任应天巡抚周起元,违背明旨,擅减原题袍叚数目,揞勒袍价,又不容臣驻彼地方,故纵苏松二府连年误运……

——《明熹宗实录》天启六年二月二十五条

五人墓记(图片来源:百度图片)

这个五人墓记,其实就是当年江南士族逃税造的孽。五人被杀的由头是周起元,这人名头是总理粮储提督军务兼顺天巡抚,这人被提督苏杭织造太监李实给告了,理由是这人擅自减免税收,还用道学(儒教)跟一伙人一起减税不交,导致这个收税太监在苏州和松江两个州府连续几年收不足税,最后靠着魏忠贤的势力,才把这些地头乡绅抓起来杀了,以儆效尤。

可魏忠贤一死,东林党人坐大,再没人替朝廷搞钱,以至于李自成攻破北京,打开财库大门都被吓了一跳。《甲申纪事》中记载,曾经年入最高2 400万两白银(粮食折价)的明朝,国库里面总共只有不到3万两白银,以至于感慨道:"国家之贫至此!"

美国这次债务危机也与美国"东林党"有关。

拜登虽然昏庸,但是国家缺钱这事他还是很清醒的。这点上有点像是大明"阉党"。拜登不但提出了逐步降低财政赤字的方案,还开始大量招募IRS税吏,加强税收征缴。他批准了一项法案给美国国税局提供额外的资金,让美国国税局可以额外雇用87 000名税务特工,加强征税。

美国国税局网站上招聘"刑事调查特别探员"的公告要求,这批税吏的申请条件是:申请人必须能"合法携带枪支","愿意并能够参与逮捕、执行搜查令和其他危险任务",以及"愿意使用致命武力"。

87 000名税吏是什么概念呢?这个规模相当于五角大楼、美国国务院、联邦调查局和边境巡逻队人数的总和,相当于把征税官员人数翻了一倍。拜登倒也不藏着掖着,法案明确说,扩大税吏规模,就是要"大拷掠",计划在不改变"税率"的前提下,每年多征折合1万亿元人民币的税出来。

除了招收税吏,拜登和民主党还准备向美国的"江南士绅"、巨富阶层提升税率,制定强制最低税率标准。

美国最富有的400个富翁,其税率比美国最穷困的50%的人还要低,因为他们与明朝江南士绅一样,有各种方法避税。巴菲特就说过,自己的所得税率比帮他打字的秘书还要低。

而共和党则成了美国的东林党,只要不加税,管你大浪滔天,国家将亡。比如特朗普最大的政绩,就是在任上通过了减税法案。

有东林党在,拜登这帮有心给美国征税续命的"阉党"集团,也是有心无力。

Play Chicken(胆小鬼游戏)

这次共和党这帮议员，就准备与晚明的东林党一样，在债务上限问题上来一把 Play Chicken。他们的计划是这样的：拜登要加税，肯定会受到民众反对。为了保证党派胜选，在加税的同时也要加福利支出，通过福利支出拉拢底层的选民，对抗中上产阶层。所以美国东林党就来个釜底抽薪，搞一个猛烈删减福利支出的预算案，让拜登没法拉拢底层选民，导致其丢失政权，加税这事自然也就不了了之。

因此，以麦卡锡为首的共和党议员提出了一个议案，只要拜登同意大幅度削减福利（包括学生贷款减免、食物券、医疗补助、黑墨补贴等一批项目），共和党就同意债务上限提升，否则一切免谈，大家一起完蛋。

拜登那边也是背靠悬崖，表示债务上限是美国国本，绝不能用来讨价还价，必须无条件提升，减福利是绝对没戏。两边针尖对麦芒，再加上 2024 年大选在即，两边都完全不能松口。

连锁反应

这次美国国债违约的可能性已经突破天际。就在 5 月 11 日，基于 CDS 来看，美国一年期国债的违约可能性已经是国际老赖希腊、墨西哥、巴西（均多次出现违约）的 3 倍有余。

而且这次与上次 2011 年违约惊魂不同，如今的美债已经成为众多金融投机交易的保证金，一旦美债真的出现违约，这些用美债做担保的投资人就会面临大规模的 Margin Call（保证金要求），必须从别的地方找钱来补足保证金。

为了补足保证金，这些投资人就会出售手中的资产，资产越跌，需要的保证金就越多，也就需要出售更多的资产，形成恶性循环。根据测算，如果发生长期违约，那么美国将出现 800 万人失业，股市暴跌 45%。美元的储备货币地位也就寿终正寝了。

正是因为后果极其严重，因此东林党和阉党之间都在赌对方会让步，毕竟大船沉了大家都要完蛋。正是这种认为对方会让步的心理，很有可能让美国出现历史上第一次债务违约。再加上最近对特朗普出的阴招,让共和党中很多人更不可能与拜登合作,去解决债务问题。新仇旧恨叠加在一起,说不定7天之后造个大新闻。

当年毁灭大明的东林党,看起来这次又要发威了。

（本文写作于 2023 年 5 月 11 日）

"新华盛顿共识"：
当美国人开始师"夷"长技以制"夷"

华盛顿共识

1989年，美国力量正是如日中天的时候，也是除西方以外全世界各国最黑暗的年代。那年不但东欧正在发生巨变，拉美也因为债务问题发生了严重的经济灾难。当时，美国国际经济研究所邀请国际货币基金组织、世界银行、美洲开发银行和美国财政部的研究人员，以及拉美国家代表在华盛顿召开了一个研讨会，旨在为拉美国家经济改革提供方案和对策。后来形成了十条方策，统称为"华盛顿共识"，取意为后发国家发展经济的必需财政政策，其内核正是现在国内各路经济学家所鼓吹的芝加哥学派"新自由主义经济"理论。现在国内鼓吹的什么"反对产业政策，市场自由配置资本""金融自由化""放松政府管制""国有企业私有化"等，全部来自这个"华盛顿共识"。

"华盛顿共识"产生之后，马上就被国际货币基金组织、世界银行和美国政府奉为圭臬，大力推行。不但把它用在了南美国家身上，东欧甚至俄罗斯的休克疗法也来源于此。1997年亚洲经济危机之后，这套理论也随着IMF的救济金，强压给东南亚各国。

可以说，当时除了中国和摸着中国过河的越南，几乎所有的后发国家都在按照这个"华盛顿共识"行事。而"华盛顿共识"也成了美国战后输出最成功的政策理论和框架。然而，美国作为向全世界推广"华盛顿共识"的老师，自己却突然质疑起了自己。

华盛顿的笔杆子

这届美国政府，大概是历史上学问最差的一届。不但拜登自己的学校差点意思，自己内阁里除了金融口的阁僚，学问也很一般，充斥着布林肯这种靠着家族裙带关系上哈佛，却醉心于搞音乐的纨绔子弟。（布林肯的乐队还出过两支单曲，吉他水平比他的外交水平高一点。）不过拜登的国家事务安全助理杰克·沙利文是个例外。这位老哥是草根出身的牛津耶鲁双料学霸，正儿八经在耶鲁教过书的聪明人。拜登内阁真正的外交政令其实大半出自此人之手。观察美国外交政策，与其去看无头苍蝇一般到处瞎撞的布林肯和舍曼，其实只要看沙利文一个人就行。之前布林肯在安克雷奇被骂到下不来台，后来接手回转，在瑞士把大事谈成的，也是沙利文。正是这位华盛顿的笔杆子，最近开始质疑起了"华盛顿共识"这条美国道路。他在美国久负盛名、影响力巨大的布鲁金斯学会发表了重磅谈话，被美国学界普遍认为作为拜登左翼政党的文胆，亲自出面对过去30年的经济政策做了全面反思。

路线动摇和师"夷"长技以制"夷"

沙利文的这番话，被《华盛顿邮报》形容为对冷战结束后，美国两党总统近30年来奉行的贸易政策的全面驳斥。国内外媒体多关注沙利文的"中美不再脱钩"的言论，但那远不是沙利文发言的内核，他的这次发言的核心，就是"师夷长技以制夷"，要全面放弃"华盛顿共识"的十诫，偷师两招中国的高招。

沙利文首先客观地描述了美国的现状：工业基础被掏空；盟友的疏离和背叛；清洁能源转型落后；社会不平等以及祖制崩坏。而沙利文给出的诊断，则是"华盛顿共识"中认为市场经济可以足够有效地配置资源和实现公平的假设"过于简单，以至于谬误"：(1)放松管制、减税、工会和反垄断瘫痪已经到了足以让美国政治稳定受到冲击的地步（猛烈打脸一帮经济学家鼓吹的"只要政府不瞎管，经济自然就会好"）；(2)金融业优先于实业，导致美国实力快速衰退；(3)政府组织和推动的产业政策是比市场经济更有效的经济政策（国内一些经济学家还在反对"产业政策干预市场"，美国祖师爷反倒先学起来了）；(4)贸易自由化和市场经济并非万能，在必要的时候，必须加以强力管制,因为缺乏管制手段,导致美国在关键行业的失败,进而导致美国国力的下滑。基本上把"华盛顿共识"批得一文不值,否定了美国历史上对外输出最成功的政策学说。相当于学了一辈子儒家圣贤的朱熹,突然跳出来说:"孔孟迂腐,只有法家可以救天下!"沙利文这番离经叛道的演讲,并非他一时兴起,他的演讲全文刊载在白宫的网站上,很可能是拜登内阁政策转向的吹风。

沙利文给出的药方也很简单,师"夷"长技以制"夷",中国靠着政府强力干预的产业政策取得了成功,我们美国也要照着做。沙利文先是向欧洲盟友放话:美国现在搞的被认为是不公平竞争的产业补贴政策,已经变成基本国策,你们不服气也得忍着。不要以为暗暗跟东方送几个秋波,华盛顿就会改弦更张。

然后又对 WTO 放话:美国马上不会完全打开大门了,自由贸易必须附加条件,WTO 最好不要说闲话,否则美国有像 IPEF 等一批国际组织可以取而代之。

之后又对企业界暗示:最好好好配合拜登的产业政策,特别是对东方的技术封锁,美国政府已经下定决心,先进技术必须掌握在美国手中,如果不掌握在美国手中,那就把这项技术干掉。

沙利文已经洞若观火,中国靠着长期和强力的产业政策的推动,已经在电动车、光伏、高铁等一系列原本落后的行业上取得了弯道超车,本质上,一是政府舍得投入,二是市场换技术。这两条美国都可以抄,而且要马上抄。美国最近在半导体和电动车上就照抄了中国的政策,胡萝卜加大棒双管齐下。一边是超规格的强力补贴,芯片补贴 2 000 多亿美元,电动车补贴 1 000 多亿美元,用补贴把行业拉起来;另一边则是依托美国巨大的市场,但凡美国看上眼的产业想要来美国赚钱,就得把工厂和技术留在美国。看起来不但要学,还要学到底。

如果不是被逼到墙角,干吗要新洋务运动?大清洋务学形不学神,美国新洋务又能怎样?

(本文写作于 2023 年 4 月 30 日)

美国护照的失灵与 Pax Americana 的终结

用了 8 个月，就把苏丹搅到内战的美国大使馆，撂下一万多美国人，自己先跑路了。跑得如此之快，甚至不以为耻、反以为荣的拜登政府还发了一份公函，表彰美国外交官成功的"让领导先走"。

可惜互联网上多年传播的老谣言，美国护照上的霸气之语，全是虚无，蓝皮护照们等来的，只有白宫的一句"自行避难"。

另一边，"伟大祖国永远都是你们最坚强的后盾"这句美国护照上没写的话，照进中国海军的现实。两艘中国军舰驰援撤侨，让美国舆论颇有点下不来台。

得不到的，就要打碎

有个著名的笑话，是这么说的："美国是世界上最稳定的国家，因为华盛顿没有美国大使馆。"

的确，基辛格说过，做美国的敌人是危险的，做美国的盟友则是致命的。美国使领馆开到的城市，总是会有莫名的意外发生。

苏丹也是这样。

在过去 25 年里，苏丹是没有美国大使馆的。2022 年，俄罗斯与苏丹签了个协议，准备在苏丹开一个军港，加强在红海的俄罗斯海军存在。

原本对苏丹爱答不理，甚至还经常用各种理由进行制裁的美国，突然之间转了性，与苏丹政权热络起来，25 年来第一次在苏丹建立了大使馆，这个大使馆主要的工作就是劝阻苏丹不要签署俄罗斯海军基地合同。为了让苏丹从命，美国推动联合国,在苏丹军政府与当地文官政治集团之间签署了政治框架协议。虽然美国人匆匆忙忙地返回了喀土穆,但苏丹还是在2023年2月与俄军最终签署了红海海军基地的合同。美国人岂会坐视打脸?2月12日苏丹与俄罗斯签约,2月16日拜登突然宣布向苏丹提供2.88亿美元的"人道援助"。钱的确是给了,但是与"人道"没有什么关系,这笔钱似乎留到了与政府军关系有点裂痕的各路军阀手中。3亿美元经费瞬间到位之后,3月9日,美国副国务卿维多利亚·纽兰突访了苏丹,一个月之后,苏丹军阀哈姆丹将军和他的准军事组织RSF(快速支援部队)就打出了反旗,苏丹迅速陷入内战。

2022年8月在喀土穆美国大使馆设立,8个月后,喀土穆陷入一片战火。有的时候不得不惊叹美国人的效率,可惜这个高效率总是体现在搅动纷争上。得不到的,就要打碎。不听话的政府,就要颠覆。

"领导"先走和失灵的美国护照

美国大使馆,来得迅速,走得也迅速。来喀土穆最晚的美国大使馆,却是最早关门跑路的。在开馆运营8个月之后,美国人公告,因为安全原因,喀土穆的美国大使馆宣布关闭。此时,在苏丹还有近16 000名拿着美国护照的美国侨民正在想方设法逃离战区。没想到自己母国的大使馆,一句"自行避难",就把这些人给打发了。

发布公告之后,美国驻苏丹大使馆又一次展现了惊人的效率,包括外交人员及其家属的近百人的大使馆,4天时间就全部撤出了苏丹境内。跑得如此漂亮,以至于拜登甚至特地发了一份通函,夸耀自己成功撤离外交人员的"精彩操作"。

然而,号称"无论你身在世界的哪个角落,强大的美利坚合众国随时都是你坚强的后盾,请记住你是美国公民"的霸气的蓝皮美国护照,却好像霸气不起来了。个性十足的白宫发言人倒是诚实,直接对还困在当地的一万多名美国人说:我们发过危险警报了,就算完成任务了,不要指望美国政府组织撤离,就地避难(自生自灭)吧。

平时一直鼓吹"of the people, by the people, for the people""灯塔"的各路媒体,却似乎不把困在苏丹的一万多美国人当成"people"了。困在苏丹的美国人已经有两人在交火中丧生。如果只是"灯塔"一家暗淡,那还好一点,可惜有同行干得太好,搞得有点货比货得扔。

军舰撤侨

与美国外交官"让领导先走"形成鲜明反差的,是中国外交官的坚守。

中国驻苏丹外交官们,不但没有脚底抹油,也没有窝在使馆避难,反而冒着流弹,四处组织中国侨民撤离。

4月26日,海军导弹驱逐舰南宁舰和综合补给舰微山湖舰,紧急赶赴苏丹,执行海军第三次武装撤侨行动。

上次撤侨还是在8年前,当时也门战乱,港口情况十分复杂。海军特战队霸气的英文告示和祖传的高音喇叭,颇火了一把。

这次苏丹事发突然,担负此次撤离任务的兵力由正在执行第43批护航任务的导弹驱逐舰南宁舰和综合补给舰微山湖舰临时编组而成,携带舰载直升机1架、任务官兵490多名,其中特战队员数十名。

到了苏丹港之后,海军特战队队员迅速在登船区域设置安全区。

大使馆武官、使馆工作人员引领已经提前集合好的600多名中国侨民赶来登船。在海军的有序组织下,迅速完成了查验和安检,并安全登船撤离。

"同胞们,无论身处何地,伟大祖国永远都是你们最坚强的后盾。人民海军,永远守护着我们海外同胞的安全和利益。请大家放心,我们来了。大家安全了。"

——南宁舰登船广播(美国护照的谣言,照进中国海军的现实)

两艘军舰一次转运了688人,其中678人是中国侨民,10人为外籍人员。两舰到达吉达港之后,马上又重返苏丹,准备转运下一批侨民。

余味·仗剑行商

在以前,美国作为唯一的超级大国,其全球军事存在客观上维护了航道和商业秩序,但随着美国力量的收缩,导致全球很多地方出现了权力真空,全球进入新的不稳定期。这也就是所谓 Pax Americana 的终结。

在这种情况下,我们的剑,需要做好准备,为我们通达四海的商船保驾护航。Pax Americana(美国和平)行将结束,接上的必定是 Pax Sinica(华夏和平),而不是 Bellum Orbis Terrarum Ⅲ（第三次世界大战）。我们要变成世界和平的那根定海神针。神针如何能定海？总得自己先有千钧之力。可以雷霆手段，方能菩萨心肠。

（本文写作于 2023 年 4 月 28 日）

薛定谔的美元违约

先说说什么叫 CDS。CDS 就是信贷违约掉期（Credit Default Swap），是一种衍生品。你可以把它理解为一种违约保险。购买 CDS 的人以某个指定的价格购买这个"保险"（类似于保费），如果一个实体或者某种票据在规定的期限内发生了违约，那么 CDS 的发行者就会按照约定的"保额"进行赔付。因此，如果发生违约的可能性越大，那么 CDS 的价格也就越贵（保费贵），反之则便宜。美国作为"最安全"的实体，美国主权信用 CDS 一直非常便宜，在 15 个基点左右。可是就在最近，一年期美国主权信用 CDS 突然暴涨到 106 个基点，达到历史最高峰之一。

看上去，CDS 暴涨代表美元违约的可能性正在暴增，市场正在用脚投票，下注美国即将违约？对，也不对。

一个国家要想违约，其实挺难的。首先得有一大堆的政府债务（私营部门的债务再怎么爆雷也不会造成国家违约），其次这个债务还得是外币计价的外债，不能是本币计价的内债。用本币计量的债务是永远不会让一个国家违约的，实在还不上了，印钱就是。比如日本就债台高筑，但人家都是内债，只要日本银行的印钞机没坏，无论如何也违约不了。韩国虽然总政府债务比例比日本低不少，但它有 6 500 亿美元的外债，而韩国外汇储备才 4 200 亿美元，这种情况下，一旦韩国逆差持续下去，韩国爆雷可能性比日本高得多。

从这个角度来说，美元是永远不会违约的。因为所有的美债都是以美元计价的，只要美联储愿意，多少美元都印得出来，多少债都还得上，所以才有著名的"1 万亿美元硬币"的梗①。

从法理上来说,美元永远不会违约,但是从实际来说,美元的确有违约的可能。为了防止美国政府滥发纸币导致通货膨胀,美国法律规定了美国政府可以举债的上限。虽然这个上限不断被提高,但毕竟还是有这么一条线存在的。

这次美国国内政治斗争达到了白热化的程度,两党为了党争恨不得将对方扒皮吸血,对于债务上限的提升,可能不会很顺畅。

屋漏偏逢连夜雨。本来耶伦凭借超凡财技,辗转腾挪,从帝国小金库里挖出来4 000亿美元救命钱,将美国债务上限被突破的时间推迟了4个月,好让国会有时间达成一致。没想到美国4月份税收大幅不及预期,截至2023年4月23日,美国政府的收入同比下降了31%,导致美国违约时间大幅提前两个月,最早6月份美国财政部的现金就会耗尽,出现违约。

照这个势头下去,说不定美国真的要在6月份制造个大新闻出来。照往年的情况,哪怕出现了达到债务上限、政府关门的情况,也还有办法。反正世界上两大评级机构穆迪和标准普尔都在美国人的掌控之下,门口就站着查贪腐的FBI和查税务的IRS,这俩公司无论如何也不敢下调评级。就算违约了,美国依然还是AAA的最高评级。

然而,今年不同以往。过去几个月风起云涌的"去美元化"的大浪,已经将美元地位拍得摇摇欲坠。以前还能用两大评级公司的伪评级来糊弄,如今不违约的美元,各国都已经跃跃欲试要废除,何况眼看要违约的美元呢?

以前肯定不会违约的美元,至少这次变成了薛定谔式的违约。不到开盒那天,谁也不知道。要知道,帝国最怕不确定性。而这次狼狈的不确定性,正是美元循环2.0被破坏导致的。

美元循环2.0

美元循环1.0,因为美国工业实力的下降而崩溃之后,又生出一个2.0版。

美元循环1.0,靠出口商品回收美元,后来美国工业实力下降,无法做到这一点

---

① "1万亿美元硬币"这个梗是这么来的:美国财政部是不能印钱的,但是可以发行硬币,所以一旦政府缺钱可能违约的时候,耶伦可以命令财政部铸造一枚面值为1万亿美元的硬币,用它来还债,如果一枚不够,那就再来一枚……

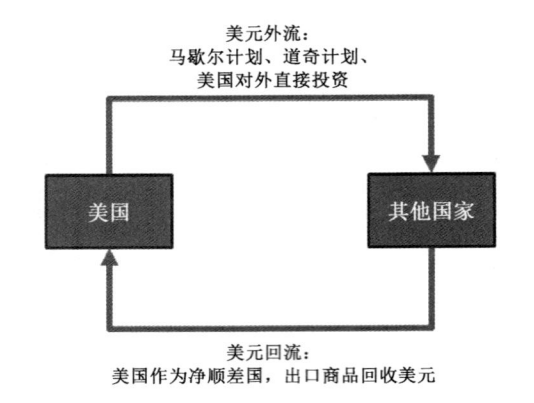

```
                    美元外流：
                  马歇尔计划、道奇计划、
                   美国对外直接投资

            ┌─────────┐         ┌─────────┐
            │  美国    │         │ 其他国家 │
            └─────────┘         └─────────┘

                    美元回流：
              美国作为净顺差国，出口商品回收美元
```

美元循环 1.0

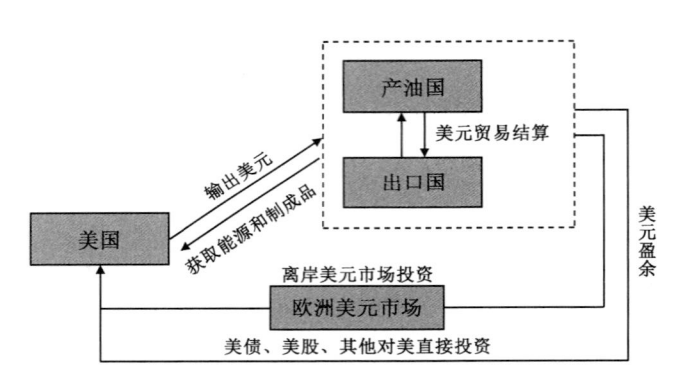

美元循环 2.0 图示：产油国与出口国之间进行美元贸易结算；美国输出美元，获取能源和制成品；美元盈余通过欧洲美元市场进行离岸美元市场投资；再通过美债、美股、其他对美直接投资回流美国。

美元循环 2.0

之后，就通过美债和对美国投资收回美元。

产油国（如沙特）和出口国（如中国），通过对美国的出口，获得大量美元盈余，然后又通过直接对美国投资美债、美股和其他对美直接投资，以及欧洲的离岸美元市场等让美元回流。

所以，美国需要周期加息，人为地制造美元的强势地位。通过高赤字，刺激美国国内的经济，美国经济持续景气，通过加息和景气的经济吸引美元回流造成美元强势；强势美元之下，进口商品以美元计价的价格就变得更低了，低价进口商品解决了印钱带来的通胀问题。

可是现在，美元回流出现了一个巨大的问题。原本因为美元回流造成美元荒，因为缺少美元而无法偿还债务，从而进一步导致国内资产价格暴跌的各路资源国和发展中国家，突然找到了一个新的美元来源。以巴西为例，这么一个物产丰富的国家，因为经济发展和强势美元造成的美元荒，2022年外债规模达到6 720亿美元，但外汇储备只有3 247亿美元，眼瞅着就是要砸锅卖铁的节奏。然而，现在突然有个国家帮它顶上外债，用长期协定的资源出口抵账，而且今后都不用借美元，避免外债导致国家违约，美元回流这条路就被切断了。回流切断之后，换不来商品，美元只算绿纸，印钞只在国内转，违约也就在路上了。

（本文写作于2023年4月23日）

不是韩国化，而是万历化：
被捕的特朗普，景山的两捧土？

特朗普与"韩国化"

特朗普被捕这事，不知道从谁开始炒作美国的"韩国化"，于是乎互联网上全是大同小异的论点。随便一搜特朗普的新闻，分析文章全是"韩国化"。甚至连特朗普刑期136年都被搬出来大谈特谈。

只能说，很多人既不懂韩国，更不懂美国，实在让人哭笑不得。韩国总统清算，从来不是因为政治问题，而是韩国并非一个真正独立国家的问题。首先，韩国独创的总统一届任期制，本身就是立国的时候美国人给埋的雷。在韩国军政府时代，美国对于韩国政治的干预能力太弱，所以全斗焕之后，就搞了这个缺心眼的一届任期制。美国人对最后一届即将下台的总统叫"跛脚鸭"，于是就给韩国设计了所有总统全是"跛脚鸭"的这么个缺陷制度，确保韩国总统无所作为。另外，韩国的政党也很混乱。以现在韩国国会中有席位的五个政党为例，五个政党全是2020年之后的新名字、新派别。但凡成熟的国家，政党都很稳定。美国两党都是150年以上的历史，日本自民党更是60年来"万世一系"，英国工党、保守党也非常稳定。只有韩国这边如同泡沫韩剧一样，分了合、合了分，今天改名，明天重组，没个定型。政治人物要依托政党存在，政党天天变来变去，政治人物当然变成无根之草，下台就被人随便拿捏。

其次，韩国的政治体制中被美国人挖了不少坑，比如检察官制度。韩国人独创了一个检察引导侦查制度,警察并不能独立办案,所有案件必须通过检察官,由检察官决定取哪些证据、如何取证,然后指挥警察工作,最后由检察官出庭指控。案子的整个过程都是以检察官个人名义完成的,而不是以检察院的名义。在宣判之前,检察官还可以撤销或改变控罪。由于检方垄断了公诉权、酌定不起诉裁量权、提请批捕权和结案权等,有权指挥警方侦查,可以对嫌犯的命运予取予夺,时间一长,这些检察官们就形成了如同"东西厂"一样的利益山头。有"东西厂"在,你说皇帝能长寿得了吗?(大明从第四任到第十五任皇帝,平均寿命为 40 岁。如果再除去嘉靖帝和万历帝,其他十任皇帝平均寿命只有 36 岁,很能说明问题了。)

最后,"铁打的财阀,流水的总统",只要大财阀们的利益还在,韩国政治只能不停地"翻大饼",左派清算右派,右派清算左派,最好刀刀见血,人人入狱。因为"翻大饼"一旦停下来,该清算的就是这些财阀了。

韩国人清算总统,那是真刀真枪的。韩国的"厂公们"手段非常狠辣。出手一击,务求斩草除根,因此每次都是"杀全家"的招数,把和总统沾边的亲戚友人通通刑囚,比之前韩国军政府更狠辣。像曾经顶着军政府刺刀搞工运活动的硬汉卢武铉,都能被这些"厂公"逼到跳崖自杀。

美国这次起诉特朗普,与韩国这种真刀真枪的"硬核"清算那是完全不一样的。如果真要找个类比特朗普的案子,其实更像万历的"博廷杖"。

博廷杖的特朗普

开朝四帝之后的大明,实在是个奇葩。比如明宪宗,因为要办元宵花灯,竟然搞出来明朝传世的廷杖传统。一旦大臣们与皇帝意见不一致,皇帝又没有朱重八那种直接剥皮揎草的气势,就只能用"打屁股",也就是廷杖的方式来消消气。除了景帝曾经有过一次蓄意痛下杀手、打死大臣外,廷杖都重在施辱而不在伤身。宪宗虽然多次施行廷杖,但都在行刑前给受刑者屁股上垫好厚厚的垫子,减轻实际的肉体伤害。

因为绝大多数的时候,廷杖这个东西没什么生命危险,所以变成了许多文官去碰瓷博名声的一个手段。犯颜直谏、批评皇帝,"一遭斥谪,意气扬扬,目上趾高,傲视一世,正所谓意气有加也"。反正他们知道,廷杖很少会打死人(如果给锦衣卫塞点钱就更保险了)。

到了万历朝,廷杖完全变成一个碰瓷工具。整个文官体系都以遭了廷杖为荣,常常有官员因为没有参加劝诫皇帝的上书,错过了挨打的机会而后悔。还有挨打官员将廷杖时被打飞的筋肉腌制起来,当成传家宝……特朗普这次的情况也是这样。

在被刑事起诉之前,他老早就知道了起诉的情况,提前好几个星期做预告预热,与大制作电影上映一样的炒作手法。

提前预告之后,马上把筹款活动炒起来:"大家快来给特朗普捐钱,对抗拜登的邪恶检察官。"3月31日当天筹款400万美元,第二天又筹到100万美元,到现在为止,光支持特朗普打官司的政治捐款,就达到了800万美元之巨。

美国右派的群众,就与明朝的那帮东林党一样,一提皇帝就摇头,如果被皇帝廷杖了,那被打的一定是清流好官,家乡得修生祠,族谱得大书一笔的。所谓历史上第一个刑事起诉,完全变成了演戏作秀,卖惨人设。

而对面拜登之所以起诉,其实也是一样的道理:特朗普这个大恶魔,哪怕打破规矩我都要起诉,说明我是正义的捍卫者呀,这种大英雄,"彩虹族"(LGBTQ)和各路左派小将,肯定得全力出来支持助选呀。

特朗普会不会被定罪?

如果不发生极端事件(比如拜登大丑闻,支持率突然崩盘),特朗普是一定不会被定罪的。特朗普这个案子,目前的审理进度,审个十几个月很正常,说不定一直到2024年11月大选都未必能审完。如果特朗普赢了2024年大选,那么肯定是无法定罪了(只有众参两院能定在任总统的罪);如果拜登赢了2024年大选,再对特朗普落井下石,只会给共和党口实去收拾民心,所以肯定也就判个misdemeanour(轻罪,非刑事罪),象征性一下算了。如果特朗普没有拿到2024年共和党候选人资格,那么拿到资格的德桑蒂斯或者其他共和党总统候选人,为了团结党内山头,也一定会给特朗普特赦,中断审理的。这与韩国那种"杀你全家"式的疯狂清算完全是两回事。

所以什么136年刑期,什么韩国化,可能都是一厢情愿。美国政治格局异常稳定,不会因为特朗普被起诉产生任何的动摇。

唯一的问题:明亡于崇祯,实亡于万历,大家都在博廷杖了,谁去管辽东铁骑入关的事情呢?

(本文写作于2023年4月6日)

"戏精上身"的耶伦和美国银行"土木堡"

王振与耶伦

明朝正统十四年(1449年)7月,瓦剌南侵明朝,明边军不敌,千里加急求救。明英宗和其宠信宦官王振想要复刻其祖父朱棣北逐蒙古的伟业,不顾群臣反对,短短两天就集结了20万大军御驾亲征。

明军势大,8月1日到达大同之时瓦剌退兵回避,准备吸引明军进入埋伏。王振原以为胜券在握,结果收到大同宦官郭敬的密报,才知道大事不好,急急忙忙退兵。王振想要带着皇帝经过自己老家蔚州"衣锦还乡",因此下令大军从紫荆关方向退回北京,结果走到半路,怕大军踩踏了家乡青苗,又改变主意从宣府撤退,一来一回,绕路的明军终于在河北怀来城东南的土木堡被瓦剌追上团团围住。英宗被俘,成为著名的"瓦剌留学生"。

实际上南侵的瓦剌军队不过3万人,根本不足以真正威胁到明朝的生存,但王振为了争权显威,以一人之力把边患搞成了灭国之危。自此,明朝由盛转衰。谁能想到,拜登的朝廷里,竟然也出现了一个"王振"。

与英宗一样,拜登上任以来人气始终低迷,支持率低到多次刷新最差纪录,以至于不惜通过起诉的方式打压政敌特朗普。2023年3月初的美国银行危机,如同当年瓦剌南征一样,来势汹汹。不过银行危机的到来反倒让拜登看到了希望,当年奥巴马通过紧急救助汽车工业,收获大量民望,因此他也决定如同英宗一样,"御驾亲征",在硅谷银行爆雷当天,罕见地提前发布了电视讲话:他已经指示耶伦和鲍威尔,动用一切金融手段,保护储户的存款,保卫美国银行体系。

耶伦和鲍威尔的确在短短2天之内,凑出了"20万大军",推出了无上限兜底银行存款的新工具:银行定期融资计划(the Bank Term Funding Program,BTFP)。为此已经缩表9个月的美联储重新开动印钞机,短短3天内,加印了3 000亿美元进行救市。

看上去,这3 000亿美元压上,似乎一举平定了进犯美国银行系统的"瓦剌大军"挤兑潮,拜登的亲征似乎也如前任奥巴马一样,成为拯救美国产业的救世主。既然有美联储的无上限兜底,从理论上说,挤兑潮应该会被击退。敌人打退了,就剩下分功了。没想到股神巴菲特这个时候出手,准备摘取胜利果实。在他居住的美国中部小城奥马哈,突然私人飞机云集,全美的地区性银行家从各州聚集到奥马哈。

美国的舆论似乎也开始串联起来敲边鼓,把巴菲特塑造成类似于当年J. P. 摩根拯救纽约股市一样的救市英雄。抄底因为动荡折价甚巨的地区性银行,成了名利双收的事情。

明明鼓动御驾亲征的是耶伦,哪有功劳被别人抢走的道理?眼看就要路过家乡蔚州衣锦还乡的美国第一任女财长、想要扬名立万效法伯南克通过救市也拿一次诺贝尔经济学奖的耶伦(她的老公阿尔克洛夫就是诺贝尔经济学奖获得者),当然不会让一个90多岁的老头跳出来抢夺成果:"既然你说要救,那就看看你救不救得了。"于是,耶伦也如王振一样,让拜登的救市大军兜起了圈子。

3月21日,耶伦还在媒体公开表示,在拜登和她的领导下,会全力注资美国银行业,特别是中小银行,保证所有储户的存款是安全的。仅仅一天之后,她就换了一个面孔。在22日的参议院答辩时突然出尔反尔:

财政部制定政策时,侧重于让银行系统的形势趋于稳定,必须改善公众对于美国银行系统的信心。现在还不是判断联邦存款保险公司(FDIC)保险额度上限是否合适的时机。

——*美国财长耶伦在参议院的发言*

这歪来扭去的发言,说白了,就是不再承认会无上限兜底中小银行的存款,否认之前全力救助银行系统的态度。这发言一下子就把拜登救市的御驾亲征大军领到了土木堡的绝境之中。

土木堡绝地

耶伦"出尔反尔"的发言之后,原本蓄势上冲的美股一下子被击落。美联储升息25个基点之后,美股原本还上升了一点,结果耶伦话音刚落,马上就崩了下来。

耶伦另有打算。一方面,如同王振一样,她真的觉得最危险的时候已经过去,银行体系已经转危为安;另一方面,她和拜登也绝不能让巴菲特这些外人抢了自己的功劳。既然你召集中小银行的CEO私人飞机会盟奥马哈,那拜登就在白宫摆下道场召集美国大型银行的CEO共商国是。

美国东部时间周二,摩根大通首席执行官杰米·戴蒙在华盛顿会见了美国总统拜登的首席经济顾问、白宫国家经济委员会主任布雷纳德。除他之外,各大银行的首席执行官于周二聚集在华盛顿举行为期两天的会议。据称,美国四大银行的CEO,除了摩根大通的戴蒙,美国银行首席执行官布莱恩·莫伊尼汉(Brian Moynihan)、花旗集团首席执行官简·弗雷泽(Jane Fraser)和高盛集团首席执行官大卫·所罗门(David Solomon)均出席了会议,这些大行会在24小时内拿出一份全面救市方案。王振认为让皇帝陪自己回蔚州衣锦还乡比瓦剌入侵更重要,拜登和耶伦认为救市功劳的归属比救市成功更重要。只不过,如同杀到大同的英宗一样,瓦剌不过暂时撤退,并未耗损兵力,正在潜伏准备反击。拜登和耶伦的救市也不过是扬汤止沸,并没有真正救到市场。根据统计,在过去的几个星期中,从美国中小银行逃离的存款已经超过1.1万亿美元,比日本的外汇储备还要多。其中有一半是在短短一周中流出的,也就是每天流失700多亿美元之巨。最高峰每天挤兑100亿美元就把瑞信挤垮,短短两周1万亿美元的挤兑,美国中小银行还能支撑多久?美国不少金融机构表示,如果结构性问题不能解决,那么美国至少还要有50多家银行重蹈硅谷银行的爆雷老路。

拜登和耶伦表演抢功的同时,美国银行业可能已经深陷土木堡。现在就等商业地产一声炮响了。

8万亿美元的大雷

如果仔细看美国中小银行的资产负债表,你会发现,在之前的零利率时代,为了更高的息差，这些银行发放了大量商业地产贷款或买入了大量 CMBS（商业地产抵押证券）资产。

根据统计，美国 8 万亿美元的商业地产贷款或 CMBS，70% 在中小银行手中。

商业地产的这些贷款，很多是循环贷，到期之后要借新还旧。一旦租金收益不及预期或者利率因素导致新贷款受阻，就会发生大规模的违约。之前黑石的 CMBS 违约，正是由于借新还旧途径被加息阻断导致的。

商业地产的开发者，因为空置率飙升，目前损失相当严重。因为这些地产项目都是包装在一个个单独隔离的 SPV 当中，所以单个项目爆雷对其母公司影响较小。所以当损失变大的时候，有些开发者将毫不犹豫地违约断供，任凭银行收房。这些坏账将让美国中小银行承担巨额损失。

中小银行持有的这 5.6 万亿美元的商业地产贷款，已经走在了爆雷的路上，一旦坏账开始出现，美联储也无力回天（美联储印了十多年的钞票，资产负债表也才 8 万亿美元而已）。

当年王振和英宗来到土木堡，距离有高大城墙的怀来县城不过 20 里，然而因为各种原因，英宗听从王振所说，竟然在土木堡歇了一夜，准备第二天再进城，哪怕兵部尚书邝埜单身闯入英宗行殿，死谏英宗速行，都被王振命人拖出去不听。结果第二天瓦剌骑兵赶到，英宗束手就擒。如今美国中小银行势如累卵，8 万亿美元商业地产贷款的雷，已经滋滋作响。拜登和耶伦因为各种原因，竟然出尔反尔，把保证兜底的话又食言而肥吞了回去，怕是又要再造土木堡的故事。

帝国中年，总是戏精不断，把好好的正史演成一桩闹剧。

（本文写作于 2023 年 3 月 24 日）

特朗普官宣"被捕"与巴菲特会盟救市：帝国中年大危机

帝国中年危机

大帝国与人生颇为类似，顶峰之后就是下坡路。越是少年得志，中年危机也就越难挨。人生碰到中年危机，常有各种异常的情绪，帝国中年也是一样，症状就是立国多年来的诸多"惯例""铁律"被一一打破。

美国立国以来，有两大铁律：

第一，权力的和平转移，不管发生什么事、多大的仇恨，后任总统绝不清算前任。哪怕闹到几乎要决斗定生死的杰克逊和亚当斯，在权力交接之后，也绝不进行任何清算（昆西·亚当斯仗着自己是美国开国元勋亚当斯的儿子，在1824年选举中出老千，让原本拿到多数选举人票的杰克逊意外落选，自己窃取了总统宝座；1828年选举，亚当斯又借助舆论力量，在竞选中将杰克逊的太太气死，但杰克逊赢得了1828年大选之后，没有对亚当斯家族的恶行进行调查和清算）。

第二，美国以商业立国，但绝不允许名商巨贾获取国家权柄。哪怕强如洛克菲勒这样富可敌国的巨商，手下收买了半个美国国家机器，依然不能跨越雷池半步。甚至因为惧怕其对美国国家机器的影响太深，反被美国政府用反托拉斯和反垄断法案将其商业帝国肢解。（特朗普虽然以身家近40亿美元在美国总统中排名第一，但在美国商界只算是不入流的小角色。）

这两条铁律，正是美国立国250年所凭借的根基。美国《宪法》修正了十多次，许多条文被加入又被删减,但这两条铁律从未被打破。

然而,这两大铁律在 3 月 18 日都被打破了。

特朗普官宣"被逮捕"

3 月 18 日,被封了两年、刚刚恢复脸书账号的特朗普,突然发出了让所有人都惊讶的消息。特朗普在社交媒体上发表全部用大写字母写成的通告:根据他收到的线报,腐败的纽约检察官将在下周二对其进行逮捕。

此文一出,马上震动美国上下。如前文所述,按照惯例,无论发生任何情况,美国的后任总统绝不能以任何方式清算前任总统,这是为了保证美国政权和平转交的前提(交权之后杀全家,谁还敢交权?)。所以哪怕克林顿小石城灭口事件疑云重重,小布什也绝对会将案卷封存;哪怕明眼人都知道小布什在佛罗里达州大选中明确通过舞弊窃取了戈尔的总统宝座,奥巴马上台之后也绝不为给戈尔找回公道而重启调查;哪怕尼克松在千万人注视之下触犯国法,接任的福特总统上台,第一件事也是对其进行完全赦免,绝不追究。

然而,拜登竟然要打破帝国 247 年来从未打破的铁律,对前总统进行逮捕,实在是难以想象。特朗普这个时候发这么一条消息,其目的很简单,将拜登打破政治规矩的事情公之于世,借助舆论和支持者的声浪,给纽约检察官施加压力,避免周二真的被拷走。这个时候能这么撕破脸皮地公开喊话,相信特朗普的确是收到了确实的消息,也的确是走投无路了。逮捕特朗普的理由也非常滑稽。特朗普曾经给一个跟他有染的脱衣女明星一笔 13 万美元的封口费,纽约地方检察官认为这个封口操作有密谋罪、妨碍司法公正等嫌疑,因此计划对其采取刑事措施。

为了这种事情,竟然要打破美国两个半世纪的政治铁律,实在匪夷所思。克林顿小石城的迷案是好几条人命的大案,尼克松犯下了伪证及叛国罪的重罪,这些都不予追究,而纽约检察官要用一个桃色事件来抓前总统,实在有点太滑稽了。拜登为了区区一次连任大选,败坏了美国 247 年来的根基。只能说王朝将衰,先有邪人当道。美国如今左右极化程度,仅次于南北战争之后最高峰,一个议会议长,竟然要十几轮选举才能定下,共和党多位大佬甚至说出"红蓝离婚"的话。

在这么一个极化动荡的时候,拜登政权竟然还为了一己私利,干出如此违背祖制的事情，颇有点贾南风勾起八王之乱的意味。

这事实在太大，笔者认为，拜登应该还不至于失心疯到如此。下周特朗普可能不会真的被抓。但是特朗普这么一闹，先例已开。如果2024年德桑蒂斯和拜登真的杀得血眼通红，谁敢保证，没有根基的德桑蒂斯不会检举拜登，先下手为强立个威？

真正的大佬

特朗普的"官宣被捕"，占据了美国时政新闻的头条，而真正的大事，可能反而被掩盖了。2023年3月18日，超过20架私人飞机从美国全国各处的地方性银行总部直飞美国中部小城奥马哈。不用说，这些飞机上都是各家地方性银行的CEO们，而他们齐聚小城奥马哈只可能是见一个人：巴菲特。

奥马哈是个小城市，机场也不大，如此大的阵仗，以至于这些美国金融行业顶尖的大佬们只能在奥马哈上空盘旋，排队等待降落。

这么多有钱人同时出现在美国的天空之中，应该也算是奇景了。有人推断，这是巴菲特要会盟救市的前兆。

厨房中的蟑螂

巴菲特有句名言，当你在厨房里发现一只蟑螂的时候，它绝不会是唯一一只。最近爆雷的美国中小银行也是一样。当一家银行爆雷，必定有许多类似的银行已经在爆雷的路上。

情况也的确如巴菲特预料，美国中小银行业出了大问题。根据最新的研究，美国可能有接近200家银行出现了类似于硅谷银行的问题。

在硅谷银行爆雷之后，在"宁可信其有，不可信其无"的理念之下，美国中小银行发生了前所未有的存款转移，绝大多数人将存款转移到了美国"too big to fall"（大到不能倒）的四大行，中小银行发生了持续的低强度挤兑。为了给硅谷银行、签名银行等银行兜底，美国联邦存款保险公司已经从美联储紧急获得了1 500亿美元的注资，如果这200家银行一起出事，那么即使是美联储也很难轻松应付。

更麻烦的是，美联储虽然已经给银行提供了紧急援助贷款计划，但小银行们的钱还是不够应对挤兑，以至于第一共和银行在接受了美联储支援之后，又从以美国四大行为首的大银行处追加了300亿美元的现金援助，才勉强撑住。然而就在这几百亿几百亿的注资之下，第一共和银行还是风雨飘摇。在短暂回升之后，又连续暴跌。

这还只是一家银行，就已经救起来如此费劲。200家银行一起出事，画面又该是怎样？美国历史上曾经出现过类似的情况。1907年，美国发生了金融危机。到当年9月，股市已经下跌了25%，此时，第一家投资公司出现了爆雷，这家名叫尼克伯克的信托投资公司发生了挤兑，随后挤兑潮蔓延到所有信托投资公司，然后蔓延到银行。两周之后，纽约所有的银行门口都排起了挤兑的长队。

资金变得极度紧张，以至于贷款利率从50%一路上涨到100%，甚至150%。罗斯福政府投入了一些资金支持银行业的流动性，但杯水车薪，在无穷无尽的挤兑浪潮中毫无作用。到10月中旬，纽约证交所的股票已经跌掉了50%，挤兑正在摧毁美国股市。10月24日，纽约证交所即将崩盘。此时，美联储还没有成立，当时纽约金融巨头、从普法战争中发迹的老摩根挺身而出。当天下午摩根召集了全纽约的银行行长，下午2点他们陆陆续续地来到了摩根的办公室前。摩根向他们传达了这样一个消息：10分钟以内若是无法筹集到2 500万美元救市，多达50家股票交易所将会倒闭。14位行长为维持股市运行，在下午2点16分以前押上了2 360万美元，暂时挽回了股市的崩塌。

在股市危机暂时结束之后，银行挤兑风波还没有过去，11月2日摩根在自家豪华的图书馆中，强硬地召集华尔街最大几家银行的120名银行家，并协调所有银行调动全国的流动性，以应对纽约的挤兑潮。坊间传闻，老摩根异常强硬，他将图书馆关门落锁，明确地告诉他们：要不接受条件，要不整个银行系统都会崩溃。挨到凌晨4点多，银行家们才终于纷纷许诺提供相应的流动性并当场签下协议，之后才被准予出门。短短几天时间，一个摩根金融联盟就产生了，这些参与"救市"的银行总资本金达到了300亿美元（相当于现在的1万亿美元），控制了美国当年金融总资产的1/3。经此一战，摩根家族大获全胜。摩根大通的高层出现在112家企业的董事会中，这112家企业拥有的资产高达2 250亿美元，而当时纽约证券交易所的全部资产是2 650亿美元。摩根在救市过程中，挽救了美国股市，但其影响力已经不再是一家企业,而是控制全国的金融体系。1913年摩根去世的时候,华尔街降半旗,当灵车经过的时候,纽约股市交易停盘两小时。摩根家族的巨大成功也违背了美国第二条铁律,商人不得干政:经济危机常有,怎么可能把应对危机交给一个私人?

J. P. 摩根(图片来源:百度百科)

在摩根1913年去世之后9个月,美联储就开始建立起来。

16年之后,美国国会通过查税、关联交易的指责,将摩根大通建立起来的"爱国商人领袖"形象完全打破,再借助《格拉斯—斯蒂格尔法案》成功将摩根大通一拆为三:摩根大通、摩根士丹利和摩根建富(现在德意志银行的一部分)。摩根掌门人杰克·摩根无力抵挡,摩根家族元气大伤,再无左右华尔街的能力。

如今巴菲特又想学J. P. 摩根,搞私人银行家小团体,商讨救市和流动性问题,把美联储和耶伦的财政部置于何处?然而地区性银行的风险如此之大,美联储和财政部对一切能获得的帮助都无法拒绝,也只能坐视巴菲特扮演起J. P. 摩根来。

帝国的极限

人类历史上的大帝国,寿命往往都在250年。美国今年247岁,似乎有点要突破帝国极限的意思,但1865年之前的美国和1865年之后的美国完全是两个不同的国家。所以美国的国祚,应该算是158年。

人类的寿命只有100年。

帝国进入中年之后（至150年），曾经参与帝国创立的开国一代不但已经全部作古，他们的经验和知识也大部分丢失了。帝国的精英们开始丧失判断力。

在这个时期，帝国的精英们从小耳闻目染的就是帝国的不断胜利。在他们的认知当中，帝国就是会永远赢，因为过去100年都是如此。任何帝国碰到的挫折都是纤芥之疾，任何失利都是因为投入不足而已，只要本钱下得足够，一切问题都能解决。

丘吉尔之所以敢在"一战"的时候，在土耳其重兵防守的达达尼亚海峡搞几十万人的登陆作战，初战挫败之后还不断把人命填入土耳其的海滩，最后灰头土脸战败下台，就是因为从1800年开始，大英已经打了100年的胜仗，丘吉尔这些"二代"们心中，大英永远赢已经成为思想钢印。

美国也是这样，在长达70年的战后时光里，从来都是别人做错了就要杀他全家（萨达姆），自己做错了赶紧翻篇（"洗衣粉"）。身边全是像日本这样的小弟，哪怕做得太出格，只要说句对不起，就算得上是天大的让步，对方得赶紧感恩戴德，不要不识好歹。整天活在"我不要你觉得，我要我觉得"的霸道总裁戏路里不能自拔。

肆意妄为之下，让自己兴旺的祖宗之法也这样随意抛弃，只怕这帝国的中年危机要来得更猛烈一些了。

（本文写作于2023年3月19日）

雷曼时刻？硅谷最大银行突爆雷，科技泡沫火烧金融连环船

硅谷最大银行爆雷

硅谷最近流年不利。币圈最大银行之一 Silvergate，在疯狂挤兑和巨额亏损之下，终于无力支撑，宣布关门停业。受此影响，币圈哀嚎遍地，BTC 价格也跳水 10%。让硅谷没想到的是，这个大雷，只不过是一道前菜。真正的大雷接踵而至。2023 年 3 月 9 日，硅谷最大的银行硅谷银行（SVB）突然发了一个奇怪的公告。该公司 CEO 在一封公开信中说，SVB 将其持有的几乎所有现时可售的国债和证券全部卖出，总价值高达 210 亿美元，哪怕因为清仓带来 18 亿美元的损失也在所不惜。同时，该银行谋求通过不同形式的股权融资募集 22.5 亿美元的资金。

这家银行卖出的证券，主要是美国国债和 MBS（抵押贷款支持证券），资产久期为 3.6 年，收益率为 1.79%，这两样目前市场比较平稳，为何要背负巨额损失提前卖出呢？精明的华尔街一眼就看透了本质，这家硅谷最大的银行出现了流动性危机。一旦被人怀疑流动性出了问题，挤兑潮也就不远了。硅谷银行的 CEO 贝克尔在一个电话会议上恳求该公司客户和投资者，主要是一些顶级风险投资家以及他们的被投企业"保持冷静"：

我请大家保持冷静并支持我们，就像我们在充满挑战的时期支持你们一样。我们银行有充足的流动性来支持我们的客户，但有一个例外：如果每个人口耳相传说硅谷银行陷入麻烦，那可能真的就会有麻烦。

——硅谷银行投资者电话会议

然而，天上下刀子的时候，谁敢伸手去接？Founder Collective、Activant Capital、USV 等多家机构建议企业在硅谷银行资金耗尽之前，尽快取出资金。在硅谷影响巨大的风投基金，如"硅谷教父"彼得·蒂尔创办的 Founders Fund，也开始建议公司从硅谷银行撤资。

挤兑很快变成了踩踏，硅谷银行的股价在短短的一天之内跌掉了 60%，收盘之后不过瘾，又跌了 65%，270 美元的股票跌得只剩约 36 美元。挤兑最猛烈的时候，甚至有传言硅谷银行自己拔了网线，阻止其客户转移存款。

屋漏偏逢连夜雨，硅谷银行的爆雷，点燃了金融连环船。

贪婪、杠杆和加息反噬

历史不会简单重复，但它总是押韵的。这次爆雷的硅谷银行，虽然与当年次贷危机时的原理不尽相同，但其背后的原因差不多，贪婪、杠杆和加息反噬，正是火烧连环船的原因。

在低息时代，拜美联储核能印钞机所赐，硅谷银行以极低的利率获得了大量存款。2019 年第四季度到 2021 年第四季度，硅谷银行吸收的存款从 610 亿美元增长到 1 890 亿美元，两年翻了三倍，而且利率极低，仅为约 0.25%。市场上到处都是钱，贷款供大于求，硅谷银行这些银行就用这多出来的大量低息资金购买长期国债及 MBS，获取高额息差。根据公开数据，2019 年硅谷银行持有的这些债券总计 135 亿美元，到 2022 年第三季度，硅谷银行累计买入了 880 亿美元的债券/MBS 资产，让其持有的这类债券资产增长了 700%。两年好日子之后，美联储变了脸。一方面，加息让债券价格下跌，硅谷银行持有的债券和 MBS 疯狂贬值（据称其买入的 880 亿美元 MBS 的平均收益率为 1.63%，与现在 5.2% 的市场利率相比，损失巨大）；另一方面，加息之后，原本按 0.25% 利率存款的储蓄者在美联储不断提高利率的情况下寻求更高的收益率，引发了储蓄的流失。再加上过去一年硅谷银行的主力储蓄客户——初创公司——生存艰难，VC 和 PE 投资减弱让这些公司的资金流入变少，经营环境恶化让这些企业烧钱加速（烧钱的速度大概是 2021 年的 2 倍），导致存款大幅度下降。

一边是证券投资失败，损失不断加大，另一边是储户经营困难，存款大幅下降，取款需求暴涨，一正一反之下，硅谷银行的流动性自然出了问题。

究其根本，这一正一反两头的问题，本质上都是美联储加息的反噬。收割全世界的美联储，割破了自家的脓包。

火烧连环船

硅谷银行的确是运气太差。正常来说，一个银行出售证券获得流动性，虽然肯定是负面新闻，但也不是什么天塌下来的大事。可硅谷银行这个时机太差了。当CNBC正在滚动播放币圈银行 Silvergate 被挤兑破产的时候，突然蹦出来另一家硅谷最大银行因为流动性问题变卖家当，负面恐慌情绪一下子就被成倍地放大了。

三人成虎之后带来的挤兑潮，没资金问题的银行也变得有问题了，更何况原本就不太好的硅谷银行。

火烧连环船，大火显然不会停在硅谷银行这一家身上。

硅谷银行开业 40 多年，是全美第十六大银行，主要是为科技相关的创业公司提供传统银行业务和风险融资。其在硅谷的客户和声望都是最优质的，美国近一半接受风投的科技和生命科学初创企业，是硅谷银行的客户。一家硅谷第一、名列全国前茅的实力大行都出了流动性问题，那美国数百家中小型银行又能是什么光景？一夜之间，原本浓眉大眼的美国银行业，原来遍地都是雷？火烧连环船之下，美国银行股全面下跌。费城银行指数一天内下跌 7.7%，连美国四大行也不能幸免，摩根大通跌 5.4%，美国银行跌 6.2%，富国银行跌 6.2%，花旗跌 4.1%。

更可怕的是，硅谷银行爆雷已经引发了猛烈的负面反馈。硅谷银行的新闻让不少企业开始把在中小银行的存款提取转移，导致许多银行为了流动性，不得不开始出售所持有的债券类资产，而美国这些银行可供出售的证券，大多与硅谷银行类似，都是美国国债和抵押贷款支持证券。债券的价格与利息的升降负相关，过去一年美联储大幅加息，导致债券价值下跌，而那些还有很多年到期的债券更是重灾区。美国的中小银行此时抛售证券，必然会带来严重的损失（硅谷银行抛售 210 亿美元债券，亏损达到了 9%，别的银行也好不到哪儿去）。一方面，这些损失会进一步加剧这些银行的现金流窘境，另一方面，宁愿承受损失也要卖债券的新闻也会进一步加深企业对银行流动性爆雷的恐慌，加剧挤兑狂潮。更危险的是，硅谷的科技公司原本就已经在风雨飘摇之中，美国科技企业短短 3 个月已经裁员十几万人，原本不可一世的 FAANG 从 2021 年的各自高点算起，脸书跌近 70%，苹果跌超 28%，亚马逊跌近 55%，奈飞跌近 60%，谷歌跌超 40%，市值蒸发逾 3 万亿美元，相当于美国 GDP 的 1/8。龙头尚且如此，IPO 市场也冰封，硅谷的创新公司的日子更是吃了上顿没有下顿。因为硅谷银行的影响，引发硅谷企业倒闭潮，再反噬到给这些企业融资的 PE 和银行，有可能引发类似于 2002 年互联网泡沫破灭后的惨烈情景。

余味·加息七伤拳

这次硅谷银行的爆雷，除了银行自身的贪婪，更大的原因还是美联储的加息。以往靠着降息和加息的周期，美联储收割全世界，将自身的危机转嫁到别国。但是这次却有点不一样，美国如此剧烈的加息周期当中，却没有什么足够大体量的经济体出现危机。

加息成本巨大，如果不能割到别人，七伤拳是要打伤自己的。硅谷银行很可能只算是个小火星，但连锁反应之下，硅谷银行爆雷说不定会引发科技泡沫与金融爆雷的共振。东风一到，火烧连环船怕是要映红西半球。

（本文写作于 2023 年 3 月 10 日）

科技大停滞与美国周期律

大治大乱

与一般的看法不同,美国和东方一样,都有大治大乱的周期。

在经过了从20世纪90年代开始的如同镀金时代一样繁荣的30年大治之后,如今美国的现状,总让人回忆起1968年或者1865年的动荡情景。

中期选举结束之后,重新占领众议院的共和党议员们,第一时间开始准备弹劾拜登,甚至罪名都不用想,直接拿保守派小报的报道当证据,"睡王"和他宝贝儿子一起被调查,并且准备发起正式的拜登弹劾案。

美国第一次弹劾总统是1886年的约翰逊弹劾案,第二次弹劾总统是1974年的尼克松弹劾案(弹劾前辞职),第三次弹劾总统是1998年的克林顿弹劾案。第一次和第二次间隔88年,第二次和第三次间隔24年,可第四次特朗普弹劾案和第五次拜登弹劾案只隔了短短的4年。这个加速度真的有点脱缰。

共和党这边下死手,民主党那边也不是善茬。拜登祭出了尘封23年的撒手锏——独立检察官。

美国的检察官分别隶属于州政府和联邦政府,检察官很多时候由竞选选出(州一级)或者美国司法部任命(联邦),因此这帮人受到党派影响很大。1972年,为了克服党派局限,调查顶层黑案,美国人搞出了独立检察官制度,成为独立于美国司法部行政领导之外的特别检察机构,不受制衡,权力十分大。独立检察官第一个练手的就是尼克松的水门事件,最终将总统拉下马。然而独立检察官威力如此巨大,以至于两党都慑于其威力,最终在其横扫美国政坛27年之后,独立检察官制度在1999年被废止。

然而为了对付特朗普,拜登还是指示他的司法部长加兰德,时隔23年之后,重新任命独立检察官,对特朗普的两项不法行为进行最严厉的检举。

加兰德任命了海牙国际法庭特别检察官、以调查科索沃战争罪犯闻名的杰克·史密斯为新的独立检察官,对特朗普密谋干预总统权力移交案(国会山暴动)和特朗普机密文件泄露案进行全面的检举调查。

独立检察官作为唯一掀翻过美国总统的大杀器,连特朗普也有点被吓到了,表示用独立检察官对付一介在野平民,是美国司法政治化和迫害的顶峰。

新任议员在2023年1月宣誓就职之前,拜登和特朗普已经打得眼红。等到特朗普的"小弟"们入主了国会山,你猜会怎样?

不光在政治领域,在民间,冲突和纷争也已经达到了内战后的顶峰。

特朗普铁粉马斯克自掏腰包440亿美元买下推特之后,公布了一项民意调查,请推特的用户投票是否恢复被封禁的特朗普账号。这个投票吸引了超过1 500万人,高峰时每小时有100万人投票。一开始支持特朗普的人数占压倒性优势,后来"睡王"派出天量水军和机器人刷票,水军数量之多,连见多识广的马斯克都震惊了。

然而在天量水军刷票之下,支持特朗普的民众还是以52%的数量取得了胜利。马斯克在拜登80岁生日那天(11月20日)正式恢复了特朗普账号,给拜登送了一个"别样的生日礼物"。特朗普虽然说自己不会到推特发帖(人家自己搞了个平台),但他的账号在一天之内,粉丝数就涨到了近9 000万之多。

西方社会,控制信息(洗脑机器)流动,就控制了政治,在华盛顿混了40年的拜登当然知道其中的厉害,马上进行了反制。他暗示站在自己一边的左派媒体如CBS、CNN等集体退出推特,向推特施压。然而迫于观众和市场的压力,退出推特短短两天,这些听话的左派媒体又灰溜溜地回到了推特。

一计不成,为了收买人心,拜登又生一计。他开始推动蓝州搞向变性人撒钱,97个(真的定义了97个……)变性人可以每月领到折合人民币约9 000元的固定收入津贴,理由是帮助这些变性人更好地融入社会。他还暗示,如果大家表现得好,有可能会以对抗通胀的名义,重开全民撒钱计划……

拜登的每月1 200美元,比世界杯带什么彩虹袖章更简单粗暴。

共和党当然也不甘示弱,马上搞出了解雇税吏行动。你那边给变性人嬉皮士直升机撒钱,我这边给中产阶级事实上减税,就是没人关心帝国的财政。两党为了收买人心,一边支出暴涨,一边收入削减,为了眼前的党争,谁管身后洪水滔天。

从上层到草根,两派人马摩拳擦掌,视对方为仇敌,零和博弈能逆转吗?

科技大停滞与大治大乱

1870 年到 1914 年,第二次工业革命改变了人类历史。如果第二次工业革命早 10 年发生,那么 1865 年的美国内战可能不会开打。

从美国建国到 1837 年,是美国第一个大治周期,其间,美国国土极大增加,经济实力飞速增长,政治上也相对宽和,因为发财的机会到处都是,刀刃不必向内。1840 年以后,科技停滞带来生产力的停滞,政治进入零和博弈,美国开始进入第一个危机期,国内矛盾、地域矛盾和阶级矛盾导致国内经济发展迟缓、国内政治空前紧张,直到 1865 年内战的顶点。

美国大治大乱的周期,与科技的发展密切相关,每次科技的飞跃带来生产力的提升,大幅减缓社会的矛盾。同时,跟随新科技,一系列借助科技飞跃获得巨量财富的新势力就会登上政治舞台,这种 New money 同 Old money 的制衡,保证了美国政治不至于如封建王朝后期一样,因为兼并陷入双头竞争,最终导致严重的内乱。

这个原理很简单,如果没有第三方新势力登场,那么原本的执政阶级就会两派相争逐渐升级,甚至最终演化成内战。但新势力登场之后,原本的两派因为新生政治势力的到来导致三足制衡,就不会死斗到底。

美国立国之后赶上第一次工业革命,工厂主作为新生势力,平衡了原本南北种植园奴隶主之间的派系争斗。当工厂主从 New money 变成建制派 Old money 之后,缺乏新生血液注入的美国政治就开始快速极化,导致内战。

如果第二次工业革命早 10 年发生,那么如摩根家族这种石油、金融、钢铁 New money 就会在内战之前登场,工厂主与奴隶主之间的斗争自然被消解。奴隶制可能以和平的方式被废除,内战也无法打起来。

美国 20 世纪 60 年代的大乱,也正是第二次工业革命之后,长期没有技术飞跃,民怨累积、政治死水导致的大乱。随着电子技术的第三次工业革命开始,施乐、

IBM、Intel 等 New money 登场，美国又从大乱转为大治。

1990 年开始的 30 年繁荣期，也正是由于硅谷的 New money 登场，极大地缓和了美国的内部压力。可以说，一波一波的 New money 和新权贵的涌现，抑制了 Old money 与建制派之间死斗的倾向，一旦这份活水枯竭，美国的政治将迅速陷入极化互斗。

然而，互联网革命之后，本应该接棒的新科技——"元宇宙"、AI 和数字货币，如今却变成了庞氏骗子的犬马场，没有带来生产力、New money 和新势力。

如同 1840 年第一次工业革命之后，长时间的科技停滞最终带来最惨烈的内战一样，没有增长，只能刀刃向内，如狼的权贵们没有新的增长可以分食，只能惦记着同伙的血肉了。

帝国如同恒星一样，一旦聚变、燃料耗尽，内生增长不能抵御向心引力的时候，就会发生向心的坍塌，恒星越大，坍塌越剧烈，最终的内爆也就越恐怖。

科技大停滞正在把美国拖入零和博弈，而零和博弈注定将会是极化、分裂和无底线的内斗。如果再没有科技的突破，美国的治乱周期恐怕又要转换了。

（本文写作于 2022 年 11 月 23 日）

一日销千亿：拜登第二大金主的惊天巨骗，正在引发一场"特色"金融海啸

最善骗的民主党

从著名的印第安屠夫、美国第七任总统安德鲁·杰克逊（对，就是如今 20 美元钞票上的那个瘦老头）创立民主党以来，这个政党就以善于行骗著称。

民主党的骗术，以技术含量低但底线更加低著称。这里随便举个例子，就可以体现出民主党的骗术特点。

比如拜登中期选举之前，为了催动广大小年轻出来投他一票，搞出了史无前例的大学学费贷款减免法案，大笔一挥，万亿美元的债务一笔勾销。因为民主党的选民大多受教育程度较高，所以免除大学学费贷款是无比精准地给支持民主党的年轻人定点直升机撒钱。几千亿美元砸下去，这选票赎买的效果杠杠的，果然中期选举这帮年轻人起了大作用。

中期选举票刚投完两天，马上就出了个新闻：一个联邦法官认定学生贷款减免非法，为了拿特朗普证据而与法院大战了八百个回合的拜登政府这次如 Hello Kitty 一样，马上"顺从"地停止了大学贷款减免。利用完之后不给钱，够可以的。

中期选举已经过去快要一个星期了，选票还没算完，似乎民主党不赢，票就永远点不完。

到目前为止，选出来两个已经死了的州议员。让民主党能够在参议院逆风翻盘的宾夕法尼亚州大胜，当选的参议员也是一个已经重度中风、无法理解对话、只能靠

字幕机来对话的费特曼。点票机实在有够神奇。

上边这些例子虽然骗得离奇，但与今天要说的主角相比，那真是小巫见大巫了。笔者今天想跟大家聊一聊，民主党仅次于索罗斯的第二大金主、有"币圈央妈"和"加密货币马斯克"之称的 Sam Bankman-Fried（后文简称 SBF，或者"薯条哥"），惊天巨骗，引发"特色"金融海啸的故事。

币圈央妈 FTX 和币圈马斯克 SBF

SBF，因其姓氏里有 Fried 一词，又被称为薯条哥。他是加密货币领域最有名的大佬之一，在一周之前，他的身家达到 240 亿美元，30 岁的他是福布斯排行榜中最年轻的顶级富翁之一。

2017 年，薯条哥通过比特币的跨国炒作（从美国买入 BTC，在日本卖出），赚到第一桶金。后来创立当今排名前三的加密货币交易所 FTX，并成功从新加坡主权基金淡马锡、老虎基金、红杉资本、软银和安大略教师退休金基金等重量级投资者那儿以 320 亿美元的估值筹集了大量资金，让他从一个小小的加密货币交易员，一跃成为名列福布斯第六十名的顶级富翁。

在 Lunar 等加密货币崩盘之后，大量加密货币和交易所陷入流动性困境，薯条哥又出手救助了 BlockFi、Voyager 等陷入困境的公司，因此得名"币圈央妈"，被认为是加密货币圈最大的金主之一，被视为下一个 J. P. 摩根。（1907 年，摩根公司创始人 J. P. 摩根，凭借其强大的实力和影响力，带领一众银行收购濒临破产的公司或向它们提供贷款，从危机中挽救了美国。当时的摩根实际上扮演了"中央银行"的角色。）

3 年之内暴富，SBF 自然也知道自己该买点护身符。根据统计，2022 年中期选举中，薯条哥的捐款数让他成为民主党第二大金主。

就在薯条哥在币圈挥斥方遒、行侠仗义、济难解困的时候，一则报道突然浮出了水面。

薯条哥的 FTX，自己发行了一个加密货币，叫做 FTT，然后薯条哥自己又建立了一个对冲基金 Alameda Research。这个 Alameda 基金就通过低价拿到 FTT，借助资金和 FTX 交易所的优势，把 FTT 价格吹高获利，同时这个基金还以价格虚高的 FTT 为抵押，大幅贷款拉高杠杆，以提升其收益率。这个 Alameda 基金目前持有 1.4 亿枚 FTT 货币，占其总货币量的 70%。

为了帮 Alameda 吹高 FTT 的币值和给基金加更大的杠杆，薯条哥甚至把 FTX 交易所 500 万用户的钱挪走，FTX 前后总计借给 Alameda 基金高达 80 亿美元的资金，这些钱占到 FTX 交易所用户所有 160 亿美元资本的 50%。Alameda 和 FTX 这种近似庞氏骗局的安排叠加加密货币币值巨大的波动，泡沫破裂是早晚的事。

加密货币网站 Coindesk 于 2022 年 11 月 9 日突然出了一篇长文，把 FTX 和 Alameda 左手倒右手的庞氏游戏的细节和盘托出，瞬间点燃了市场对 FTT 流动性的担忧。挤兑随之而来。

一直与 FTX 处于竞争关系的币安赵老板（赵长鹏），此时做出致命一击。将手上 2 300 万枚、价值近 6 亿美元的 FTT 一把清空。

此举一出，瞬间将 FTT 币值打垮，价格下降 30% 以上。原本市场对"币圈央妈"的实力并未怀疑，但随着如此大单的抛出，大规模的挤兑开始，FTT 的币值进一步崩塌。Alameda 基金中 88% 的资产是 FTT，因此基金一日归零，马上破产。这个消息让 FTT 的抛售潮变成了 FTX 的提款潮，仅仅一天时间，FTX 就流出了 6.7 亿美元。到了 2022 年 11 月 8 日，提款请求增大到 60 亿美元，原本已经是空架子、拆东墙补西墙的 FTX 现金迅速枯竭，只能宣布交易所关闭，停止提现，FTX 正式爆雷。

薯条哥向币安求助，但币安以对客户资金处理不当的理由，中止了收购（160 亿美元用户资产，挪走了 80 亿美元，估计赵老板也吓坏了）。薯条哥又向华尔街寻求 80 亿美元的资金纾困，这个时候谁还敢肉包子打狗……

到了周三晚上，FTX 再也支撑不住。红杉基金向客户发送了邮件，该公司已对 FTX 丧失信心，认为没有其他明确的途径可以收回其在 FTX 的投资，承认将红杉对 FTX 投资的 2.14 亿美元减计为零。贝莱德、老虎环球、软银集团几家 FTX 投资人也纷纷认栽，清零了相关投资。随后 FTX 正式宣布破产清算。

薯条哥在短短 4 天之内，身家从 156 亿美元下降为不到 10 亿美元，亏掉了近 1 000 亿元人民币，创造了历史。比他更惨的是 FTX 数百万用户也随着 FTX 的破产，账户一日清零，损失额超过千亿元人民币。

连锁反应和币圈"雷曼"

薯条哥搞的这个骗局中，最精明的华尔街预计也损失了超过 20 亿美元，贝莱德、老虎环球、日本软银和红杉资本等"聪明钱"损失惨重，其蝴蝶效应将影响到加密货币之外（软银作为最大的冤大头，2022 年 1 月才刚入股，据说 3 只基金总共 4 亿美元付之东流，淡马锡和红杉各亏了 2 亿美元，安大略教师退休金基金亏了 8 000 万美元）。最惨的是 FTX 的员工，很多人的工资是用 FTT 支付的，甚至不少人还跟风投了 FTT，据说 FTX 员工持有 FTT 总额达到 9.5 亿美元。

同时，"币圈央妈"都爆雷了，币圈里还能剩几个好人？对加密货币不信任的风潮席卷整个市场。

鉴于 FTX 和 Alameda 的规模之大，以及它们与加密生态系统其他部分之间的相互影响，加密货币市场将面临一连串的保证金追缴通知、去杠杆化和加密货币企业倒闭危机。

——摩根大通分析师潘尼吉左格鲁（Panigirtzoglou）

FTX 是由超过 130 家公司组成的复杂网状结构，其破产影响深远。当年雷曼破产，花了 18 个月才搞清楚其架构和影响范围，搞清楚 FTX 波及范围，估计时间会更长。

薯条哥的监守自盗行为，也引发了美国政府对加密货币欺诈行为的关注。美国前财长萨默斯认为，FTX 事件与当年的安然丑闻类似。联邦政府必须使用雷霆手段，进行举一反三式的追查和监管。SEC 和 CFTC 已经开始对薯条哥进行调查，说不定他的罪名可能超过史上最能亏钱的比尔·黄（Bill Hwang）。

在挤兑、去杠杆和监管加强的三方围攻下，赵长鹏表示，"2008 年的金融危机与本周发生的事件可能是一个准确的类比"。大量币圈公司将破产清算。可 2008 年金融危机还有美联储出来兜底，到处都是骗局的币圈，谁能替它们兜底？

（本文写作于 2022 年 11 月 13 日）

"封建化"经济反噬美国：NASA的探月发射又失败了

阿波罗计划开始的20世纪60年代，美国最大的企业是通用电气、美国钢铁、国际商用机器公司、杜邦化学、波音飞机这种硬核科技公司；而2020年美国最大的企业清一色变成了互联网、软件和金融企业。阿波罗计划和新登月计划谁会成功、谁会失败一眼可知。

一叶知秋，美国探月的挫折，从一个侧面体现了美国近30年来脱实向虚和经济"封建化"导致的科技停滞。对于美国来说，周期性的债务危机必须通过科技突破带来的生产力提升来化解，如今美国的劳动生产率已经停滞数十年，危机积聚至此，如果再无科技突破，危局何解？

NASA探月火箭又失败了

耗资千亿美元的美国探月计划，还没开始就摔了一跤。

看着中国又是天宫太空站，又是嫦娥号探月，最近光干向低轨道打小卫星这种低科技含量、高商业噱头的美国人终于坐不住了。NASA宣布，将于2025年重新将美国的宇航员送到月球表面。这个名为"阿尔忒弥斯"的计划将花费接近天文数字的1 000亿美元（大概是中国所有航天项目年预算的10倍），在美国首次登月半个世纪后再次实现载人登月。

"阿尔忒弥斯"计划将分三步：2022年发射"阿尔忒弥斯1号"，实现月球环绕；之后2024年执行"阿尔忒弥斯2号"任务，进行载人绕月飞行测试；在2025年进行"阿尔忒弥斯3号"任务，届时SpaceX的"星际飞船"将载着太空人从月球轨道降落月球表面，并实现有色人种首次在月球漫步（任务还没成功，就惦记起政治正确了，NASA不出事才怪）。

按理说，美国人50年前就成功实现了载人登月的伟业，50年后科技已经飞速发展，当年登月计划所有的算力总和，还不如今天一部手机的算力强。怎么看都是手拿把攥，万无一失。

只可惜，2022年的美国和1972年的美国已经完全不是一码事了。

商业化大潮之下，NASA除了疯狂给私人公司塞图纸、送技术，搞低科技含量、高商业含量的星链之外，自己几乎是自废武功，以至于登月的重载火箭都投入不足。

执行"阿尔忒弥斯"登月计划的火箭，是当年退役的航天飞机助推火箭的改进版本。根据美国太空总署的预算，从2014年到2017年首次试射前，建造测试版本的SLS火箭需要投入约70亿美元。到2019年，经费投入将达到180亿美元左右，而这笔资金还只是用于研发和设计，并不涵盖火箭的制造成本。新型火箭研制计划的总投入估计将达到360亿美元。

旧瓶装新酒，还花了这么多钱，这火箭总该能干点活吧。没想到这火箭从上马开始，就出各种问题。各种延期之下，好不容易到2022年可以执行第一阶段的任务了，结果又出了今天这档子事。

就在刚刚，这枚已经花了几百亿美元研发的SLS火箭，出现严重的燃料泄漏问题，发射第二次取消。

周六上午，当NASA为火箭充燃料时，团队检测到发动机部分有氢气燃料泄漏。NASA做了几次尝试来解决泄漏问题，但是均无功而返。其实火箭这时候液氧罐已经加注完成，液氢罐加注了约10%，这个时候叫停发射还是有相当大的政治责任的。

NASA的工程师忙了几个小时，始终不能解决燃料外泄的问题，最后NASA只得再一次中止了美国重启月球探测之旅。

麻烦的是，这已经不是这个火箭第一次趴窝了。就在5天之前，这个火箭已经上过一次发射台。当时天气情况不佳，火箭被雷击了5次（气象部门今年奖金估计悬了），等到天气放晴，又发现氢气燃料泄漏的情况，最后在临近发射前40分钟的时候，取消了发射。

这个反复发生的燃料泄漏,已经不是什么新鲜事。2022年4月1日,太空发射系统(SLS)重型火箭进行为期2天的关键测试,并进行模拟倒计时,就出现了燃料泄漏,NASA对此进行了"大规模的维修工作"。在6月进行的2次测试中,仍然出现了氢气燃料泄漏的情况。再加上8月29日、9月3日连续2次发射因为燃料泄漏推迟,SLS火箭已经连续出现了4次燃料泄漏的问题。

如果将时间线再拉长一点,SLS的"光辉事迹"就更惊人了。从2016年12月美国国会授权首次发射以来,这个火箭已经延期5年多,前后总共推迟了16次发射,再加上最近的2次,简直有点虱子多了不怕痒的架势。

不知道问题不可怕,知道问题在哪没法解决也不可怕,明知道有问题,也知道问题没解决,还硬着头皮当问题不存在,试图赌一把运气,那可真的是要命了。

这次发射失败,对于美国的登月计划是个重大打击。如果连月球探测器都无法送入太空,还谈什么载人登月。

美国经济"封建化"

美国的科技当然是毫无疑问的世界第一,但是这个优势越来越小了。

之前阿波罗计划的巨大成功,来自美国对科学技术和工程创新的狂热追求(冷战争霸,当然拼命研发)。但是冷战结束之后,美国一下子就泄了气。除了半导体领域的进展之外,美国的科技创新不如更多地说是商业创新。互联网带来的巨大信息科技进步,非但没有催生人类科技的飞跃,反倒都是在"奶头乐"上打转。

人类1920年才刚刚掌握飞行,50多年之后1972年就能登陆月球,照这个发展速度,不说飞出太阳系,至少人类也能殖民火星了吧。然而1972年之后的50年,人类连重返月球都做不到了。

事情非常明显,丧失驱动力的美国,作为科技领先的带头大哥,把人类科技的发展带入了"瓶颈"。究其原因,就是美国经济的"封建化"。

现在美国的互联网公司,已经成了新的封建领主。亚马逊、苹果、谷歌、微软、脸书,这5家企业的营收超过1.4万亿美元,体量占到美国GDP总量的7%。而它们的市值更是达到S&P总市值的25%。这几家公司各划领地,以平台经济的面目出现,任何经济活动都要从这5家的"网络地盘"上经过,而它们就坐收"平台地租"之利,有如新时代的封建领主,百行万业都是它们的佃户。

虽然叫做"科技公司",但是它们与科技关系却如此之小。毕竟占据垄断平台、安心收租的收益比辛苦研发、盖工厂造产品来得舒服多了。搞搞"电商""社交平台""流媒体""元宇宙",不比冒风险死磕硬科技的收益大得多嘛。

20世纪60年代,美国开始阿波罗计划的时候,美国最大的企业是通用电气、美国钢铁、国际商用机器公司、杜邦化学、波音飞机这种硬核科技公司。21世纪20年代,美国最大的企业清一色变成了互联网、软件和金融企业。当然阿波罗计划成功登月,而如今的阿尔忒弥斯火箭连续发射失败。

可以说,经济"封建化"的美国,硬科技突破的难度已经难于蜀道了。

余味·坐吃山空

饿死的骆驼比马大,美国现在还是实力超然的科技霸主,这个咱们得承认。这个霸主地位,不会因为探月火箭失败而受损多少。但是,如果不能持续造血,美国的科技领先又能维持多久?

如今的美国,处处封闭、保守,再不是50年前那个兼容并包、广收各国精英的美国了。连赢两次世界大战和冷战的豪迈之气已经消散大半,门罗主义的偏安心态重新浮起,保守主义、基督教原教旨运动、反智思潮相互叠加。美国宁愿把精力耗费在争论变性人能不能用女厕所或者堕胎是不是合法上,也不愿抬头看看星辰大海。

一叶知秋,美国探月的挫折,从一个侧面体现了美国近30年来脱实向虚导致的科技停滞。对于美国来说,周期性的债务危机必须通过科技突破带来的生产力提升来化解,20世纪10年代如此,30年代如此,70年代也如此。然而如今美国的劳动生产率已经停滞数十年,危机积聚至此,如果再无科技突破,怕是预后不佳。

谁敢说这反复趴窝的SLS火箭,不是美国自身危机的写照呢?

(本文写作于2022年9月4日)

拜登的"卫绍王时刻"

卫绍王时刻

1234年,金王朝灭亡进入倒计时。两年前的三峰山之战,蒙古人击溃了金朝主力,原本畏金如虎的南宋也见风使舵地加入蒙古人的伐金行列。

南北夹击之下,金哀宗被宋元大军合围在蔡州。2月,孟珙带领的南宋军队攻破蔡州南门,蒙古军队攻破蔡州西门。金哀宗上吊自杀,宋军和蒙古人为了表功,抢夺其尸体,将其拦腰砍为两截,宋军抢得其中一半。其余金朝宗室女眷俱为宋元联军所获。

当时距离靖康之耻不过百年,孟珙决意给靖康之耻中被羞辱屠杀的赵家王后公主们报个仇,据说他纵兵掳掠奸淫金朝宗室女眷,自己则强暴了金哀宗的皇后,消息传到杭州,南宋的无底线文人甚至做了一张《尝后图》流传巷尾,记录此事。

强大的金朝,一夕之间如此羞辱地灭亡,让人唏嘘。

但是细究起来,金朝不是亡于1234年的蔡州,而是在26年前就已经注定了其终点。

1208年,金章宗驾崩。他没有子嗣,因此他的叔叔卫王完颜永济登基,后来谥号绍,因此称为卫绍王。卫绍王素来有"草包"的名声,国内外大多不服。为了安定统治,他决定在外交上拿点分。他派了一个使者去蒙古拜见成吉思汗,要求他宣誓效忠,跪接诏书。成吉思汗拒绝下跪,留下了记录到《元史》中的那句名言:

"我谓中原皇帝是天上人做,此等庸懦亦为之耶?何以拜为!"

［我以为中原的皇帝是天上下凡的神人，（卫绍王）这样的昏庸懦弱之辈怎么也能当呢？（这样的皇帝）有什么好跪的？］

——《元史·本纪第一·太祖》

成吉思汗最后也没有跪接诏书，然而被驳了面子的卫绍王也没有什么办法惩治成吉思汗。金朝治下北方各部落，特别是契丹也看出了金朝已经外强中干。

看到卫绍王这种平庸懦弱的无能之辈都能当金朝的皇帝，原本臣服于金朝的成吉思汗动起了金朝的心思，之后不久他就起兵伐金，金朝北方的契丹也趁机反叛，7年之后成吉思汗攻破了金中都，金朝被迫南迁。自此，金朝蔡州灭亡已经是板上钉钉的事情了。

可以说，正是卫绍王的愚蠢，葬送了强大的金朝的命运。

而这次拜登在沙特搞的这出滑稽戏，也颇有卫绍王逼成吉思汗下跪的风范。

造反的沙特

拜登终于出访沙特了。

如果说英国是美国最特殊的盟友，那么沙特则是美国最特殊的仆人。1972年美元放弃金本位，全靠沙特推动石油全面由美元结算，才算保住了美元的国际货币地位。而靠着美国的支持、巴基斯坦的雇佣兵、石油美元带来的高福利这三大支柱，伊本·沙特和他的子嗣们才坐稳了沙特的江山。

照理说，沙特与美国的关系，就同日本与美国的关系差不多。然而自从拜登上台以来，沙特似乎开始不太听话了。特别是最强"80后"之一、少年雄主小萨勒曼王储上台之后，沙特越来越不听话了。

在俄乌开战之后，小萨勒曼玩了一系列"骚操作"。

油价暴涨，拜登中期选举告急，拜登打电话给小萨勒曼，准备要求沙特增产石油，把油价打下来，结果小萨勒曼直接拒绝通话。

不接电话也就罢了，小萨勒曼又搞出个惊天大新闻，沙特准备用人民币直接结算石油贸易。这可是动了美国国本的大事。美国的国力，一半来自铸币税，而美元霸权则一大半来自石油美元结算体系。小萨勒曼这招，直接威胁到美国的存续大事。

兹事体大，美国人不敢怠慢，因此特地派出国务卿布林肯，即美国内阁的三把手，亲自去利雅德找小萨勒曼把事情讲清楚。

然后，小萨勒曼直接拒绝布林肯入境……

堂堂世界霸主美国的内阁三把手、美国总统继承顺位第四名、到哪里都是太上皇待遇的美国国务卿，被拒绝访问，真是冷战结束以来罕见的一幕。

而且拒绝的方式无比冷酷，几乎是"公开处刑"式的羞辱。正常不欢迎人家来，打个电话说家里不方便接待就好了。小萨勒曼偏不，他是在门口贴出大告示，拿大喇叭向四邻八村的乡亲广而告之：我，不，让，你，来！

但是油价飞天，中期选举逼近，美国通胀刷新40年新高，达到创纪录的9.1%，这一切逼得拜登不得不热脸去贴冷屁股，屈尊降贵，既然布林肯吃了闭门羹，那就只能自己亲自拜访沙特一回。

"卫绍王时刻"

拜登这一趟，真的是复刻了卫绍王的操作。

拜登这趟的中心思想，就是给各国盟友和国内的选民看看，美国依然是那个一呼百应的世界霸主，拜登依然是能号令全世界的"自由世界"领袖。与卫绍王一样，他需要用外交给自己刷刷分数，让国内认为自己老糊涂的"反贼们"闭嘴。

为了达到这个效果，他来了个左右互搏之术。一只手，准备拿"卡舒吉分尸案"敲打小萨勒曼，要面斥不雅，坚持自己之前说的"沙特已经是国际社会的贱民"，给自己国内的左派选民一个政治正确的"伟光正形象"；另一只手，要小萨勒曼赶紧打开阀门，趁着OPEC秘书长神秘暴死、沙特人接班的时候，让OPEC油气增产，打压油价。

中国人说，"伸手不打笑脸人"。拜登去求沙特增产，不但不赔笑脸，还要先骂人家一遍"你是分尸案主谋，毫无人性的凶手"，天底下哪有这样的道理？又要骂人，又要人家帮忙，好歹得带点礼品吧，结果拜登竟然两手空空而来，他提出的交换条件，不过是美国国会批准多卖点军火给沙特和把一两个沙特小岛上的美军撤出，还给沙特而已。

拜登摆出卫绍王的面孔，以为用大金朝的威名就能让人家下跪。就算是包衣奴才，也没有这样羞辱的道理。更何况2022年的美国早就不是30年前那个一家独大的霸主了。

小萨勒曼不愧是雄主，面对拜登的得寸进尺，来了一个迎头痛击。

拜登刚开口提了一句卡舒吉的案件，小萨勒曼马上回击："今年世界上其他地方也发生了类似令人遗憾的事件，也有其他记者被杀害（暗示美国在以色列枪杀半岛电视台女记者事件）。美国也犯下了许多错误，比如伊拉克阿布格莱布监狱事件。"差点没把拜登噎死。

小萨勒曼的确不是平常之辈，除了嘴炮憋死拜登，还让小弟阿联酋在拜登访问期间把卡舒吉案件的美国籍律师抓捕并判处 3 年徒刑，打脸异常精准。

至于石油，小萨勒曼也一点不含糊，明确告诉拜登，沙特目前有 1 100 万桶的产量，现在的产能上限是 1 200 万桶，沙特有能力尽快投资将产能上升到 1 300 万桶。但是，沙特不会因为拜登下个命令就增产。

这个"我有能力按照你说的去做，但是我偏不做"的回答，实在是更加霸气。

为了捞分，拜登的团队在会谈还没结束的时候就在美国媒体上放风，说沙特会增产 30%—50%。结果沙特方面对此暴怒，特别召开发布会说，增产这事没戏。沙特已经达到了最高产能，没有余力增产，未来可能会增产到 1 300 万—1 500 万桶（也就是美国媒体所说的增产 50%），但是至少要到 2027 年，今明两年没戏的。

余味·打脸之旅

拜登这次中东之旅，注定了要空手而归。应该说比空手而归还要差，因为年近 80 的堂堂美国总统，竟然被仆从国一个"80 后"给训得无话可说，简直完美复刻了"卫绍王时刻"。

美国这两年天天想着唱空城计，想着巧实力，想着驱虎吞狼自己不出力就能压住竞争对手，今天看，这个牛皮终于破了。

先有无道昏君，后有不臣贼子。拜登这次被自己小弟打脸至此，其他的小弟们心里难道不会有什么想法吗？试图号令藩镇可以，但是当藩镇公开不听号令的时候，霸权也就如东流水了。

（本文写作于 2022 年 7 月 17 日）

急需充电的美元霸权，
能否等到第二个沃尔克奇迹？

"永葆青春"仙丹——铸币税

自古美人如名将，不许人间见白头。大帝国也如同美人一样，保质期有限。特别是西方美人，保鲜期尤其短。比如我们的小公主赫敏，短短几年就让人不敢相认。

帝国的寿命，大多只有250年，过了这个时间，就会如同"赫敏"一样，迅速地衰老。而帝国的衰老，绝大多数是因为财政崩溃。帝国中后期，统治集团占整个经济的比例越来越大，这帮人当然是不怎么交税的，所以帝国的收入逐渐减少，但是帝国的用度却越来越多，财政崩溃带来帝国的崩溃。

大帝国里，似乎拥有核能印钞机的美国是个例外。毕竟美国可以不用加税，就能从美联储中印出无限的货币，同时还能保证货币不贬值。本来应该步入老年期的美国，借着铸币税这颗返老还童仙丹，让这个大帝国的寿命大大延长了。

只要美国保住美元的储备货币地位，铸币税就能让其永葆青春。

因此，为了保护"长生不老仙丹"，美国会用尽一切手段保护美元垄断的储备货币地位。然而，40年来最高的疯狂通胀叠加制裁带来的信用危机，让美元的霸主地位似乎有点摇摇欲坠。

急需充电的美元霸权

20世纪70年代，越战失败叠加石油危机，美国陷入了令人绝望的滞胀当中。

1971年，美国冻结了黄金兑换，美元开始剧烈贬值。1978—1979年，美国恶性通胀达到了惊人的13%，美元贬值得如同今天的卢布。而此时，美联储的主席是威廉·米勒，一个没有经济学位甚至没有金融经验的门外汉（是不是联想起了现任美联储主席鲍威尔），另一边，日本正在快速崛起，美元的霸权似乎即将旁落。

在此千钧一发之际，一个人站出来拯救了美元霸权，保住了美国的铸币税，从而保证了美国赢得冷战的胜利。

1979年，保罗·沃尔克走马上任美联储主席。不久，美国年化通胀率达到14%以上的峰值，此时沃尔克以超强的手腕和无畏的胆识，顶住政治压力，将联邦基准利率从10.25%一口气提升到20%，同时双管齐下，抛弃了一贯的仅提高利率的做法，而采用控制货币供应量的方法来抑制通货膨胀。通过提高银行存款准备金率，利用前瞻性指引，使银行间拆借利率大幅上升。一系列组合拳，快速抑制了通胀蔓延。

美元要保持霸权，就必须保住美元的信用。为了维护美元的信用，沃尔克不惜以牺牲美国就业为代价，以超高利率的"沃尔克冲击"（The Volcker Shock）为武器，在很短的时间内就把通胀打平。

当然超高的利率也带来了1981年强烈的经济衰退，1982年，失业率突破了两位数，达到了"二战"后的最高水平11%，商业贷款利率一度超过20%。美国国内对这位美联储主席的愤怒达到顶点，甚至有人向他邮寄子弹，但是沃尔克丝毫没有退缩，坚持铁腕抑制通胀，维护美元价值。他的政策直接导致了卡特总统未能连任。不过沃尔克的行动向世界表明，美国哪怕让总统下台，也会保卫美元的价值，经此一战，美元霸权再无疑问。

2022年2月份，美国通胀达到了40年来最高的7.9%，并且有迹象表明，美国通胀3月份有可能达到10%以上。而且俄乌大战，俄罗斯石油出口受限，似乎同1971年石油禁运如出一辙。而人民币国际化，趁着美国没底线的制裁，有借机上位的趋势，美元霸权受到了40年来最大的挑战。

今日重呼孙大圣，只缘妖雾又重来。然而在核能印钞机不停歇、美元霸权再次碰到挑战的时候，似乎美国再无沃尔克这种卫道者，再无孙大圣力挽乾坤。

文斗：闪电制裁李宁

美元的储备货币地位，如果被人民币国际化挑战，那么帝国的寿命也就日落西山了。人民币既不能自由兑换,也没有石油或者黄金的背书,人民币的价值之锚在于贸易,即人民币可以购买大量廉价的工业品。从这个角度来说,要想制约人民币的国际化,应该打击中国的出口。

美国人也是这么做的。

路透社北京3月16日报道,由中国体育用品巨头李宁生产或制造的产品自3月14日起在美国所有入境口岸被扣留。理由是美国海关及边境保卫局(CBP)怀疑李宁在其供应链中使用了朝鲜劳工。

美国海关发表声明,若李宁公司能够在扣留通知发出后30天内提供明确和令人信服的证据,证明其商品不是由罪犯劳工、强迫劳工或受刑事制裁的契约劳工所生产,有关产品将可获放行,否则商品可能会被扣押和没收。

简单说,就是美国海关要求李宁"自证清白",因为美国海关并没有真凭实据证明李宁使用了朝鲜劳工。

为了打击中国出口,连老祖宗定下的"无罪推定"都丢在一边,搞起"有罪推定"的闹剧了。

李宁只不过是一个代表,如果李宁被这种说法给封禁,那么中国大批的纺织品都将面临类似的窘境。

敲山震虎,借"国牌"李宁的头,玩一出杀鸡儆猴。如果胆敢挑战美元霸权,那就扬了人民币的价值之锚——外贸出口。

武斗:F-35同框歼-20

美元的储备货币地位,另一个支柱在于美国的军事霸权。

在罗马会之前,F-35又来到东南沿海耀武扬威了。美国媒体爆料,美国太平洋司令部空军司令威尔斯巴赫(Kenneth Wilsbach)称,美国的F-35战斗机又回到东海。

这次F-35来东海,甚至与歼-20打了个照面。两个五代机同框,这也算是稀奇事。

威尔斯巴赫倒是对歼-20的评价非常高:"我们注意到他们把歼-20飞得非常好。我们的F-35战斗机最近在东海与歼-20进行了相对接近的接触,歼-20所属的指挥

歼-20(图片来源:新华社,余红春 摄)

和控制体系让我们印象深刻。我们看到了相对专业的飞行,至于他们打算用歼-20做什么,或许它会像能够执行多种任务的F-35,或许更像定位于争夺空中优势的F-22,现在确切地讲出它还为时过早。"

软实力

在美国文斗和武斗越来越不能占到上风的过去10年中,美国人特别强调软实力,想要给美元霸权找到经济和军事之外的第三根支柱。

但是10年过去了,不管是叫软实力,还是叫巧实力,中国也在大踏步地跟上。特别是在美国制裁俄罗斯中展现出来的无下限,极大地侵蚀了美元的储备货币地位。毕竟俄罗斯央行超过3 000亿美元的外汇储备说没就没,以后谁还敢把身家性命全放在美国的银行里?

保罗·沃尔克给美元打下的信用,已经过去了40年。他本人也在2019年作古。在急需给美元霸权充电的当下,美联储是否还有"通胀斗士"保罗·沃尔克一样的英雄出现,实在要打个问号。

也许帝国"永葆青春"的万灵药——铸币税,即将走到尽头。

没有仙丹的美国,还有多久就会像"赫敏"一样,重回历史周期律的轮回?

(本文写作于2022年3月17日)

加州春节的枪声和 2024 年的悬念

加州这个春节,过得颇不太平。

从除夕开始,美国枪支管制最严格的加州连续发生了 4 起大规模枪击案件,已经造成总计 23 人死亡、21 人受伤的严重后果。特别是其中 2 次严重的枪击案件还是发生在华人社区,并造成了多名华裔以及中国公民伤亡,引发了广泛关注。这对一直致力于推进"激进控枪法案"、想以控枪作为标杆项目、在"后拜登时代"抢班夺权的加州州长加文·纽森(Gavin Newsom)来说,可能是一个巨大的机会。

血腥味的春节

加州是美国华人人数最多的州,也是春节气氛最浓郁的州。2022 年 9 月,加州州长纽森签署了《AB 2596 法案》,从 2023 年开始让春节正式成为加州的法定假日,让加州成为美国第一个"放假过春节"的州。然而这第一个"春节假日",却充满了血腥味。

揭开血腥春节密集枪击事件序幕的,是除夕华人舞厅枪击事件。洛杉矶东部的蒙特雷帕克市,是加州年味最浓的城市,6 万居民中有 2/3 是亚裔,每年都有十几万人参加春节庆祝。然而就在 2023 年除夕,一名在越南出生的华人,却在该市制造了加州 38 年来最严重的枪击案件。

这名 72 岁陈姓卡车司机,据信由于"感情纠葛",来到该地,用一把加装了加长弹匣的手枪在一个名叫"舞星"的老年人聚集的舞厅进行了无差别射杀。该名凶手不但使用了长弹匣,还换装了一次弹匣,连开 42 枪,在凶猛的火力之下,当场造成 11

人死亡、9人受伤。后来凶手又驱车来到3公里外的另一家舞厅"来来舞厅"准备故技重施。只不过在这里他遇到了"武德溢出"的蔡班达（Brandon Tsay）。蔡先生是经营这家舞厅的第三代，26岁的他本职工作是程序员，每周有几天会帮忙照看家里的舞厅生意。他看到持枪的凶手，马上扑上去跟他搏斗，在勇气和肾上腺素的帮助下，成功夺下了凶手的手枪。凶手落荒而逃，当夜被加州警方发现用第二支手枪在货车内自杀。蔡先生的壮举也受到了广泛赞誉，不但拜登总统讲话表彰其勇敢，加州州长纽森还亲自上门拜访，感谢他的壮举挽救了许多生命。

这是2023年开年以来，全美发生的第五起大规模枪击案。根据统计，美国已经连续3年每年发生超过600起大规模枪击事件（4人以上伤亡），美国政界对处理这种案件已经形成了固定惯例，电视讲话、哀悼、下半旗、民主党骂共和党纵容犯罪、共和党骂民主党吃人血馒头，一切都熟练得如同套路。

只是没想到，这次枪击案件只是开端。在互联网和媒体追求流量的广泛报道下，大规模枪击案的报道铺天盖地，占据各种头条，形成了极强的暗示作用，经常引发许多人"照猫画虎"（就与东亚各国都出现过的报道某地自杀事件之后，自杀率会提升，甚至出现跑到新闻报道中提到的地方自杀，形成所谓"自杀圣地"情况类似）。

大年初二，又发生了华人农场枪击案。一个名叫赵春利的66岁绿卡持有者因为区区100美元的工作冲突，枪杀了自己工作的蘑菇农场的数名同事，造成7死1伤。

这名凶手在一个黑心蘑菇农场工作，时薪仅有9美元，远远低于加州规定的最低时薪15.5美元。不但时薪低，住宿条件也非常恶劣，他住在农场提供的摇摇欲坠、到处都是防水布的宿舍里，公司还要每月收取300美元的租金。66岁在国内已经是含饴弄孙的年纪，但凶手在美国不但要打黑工，没想到还受到了职场霸凌。他因为叉车事故被主管扣了100美元,他反复解释是因为另一名同事的推土机撞到他的叉车才导致的事故，但主管还是给他发来了扣工资的账单。一怒之下，他用两年前合法购买的Glock 17手枪将主管和欺负他的那个开推土机同事当场枪杀，然后到附近的拖车营地枪击了同事的妻子、兄弟和另一名据说欺负过凶手的劳工。

一不做二不休，这名凶手又前往5年前自己工作过的另一个农场，枪杀了曾经欺凌过他的经理助理和一对夫妻。手刃"仇人"之后，凶手给自己同在美国但因生活所迫在另一处打工的妻子留下了遗书，让其照顾好尚在国内的40岁女儿。然后自行来到半月湾（Half Moon Bay）警局的停车场自首，两个小时后才被警察拘捕。

这个案子对纽森的《红旗（控枪）法案》可谓当头一棒。毕竟凶手是通过合法手段买到的合法枪械，而且枪支也没有任何违法改装。

纽森的麻烦还不仅于此。大年初二，离蘑菇农场不远的奥克兰市的一个加油站，一群怀疑有帮派背景的人正在拍摄据称是饶舌音乐视频，因为不明原因突然同另一群怀疑为帮派分子的人拔枪互射，火力凶猛，现场如同战场，据称很短的时间内开了超过20枪（现场已经找到的弹壳就有19颗），造成7人受伤、1人死亡。

如果说之前几次枪击还是"穷人的问题"，发生在中等或贫困街区，但泛滥的枪支犯罪已经不是穷人专属。正月初七，在全美最昂贵、无数好莱坞名流居住的贝弗利山豪宅区附近也发生了大规模枪击案。在班乃狄克峡谷（Benedict Canyon）一处一个周末租金可达1万美元的豪宅中，突然发生了枪击事件。据称当时该豪宅可能正在举行某种派对，枪击造成了3人当场死亡，4人受伤，其中2人伤势严重，可能危及生命。

连续的枪击案件，从贫困街区到上流豪宅无处安全地四处开花，在全美枪支管理最严苛、早在2019年就通过了《红旗（控枪）法案》的加州，实在让人感到震惊和无奈。加州尚且如此，全美其他地区就更加不堪了。据统计，2023年第一个月还没结束，伤亡4人以上的大规模枪击案全美就发生了40起。2019年，美国与枪支有关的死亡总数为33 599人。2022年，死亡人数上升到44 290人，增幅高达32%。如此高的死亡人数，简直可以与俄乌前线相比了。

美国国内普遍认为，除枪支泛滥的问题以外，美国经济困顿和通胀带来的生活压力激增，让美国民间的戾气极大上升，也是连续大规模枪击案的原因之一。2022年上半年，美国主要大城市暴力犯罪率上升了4.2%，其中抢劫案增加了近12%。许多城市凶杀案暴增，如亚特兰大上升20%，美国新"谋杀之都"新奥尔良激增了近40%。困顿加上戾气，再加上枪支，大规模枪击事件无法避免。

《红旗法案》与党内争斗

枪支犯罪如此猖獗，不管是出于为民请命的公心，还是出于收买人心的私心，控枪都是一个热点话题。

加州州长纽森,作为民主党的明日之星和准备在"后拜登时代"大展手脚、问鼎白宫的地方豪强,当然不会错过这个最抓人眼球的话题。早在2019年,他就力排众议在加州签署了《红旗法案》,致力于控枪。

所谓《红旗法案》(Red Flag Law),就是指对可能有潜在暴力风险的持枪者,在警方或家人认定可能对其自身或他人构成危险时,由法院裁定暂时剥夺其持枪权利,没收其枪械的规定(所谓红旗,指对高风险人员标记象征危险的红旗)。该法案被认为是最有效的控枪手段之一。

1999年深蓝州康涅狄格州在发生惨烈的枪击事件之后,第一个实施了《红旗法案》,随后多个州也跟进推进了《红旗法案》。但更多的州,特别是红州坚决反对该法案,认为其是对《第二修正案》(持枪权利)的侵犯。

在联邦层面,共和党为了迎合持枪选民,也始终阻挠在全国范围内通过《红旗法案》。

在美国,没有什么事情与政治无关,控枪也是如此。控枪在美国是个非常极化的话题,属于一个不能吸引新选民,但是可以让基本盘更牢固的议案(美国民间持枪3.9亿支,比美国人口还多,百年的控枪争斗,大众对控枪的观点已经固化,支持的非常支持,反对的非常反对,极少有转化的可能)。2022年之前的30年中,美国发生了多起耸人听闻的大规模枪击事件,但没有一个联邦层面的控枪新法案通过。拜登本人是个控枪狂热分子,早在当议员的时候,他就搞了所谓《拜登犯罪法案》,一口气禁止了19种枪支和大容量弹匣等枪支配件的生产,但该法案到小布什任上已经过期。现在当了总统,反倒没有什么建树。美国步枪协会对拜登的"拥枪评级"是最低的F,但美国枪支商人对拜登则颇有好感,每次拜登义愤填膺地发表控枪演讲,他们的枪支销售就暴涨一回,仅拜登成功当选后的那个12月,美国枪支单月销量就突破纪录。

手下各路想要抢班夺权的民主党地方少壮派们(如纽森),纷纷在地方上大搞控枪斩获人气,搞得在立法上建树不多的拜登只能跟随潮流。

2022年6月,因为21人死亡的得克萨斯州校园枪击案的压力,拜登只能仓促上阵,搞了一个控枪法案。为了让法案通过,该法案"缩水"严重。既没有推进全国范围内的《红旗法案》,也没有规定对所有持枪者的强制性背景调查,更没能禁止出售突击步枪。相当于通过了个空壳法案。

也难怪,在"缩水"控枪法案通过的第二个月,美国就发生了72起大规模枪击事件,打破了历史最高纪录,这个空壳法案在现实中惨被打脸。

这个法案说白了,就是重新树立拜登控枪英雄的形象,压住纽森这些想用控枪、环保议题功高盖主的地方豪强。2024年,拜登要与特朗普过招之前,得先压住手底下这些野心勃勃的各路人马,之前已经在内阁之中的哈里斯、布蒂吉格比较容易掌控,但纽森这些人气高耸的地方豪强则棘手得多。

不愿等待的纽森和2024年的悬念

控枪闹剧的根本原因,还是2024年的悬念。

从理论上说,这件事不应该成为悬念。拜登已经在总统体检、年度休假等各种场合,明示或暗示自己将在2024年争取连任的态度。按照美国政党的惯例,现任总统是自然的本党总统候选人。

但拜登实在是有点拉胯。一方面,拜登和特朗普两个老人的缠斗,让美国人感到厌倦,希望出现新的、年轻的政治面孔;另一方面,拜登任上经济不佳,股市低迷,导致其支持率过低。57%的民主党人、66%的中间派选民和86%的共和党人不希望拜登竞选连任,其中有47%的人认为拜登作为总统"太老了"。(当然特朗普那边也不乐观,61%的选民反对其出来二次竞选。)

拜登的表现让不少民主党人看到了机会,56岁的纽森就是其中之一。

2021年纽森碰到了自己政治生涯中的最大挑战,他在加州州长任上被共和党凑够了多达150万个要求弹劾他的签名,面临弹劾。后来在奥巴马和拜登等一群民主党大佬的"集火支持"之下,终于涉险过关,以67%的支持率保住了州长的位置。大难不死,必有后福,2022年他成功连任州长之后,突然发现自己在民主党内已经一览众山小。拜登内阁中几个抢班的内阁成员,如哈里斯和布蒂吉格已经在各种拜登有意无意挖的坑中(如让哈里斯去搞费力不讨好、万人戳脊梁的边境移民问题),被坑得人气散尽。自己在加州根深蒂固,同时加州还手握600亿美元财政盈余,闪展腾挪的空间空前之大。

因此虽然嘴上从不说2024,但是纽森开始了他的布局。比如他跑到共和党控制的佛罗里达州和得克萨斯州,买下报纸整版版面,署名刊登抨击佛罗里达州州长德桑蒂斯(他是特朗普在共和党内头号竞争对手)和得克萨斯州州长艾伯特的政治攻击广告。虽然是以反对废除合法堕胎这个政治正确的大义出招,但是一个加州州长跑到紫色州佛州和深红州得州公然踢馆,怕这戏不是给共和党人而是给自家民主党人看的。

同时,他不断在各种场合说,现在的民主党太软弱,总是在防守,从不攻击,这种策略让共和党人控制了有线新闻和社交媒体的政治话筒。纽森公开宣称:民主党同僚对共和党的行动(堕胎法案等)反应过于温顺,如果我们采取攻势,我相信民主党能够扭转局面。这就是我(在红州)刊登广告的原因。

火车跑得慢,当然是车头的原因,说民主党太软弱,不就是在骂拜登?

同时他开始借助加州庞大的财政资金,开始给自己贴金。得州2023年公布了一个赏金计划,任何人可以举报得州堕胎诊所或帮助堕胎行为的人或组织,可以获得高达1万美元的赏金。纽森照方抓药,公布加州对持枪进行"赏金计划"。任何人都可以对制造和分销枪支的人或组织进行起诉,成功起诉任何制造或销售攻击性武器、大口径步枪、无序列号枪支或加州禁止枪支的部件的人,每件武器将获得至少1万美元的奖励,还可以报销律师费。纽森在得州和佛州刊登的整版广告中,直接使用了得克萨斯州堕胎悬赏的文案,用"枪支暴力"替换了"堕胎"一词。纽森直言,这种枪支"悬赏"是"加州对得州对医生和病人进行悬赏的变态法案的回应"。通过这种散发金银的方式,获取全国范围内的民望。相对于拜登的空壳控枪法案,纽森更是表示,自己的办公桌上有16个不同的(加州)控枪法案,他会全部签署,力图营造一种与"无底线妥协"的拜登不同的形象。控枪议题正式成为纽森脱颖而出的一把利刃。

纽森正在把自己包装成民主党内最敢于亮剑、反抗共和党愚蠢暴政的"草莽英雄",与拜登这些华盛顿建制派保持距离,分庭抗礼。

现在拜登和特朗普深陷"文件门"丑闻,拜登把美国机密文件留在特拉华州家中的车库里,被内部人士捅爆。目前美国司法部长加兰德已经任命赫尔为特别检察官,负责调查总统拜登在出任副总统期间涉嫌不当处理机密文件的问题。共和党人也组织了特别小组,准备筹划"弹劾事宜"。原本民望不佳的拜登,更是雪上加霜,华盛顿已经乱成一锅粥。

混乱是阶梯,年少成名、作为史上最年轻的旧金山市市长出道的纽森,也已经56

岁不再年轻,如果错过 2024 年,再加上两党轮流执政的惯例,要等待 12 年才有机会问鼎白宫,届时 69 岁年近古稀的纽森是否还能留在美国政治舞台的中央,将是一个大大的问号。

也许,加州春节期间枪支暴力的鲜血,正是主打控枪的纽森迈向华盛顿的献祭和助力。只是这数十个破裂的家庭和一再重复的悲剧,会有人真的去关心吗?

从美国《芯片法案》看美国政治生态的恶化

尹锡悦的豪赌

尹锡悦最近有点"水逆"。

以被韩国媒体称为"独眼外交"的强硬亲美反朝立场上台的尹锡悦,第一次出国访问就是在西班牙举办的北约峰会。原本以为可以展现铁腕强人形象的尹锡悦,没想到竟然适得其反,多次受辱。

刚到第一天的尹锡悦,就被放了鸽子。先是与芬兰总统的会议临时被取消,然后北约秘书长斯托尔滕贝格也让尹锡悦空等30分钟不出现,韩国人只能悻悻返回酒店。到了晚上西班牙国王举办的欢迎晚宴,又碰到与拜登握手被无视的事件。在之后的合影中,又被北约选了尹锡悦闭眼的照片。

再三被轻视,连尹锡悦自己都坦言:"更加切实感受到当前的国际政治现实。"而骄傲的韩国媒体则炸了锅,前总统文在寅第一次参加G7峰会的时候,成功地把时任日本首相菅义伟挤出相框,而这次尹锡悦的首秀则处处被辱,让韩国民众齿冷。

原本以毫厘优势上台的尹锡悦,支持率不断暴跌,从6月初的53%,跳水到32%。这次峰会之后,已经有英国、意大利两国元首下台,照这样下去,列席参会的尹锡悦,估计要变成第三个。但是与鲍里斯和德拉基不同,他们下台可以轻松休假,而韩国的下台总统可是没有一个落得好下场的。作为亲手把两任前总统关进监狱的前检察官,尹锡悦是再清楚不过了。

尹锡悦需要一面旗帜来逆天改命。他选的抓手,就是韩国半导体行业。

韩国的拳头产业,不外乎造船、汽车、半导体。劳动力密集的造船行业是第一个被中国反超并压制的,韩国的汽车行业,与它日本老师一样,错失新能源的大潮,现在也有退潮之势,唯一剩下的就是芯片行业。

上台不足 1 个月,在韩国的国务会议上,尹锡悦就效仿中国政治局的集体学习,破天荒地第一次在国务会议上搞起了特别讲座,请了曾任首尔大学半导体共同研究所主任的李宗昊以"对半导体的理解及战略价值"为主题给韩国的部长们讲了 20 分钟课。韩联社以非常"中国化"的提法,做了《尹锡悦指示领导班子高度重视学习半导体》的报道。尹锡悦对他的部长们说,所有国务委员应了解以半导体为主的尖端产业生态系统结构,并要求法务部长官和法制处处长等与半导体没有直接关联的部门首长也要认真学习半导体。上有所好,下必趋之。随后的 1 个多月里,韩国全国都掀起了半导体学习的风潮,组织了上百场研讨会讨论如何发力韩国芯片行业。

美国总统拜登访问韩国时,被特别安排参观三星电子位于平泽市的半导体工厂,让尹锡悦意识到,韩国国小民寡,对美国的意义除了对抗朝鲜,人微言轻。只有半导体这个战略性行业,才能让韩国获得影响国际大势的筹码。毕竟与造船和汽车不同,在半导体行业,韩国和中国台湾是领先者,而芯片行业又是美国与中国进行科技竞赛的主战场,一石二鸟,经济账和政治账双赢。

尹锡悦的确也把韩国的国运赌在半导体行业上。韩国是财阀的韩国,赌国运当然也要财阀们来操刀。从监狱中获释的三星电子副会长李在镕心领神会,在拜登拜访完三星工厂的第二天,就公布了 450 万亿韩元(约合 2.4 万亿元人民币)的巨额投资,全力发展以半导体为主的先进科技。相比之下,韩国 2020 年税收收入才不过 470 万亿韩元,相当于拿出一整年的财政收入豪赌半导体,这个赌注不可谓不大。甚至尹锡悦去参加北约峰会都没忘了特地拜访荷兰首相,与这个光刻机生产国拉近关系。

但是,尹锡悦"all-in"半导体的豪赌才执行了没几个月,就碰到一个大问题:美国人带着一个名叫"芯片四方联盟"的文件又来敲门了。

芯片版斯普特尼克时刻

1957 年 10 月 4 日,苏联抢先美国成功发射了名为斯普特尼克 1 号的人类第一颗人造卫星。原本以为自己在科技上领先的美国人突然发现自己已经被甩在对手之后,陷入恐慌和焦虑之中。如梦方醒的美国随后在航天领域投入巨资,展开追赶。斯普特尼克时刻,因此得名。

在斯普特尼克时刻发生一甲子之后,美国人突然发现,斯普特尼克时刻似乎又重来了。

同中国打了3年多的贸易战,美国人发现,不管使用什么样的关税大棒,似乎都无法击溃中国制造的竞争力。随着美国通胀的飙升,挥舞关税大棒也变得越来越沉重。3年贸易战中不多的亮点,则是来自芯片禁运遏制了华为和中国5G的国际拓展。美国人不安地意识到,芯片这把贸易战中战果最丰硕的兵器,其实并不掌握在自己手中。

7月21日,美国商务部长雷蒙多在科罗拉多州举行的年度Aspen安全论坛上发表的视频演讲中提出,美国迎来了一个新的斯普特尼克时刻。她警告说,美国严重依赖海外芯片制造,其中90%的先进芯片购自中国台湾,一旦进口渠道被切断,美国将面临经济衰退及国家安全风险。换言之,美国一定要把芯片这把最锋利的兵器掌握在自己手中。

美国人的战术,一边是自己修炼内功,提升美国国内的半导体生产能力,可是这远水不解近渴;另一边则是发挥自己的地缘政治优势,饿死竞争对手。

于是,一个"芯片四方联盟"的计划诞生了。

全世界的芯片制造,80%以上在东亚地区。如果美国和在美国影响之下的中国台湾地区、日本和韩国组成一个芯片联盟,那么就可以通过操纵这个联盟控制全世界的半导体命脉。这样即使美国本土芯片产量寥寥,依然能掌控芯片这柄利刃,取得对华竞争的上风。

中国台湾自不必说,肯定会入会;视中国如劲敌的日本人自然也会加入。那剩下的就只有韩国了。

尹锡悦有苦说不出。

因为韩国与中国台湾、日本不同。产供销,韩国都高度依赖中国大陆。

首先,三星电子、SK海力士等韩国芯片大厂在华均有大规模投资。三星在西安建有唯一的海外内存芯片基地,其产能巨大,占三星闪存产量的42%。

其次,韩国半导体行业产业链也高度依赖中国。根据韩国工业联合会公布的数据，韩国半导体行业对中国提供的材料依存度高达39.5%，相比之下对日本的依存度为18.3%。虽然日本向韩国出口的高纯度氢氟酸等比中方提供的原材料更核心和难以替代，但之前日韩因为慰安妇争端，导致日本对韩国半导体禁运，让韩国半导体行业险些停产，使得韩国不敢将鸡蛋全放在日本人一个篮子里。

最后，中国是韩国芯片销售的最大目的地。2022年韩国半导体出口总额中，对中国内地与中国香港的合计出口份额高达60%，双边半导体贸易体量达到760亿美元，并且在全球消费电子产品疲软的大势之下，中国的市场对于韩国半导体产业更加重要。

产供销都离不开中国，这个以遏制中国为目的的"芯片四方联盟"怎么签？签完之后，产供销全遭殃，尹锡悦压上政治生命的半导体豪赌还怎么赢？尹锡悦只能念起拖字诀，能拖就拖。

美国人等得不耐烦了，派财政部长耶伦访韩，推销"友岸外包"，暗地里带来美国政府的最后通牒：8月31日必须签字加入"芯片四方联盟"。胳膊拗不过大腿，毕竟青瓦台70公里外就有美军的基地，千不甘万不愿，这协议岂是能不签的？

逼急了的美国人

作为名义上的带头大哥，美国把小弟们逼成这样，实在也是很不体面，但这的确是无奈之举。

作为半导体科技的发源地，美国在芯片行业落到现在这个状态是它没想到的。让它更想不到的是，原本以为自己是龟兔赛跑中的兔子，之前落后全是因为大意，现在认真起来，一定能够快速迎头赶上，但现实泼了美国人一头冷水。美国人发现，在僵化的体制和毒化的政党纷争之下，发展投资巨大的芯片行业实在不容易。

美国曾是全球最大的芯片制造国，在英特尔、德州仪器等企业称王的时代，美国曾占到芯片制造全球一半的份额。但随着晶圆代工模式的发展，美国国内芯片生产商已经凋零到只剩约70家晶圆工厂，其中只剩英特尔和格罗方德还有先进制程全球竞争力，但其技术也已经落后于台积电和三星。美国在芯片制造的市场份额，已经下降到只有12%。

除了驱策盟友小弟们组成攻守同盟、尽量遏制竞争对手的发展之外，美国人的确准备下血本来提升本土制造能力。

首先，美国人以半哄半吓的方式，威压三星和台积电等企业赴美投产。

台积电斥资120亿美元的5纳米亚利桑那州工厂于2021年年中动工建设，规划于2024年建成投产。台积电还预计未来10～15年内，在该州建立至多6座晶圆工厂。三星电子也宣布了在得克萨斯州的170亿美元建厂计划，该工厂2022年正式动工。

但台湾人、韩国人毕竟还不如自己人可靠，更关键的还是让英特尔这些美国本土企业重新对芯片制造进行投资。

于是乎，一项名为《芯片法案》的天价投资和补贴法案被提了出来。

这项法案包括向芯片制造企业提供高达540亿美元的补贴，以及对在美国建厂或者扩建产能的企业提供一项为期4年的25%税收减免，总减税达到240亿美元。该法案同时提出了一项名为"护栏"的政策，如果企业在"不友好国家"设厂，将丧失得到补贴的机会。

在此法案刺激之下，已经有数家企业表示，将在未来10年内在美国新建超过19座晶圆工厂，让美国的芯片生产能力翻一倍。其中美国本土半导体企业纷纷准备大规模扩大产能，英特尔更是提出了400多亿美元新建3个工厂的宏伟目标，德州仪器也提出了300亿美元新建4个工厂的计划。

计划描述得很美好，可是真的能落地吗？

无穷无尽的扯皮

当今美国的议会，已经极化到不可想象的地步。

民主党想尽一切办法把共和党人描述成支持武装叛乱的卖国贼，而共和党则把民主党人描述成想把美国下一代全变成LGBTQ的道德堕落分子。极化和毒化的政治环境，让合作和妥协成为几乎不可能的事情。

结果就是，除了战争拨款，没有任何一个牵涉到钱的大型法案能够顺顺利利地通过。美国议会似乎已经对战争之外任何花钱的事情都不感兴趣了。

给芯片厂天价补贴的《芯片法案》，从2020年6月就已经浮出水面，但是在两党无休止的争吵之中，迟迟得不到推进。2021年1月，该法案曾经作为《国防法案》的附件获得通过，但当时没有给该法案设定预算，因此除了新闻上说一嘴，实际毫无作用。从 2023 年开始民主党又重提该法案，这次包括预算拨付，总算有点实质，但民主党又想在《芯片法案》中夹带气候变化相关的投资，被共和党认定这是特洛伊木马，因此异常警惕和不配合。《芯片法案》折腾了两年多，还卡在国会，作为对比，金额差不多的、价值 440 亿美元的乌克兰援助法案，从提出到通过耗时不过 1 个月。

除了政治极化，美国政府也的确囊中羞涩。在新冠疫情发生之后的直升机撒钱过程中，美国的确把家里耗空了。美国建国 200 年才积累了不到 7 万亿美元的国债，然而从 2020 年 3 月开始的 27 个月中，国债余额就增加了 7 万亿美元。这样的烧钱速度是不可持续的。结果就是任何新增的大规模支出都受到很大的阻力。毕竟这个项目上多花钱，别的项目就要少花，给芯片公司免了税，别的公司的减税额就会减少。很多代表特殊利益的议员公开放话，美国的芯片企业已经赚得盆满钵满了，为什么还要国家补贴？不同政治势力在这区区 500 亿美元的法案上斗得你死我活。

甚至连半导体行业内部都产生了分裂。业内盛传包括高通、英伟达、AMD 等芯片设计厂商可能联合起来共同反对该法案的推出，因为这些芯片设计企业没有晶圆工厂，因此不能享受补贴和免税。为了安抚这帮人的利益，美国众议院在《芯片法案》之外又单独加入一个附加法案，其中包含芯片设计活动的税收抵免，该法案将使得包括芯片设计公司在内的更广泛的企业受益。额外法案的出现，又让《芯片法案》的审议进一步拖长。

法案中的"护栏"规定也让半导体企业感到不满。中国是半导体需求最旺盛的地区，如果因为"护栏"规定不能在华投资，错失中国市场，对于半导体企业来说将是巨大损失，甚至超过补贴金额。

另外，英特尔也成为众矢之的，根据计算，英特尔在原版法案里可以拿到 200 亿美元的补贴，在附加法案中，还能额外拿到 50 亿～100 亿美元，成为这个法案的最大赢家。许多媒体质疑，推动《芯片法案》的议员们是不是都已经在英特尔的工资单里了。这也给许多反对该法案的人提供了炮弹。

逼宫和骗补

眼看到手的肥肉吃不到，美国芯片企业心急如焚。

于是，逼宫大戏就开始了。

英特尔作为《芯片法案》最大的受益人，闹得也最起劲。英特尔原本已经在凤凰城投资200亿美元新建2个工厂，现在准备在俄亥俄州花200亿美元建设号称全球最大的晶圆生产社区。看到法案和补贴迟迟不到，英特尔干脆写信给俄亥俄州的头面人物，明确告诉州长和议员们，因为《芯片法案》不能通过，所以开工仪式取消。如果俄亥俄州的国会议员们不赶紧推动法案通过，到时候取消的可能就不只是一个开工仪式了。

英特尔还公布了其在德国投资880亿美元新建工厂的计划，看起来颇有"此处不留爷，自有留爷处"的意味。

全球第三大芯片代工厂格罗方德也表示，其纽约州及其他在美投资的新产能计划也将暂停，直到法案获得通过。

外国厂商则进入了疯狂骗补模式。

最典型的就是三星。它放出风声："是否给予半导体企业补助金，应根据半导体企业在美国的经济贡献和创造的就业岗位情况来决定，而应与国籍无关。"同时，三星宣布，在得州要新建11座晶圆工厂，总投资高达2 000亿美元的天价。

然而，根据三星的计划，除已经开工的一家投资约170亿美元的工厂准备在2024年投产以外，其他所有工厂最早也要在2034年才能投产，最晚的2家在2042年才能投产。

搞这种纸上宏伟计划的原因，一个是造声势去影响《芯片法案》补贴发放，另一个则是为了获得州一级的税收减免。用12年之后的项目骗今年的补贴，韩国人也真是有点过分精明了，不过只要关系打通，政治捐款给足，PPT骗补贴这事在美国那儿是见怪不怪的，只不过由于芯片厂规模巨大，金额上才看起来这么离奇。

牛鞭效应和竞争格局

1961年，美国经济学家杰伊·福里斯特（Jay Forrester）观察到，当市场需求从最终客户端向原始供应商端传递时，因为信息的缺乏和延迟，使得需求信息扭曲而逐级放大，最终导致供应商高估（或低估）需求，从而过多（或过少）生产，导致产品积压（或短缺），如同甩牛鞭一样，甩鞭的手甩动很小，但鞭尖甩动很大，因此得名"牛鞭效应"。

半导体行业现在正在经历剧烈的"牛鞭效应"。疫情防控期间,因为居家办公/上课导致的消费电子产品的暴增,使得芯片需求暴增,受到消费电子产品挤压,汽车等行业严重缺芯。同时,因为对全球半导体供应链受到疫情冲击而断裂的担忧,各大厂商和零售商均加大芯片囤货,造成踩踏,加剧了芯片短缺的情况,形成了十多年未遇到的芯片荒。

对于芯片短缺,外加由于地缘政治和"华为禁运"之后对美国长臂制裁的担忧,各国纷纷扩大本国的芯片产能。然而,随着居家办公/上课带来的消费电子产品增长的退潮,以及全球经济陷入衰退,对芯片的需求正在快速减少。

目前,美国、欧盟、日本、韩国、中国都已经出台或即将出台强力支撑芯片产业的政策,光美国一家就准备未来数年中将芯片产能增加一倍,再叠加其他各国规划新增产能,总增长已经超过当前半导体总产能的两成到三成。

疯狂增加的产能和快速减少的需求,芯片行业在"牛鞭效应"之下,正在酝酿一场严重的供大于求的危机。供小于求,生产方有话语权,供大于求那就是消费方有话语权了。中国作为半导体最大的消费国,在"牛鞭效应"下的半导体行业优势明显。

中国2021年消费了4 400亿美元的芯片,占到全世界芯片消费总量5 600亿美元的约八成,虽然其中60%又变成成品出口到国外,纯中国本土消费的芯片也占到全球芯片的三成左右。美国的"护栏"政策阻止国际芯片厂商获取如此大的市场,最后的结果肯定是中国芯片厂商的逆袭。

实际上,美国人也已经发现了这一点。彭博社报道,美国实施一系列限制措施后,中国的芯片行业增长速度比世界上任何其他地方都要快。数据显示,平均而言,在过去4个季度中,每个季度世界上增长最快的20家芯片行业公司中有19家来自中国,而2022年同期的这一数据为8家。报道称,这些中国芯片行业公司的收入增长速度是阿斯麦等全球知名半导体企业的数倍。

虽然知错,但不能改。美国限于"政治正确"桎梏,船大无法掉头。

龟兔赛跑,并非嗓门大的赢,中美科技争霸,胜负未可知。

"特朗普的完美替代品":共和党的火箭新星、佛罗里达州州长德桑蒂斯

完美替代品

美国的保守派选民们在过去几年中的政治生活,如同坐了一次超长的过山车。他们感受过最疯狂的胜利:五个保守派最高法院的法官,最大规模的减税,大范围的监管放松,以及一个与"政治正确"战斗到底的总统。他们也感受过最沮丧的失败:输掉了自认为十拿九稳的大选,原本以"爱国"为旗帜的保守派,在1月6日的暴乱中被美国社会贴上"叛国"的标签。

很多共和党选民不禁遐想,如果有一个与特朗普一样敢想敢干、不顾"惯例"、同左派斗争到底,但又不像特朗普逃兵役、换老婆/女友如换衣服、三天两头上娱乐头条的"正派人",该有多好。

共和党选民的愿望,可能很快就能实现了。佛罗里达州州长罗纳德·狄昂·德桑蒂斯(Ronald Dion DeSantis)也许就是保守派民众的那个白衣骑士。

耶鲁哈佛双料学霸,能文能武两面全才

德桑蒂斯这人颇为传奇。他出身草根,是意大利裔的新移民,祖上1904年才来到美国,母亲是一名护士,父亲是尼尔森电视盒(调查收视率用的连在电视上的盒子)的安装工。出身蓝领家庭的德桑蒂斯并没有被原生家庭较低的社会阶层所限

制,从小就展现出超出常人的能力。作为"别人家的孩子"的典型,德桑蒂斯属于身体又好又学霸的全能类型。德桑蒂斯是棒球好手,在 13 岁的时候,带领家乡青少年棒球队,打入了 1991 年棒球小联盟大决赛。同时学习又碾压同龄人,1997 年被耶鲁历史系录取。作为耶鲁棒球队的队长,他的 0.336 的击球率是全队最高的。

以 magna cum laude(优异学业成绩)毕业的德桑蒂斯,毕业之后先是当了 1 年历史老师,之后考入美国最显赫的哈佛大学法学院,并在 2005 年拿到法学博士学位。

身为学霸之外,德桑蒂斯的"武德"也颇为溢出。在法学院第二年,德桑蒂斯就加入了美国海军,成为海军的一名军官(类似于国内的国防生)。毕业之后他成为美国海军的一名军事法庭检察官,负责关塔那摩恐怖分子的检控工作。觉得待在后方不过瘾的德桑蒂斯,在当了两年军事检察官之后,加入了海豹突击队,并赴伊拉克参战,被部署在最危险的费卢杰前线。到 2010 年退役的时候,德桑蒂斯已经官至海军中校,获得铜星勋章、海军陆战队表彰勋章、全球反恐勋章和伊拉克战役勋章等。

退伍转业之后,德桑蒂斯被美国司法部任命为佛罗里达中区检察长,但是平淡的司法工作显然没法满足喜欢冒险的德桑蒂斯的胃口。干了两年检察长之后,德桑蒂斯毅然辞职从政,并成功当选佛罗里达州众议员。

1 米 9 的大高个加上俊朗的外形(美国人对高个子尤其热衷,总统竞选中基本都是个子高的取胜),参加过伊拉克战争的海豹突击队功勋老兵,哈佛耶鲁双料学霸,德桑蒂斯这种"开挂"的硬件条件,简直就是共和党选民的"梦中政客"。果不其然,从政之后德桑蒂斯就坐上火箭,2018 年,年仅 39 岁的他就当上了美国最大紫色州佛罗里达州(民主党主题色是蓝色,共和党主题色是红色,如果一个州在民主、共和两党中间摇摆,就是紫色州,这些州也是总统竞选的关键州)的州长。

德桑蒂斯的野心显然不止于此。

特朗普的反扑和德桑蒂斯的机会

在 1 月 6 日暴乱之后,很多共和党人认为,被特朗普"恶意收购"的共和党,终于可以摆脱这个真人秀明星的掌控了。在卸任之后不久,特朗普的确退隐佛罗里达州豪宅,似乎要当"富家翁",不再参与政治。但是,共和党人的盘算并没有维持多久。

"特朗普的完美替代品"：共和党的火箭新星、佛罗里达州州长德桑蒂斯

随着拜登支持率的不断走低，特朗普从蛰伏中又"苏醒过来"，开始重新招兵买马，打算卷土重来。

以为特朗普已经过气了的共和党人惊恐地发现，虽然经过几乎是"叛乱"的国会山事件，共和党选民依然对特朗普无比忠诚。一个数字体现了特朗普对共和党选民的绝对号召力，在2023年5月之前，特朗普一共背书支持了119名共和党初选的竞选人，其中111人击败他们党内的对手，取得了胜利。

其中最夸张的是一名叫做万斯的候选人。这个人是俄亥俄州共和党初选7名候选人中排名靠后的一个，他本人是个草根出身的知识精英，曾经根据个人奋斗经历写过一本小书叫做《乡巴佬的挽歌》，描写了美国阶级固化、底层人无法出头的窘境。这种人对特朗普当然是不屑一顾，经常上电视写专栏抨击特朗普。然而为了胜选，他向特朗普低头，"改过自新"。大度的特朗普也原谅了他，并发表声明支持他。结果这么一个排名靠后的候选人，在获得特朗普支持之下，马上就咸鱼翻身，打败众多党内大佬，赢得了初选。

111比8的战绩，说明特朗普已经成为"共和党的造王者"。只要特朗普发一段支持声明，阿猫阿狗都能当选议员，这是何等恐怖的控制力。共和党几乎可以改名"特朗普党"了。

特朗普不少的狂热支持者已经进入美国国会之中，包括曾经闹出儿童色情丑闻的马特·盖茨和"女魔头"玛乔丽·泰勒·格林，在国会中组成了所谓MAGA小队，四处出击维护特朗普，让特朗普身为白丁，却几乎能够掌控共和党众议院议事议程。还没出山的特朗普的控制力已经到了如此地步，如果他重新出来参选甚至当选，共和党内看不惯特朗普的人，还能有立锥之地吗？

这个时候，不甘被特朗普翻盘的共和党人，急需一个新的旗手来对抗特朗普对共和党的"毒化"，德桑蒂斯就成为这帮人的救命稻草。

德桑蒂斯的快速崛起，也引起了特朗普的警觉。他公开放话说，如果德桑蒂斯成为自己的初选对手，自己将像打败其他人一样，轻松打败他，因此德桑蒂斯肯定会提前退出（drop out）。在私底下，特朗普更是痛骂德桑蒂斯"忘恩负义"（特朗普认为正是自己的背书才让德桑蒂斯以39岁的年纪当上佛罗里达州州长）和"性格古板无趣"。但是鉴于德桑蒂斯党内人气之高，特朗普也不得不有所收敛，公开表示，自己和德桑蒂斯关系很好，任何报道他俩不合的新闻都是"假新闻"。

聪明的德桑蒂斯也明白,借助反对特朗普的共和党人的势力,自己可以从州长的位置上更进一步。作为学霸的德桑蒂斯把形势看得很清楚,名校博士加功勋老兵的资历当然碾压花花公子逃兵役的特朗普,但是特朗普的名气则反过来碾压自己,因此四平八稳去搞肯定不行,必须搞大新闻、搞出位。

德桑蒂斯是这么想的,也是这么做的。

大新闻制造者

要制造大新闻,当然要对着共和党选民的痒痒肉精准下手。

共和党选民第一反对的,当然就是防疫了,所以德桑蒂斯先从防疫入手。从2021年开始,德桑蒂斯就采取了一系列行动,阻止官方强制佩戴口罩的规定,甚至签署了一项行政命令,禁止向强制佩戴口罩的学校提供国家资金。在一次全国转播的新闻发布会上,他甚至抓住机会,斥责戴口罩参加新闻发布会的一群高中生:"你们不必戴口罩,摘了吧。说实话这真的没什么用。我们必须停止这场'新冠骗局'。如果你们想戴口罩就戴着吧,但这太荒谬了。"

德桑蒂斯此举招致民主党广泛的反对,拜登甚至专门发表讲话,抨击德桑蒂斯。此举正中德桑蒂斯下怀。与现任总统对阵嘴炮,可不就是总统候选人的地位吗?而且对于共和党选民来说,拜登越痛恨的,说明德桑蒂斯干得越好,借着拜登,德桑蒂斯收割了不少民意。

然后德桑蒂斯又转战"LGBTQ"方向,与同性恋"政治正确"开战。"同性恋教育"现在是美国一个非常有争议的话题。一方面,公立学校的教师大体上都是左派,因此积极推动在学校"同性恋教育";另一方面,宗教人士则认为公立学校教师通过这种"同性恋宣传",导致了美国 LGBTQ 人数快速增长。反"同性恋"一石二鸟,既能获取共和党反"政治正确"的民意,又能得到宗教保守势力的青睐。因此德桑蒂斯出台了一项法令,禁止幼儿园到三年级的课堂教学涉及性别认同和性取向的内容,也就是所谓"Don't say gay"法案("不准说同性恋"法案)。

此事一出,马上捅了马蜂窝。全美国各种"同性恋平权"团体纷纷对德桑蒂斯口诛笔伐。大讲"政治正确"的各路报刊媒体,纷纷把德桑蒂斯搞上头条,各种攻击谩骂。甚至美国家喻户晓的国民综艺节目 SNL(周六夜现场)都专门搞了一个桥段来讽刺他。进步派骂得越起劲，德桑蒂斯名气越大，在共和党选民心中的地位也就越高。

德桑蒂斯最后将目标指向了共和党选民的终极议题：移民政策。美国近年的移民增长很快，美国保守派选民对移民的抵触情绪日渐高涨。美国精英阶层也借坡下驴，把失业、犯罪等一系列社会问题栽赃给非法移民背锅。在这种情况下，"他们（指非法移民和少数族裔）不会取代我们"，成为极右团体的流行口号。德桑蒂斯借着这股东风，签署了《1808法案》，向"非法移民"开战。他在佛罗里达州组织了针对非法移民的特别执法力量取缔非法移民，正式宣布佛罗里达州绝不是"庇护州"（指保护非法移民的州）。甚至抨击拜登的移民政策，号称在拜登改正移民政策之前，会把佛罗里达州的非法移民都运到拜登老家特拉华州去（这肯定是说说而已）。戏剧效果拉满。

党内支持有了，名气名声有了，现在德桑蒂斯要复刻特朗普的成功，还差最后一味关键的药引子——"局外人身份"。

在美国，两党政治换汤不换药这件事，已经是深入人心。美国民众也知道，不管选蓝选红，华盛顿的政客除了名字不一样，做的事情都一样。如果是"局内人"或者"建制派"，不管你简历多好看、姿态多清廉，也很难得到那些原本不关注政治的人的关注。他们热切希望选一个"局外人"出来。毕竟"局外人"还没被华盛顿的染缸所侵染，希望给美国带来一丝活力。特朗普正是带着"局外人身份"横扫美国的。

德桑蒂斯毕竟不是特朗普那种"野路子"出道，身上的"局内人"烙印还是相当重的。很多人将他视为共和党内"建制派"对抗特朗普的傀儡。一旦被盖上"建制派"的印记，那么打败特朗普上位的可能性也就比较渺茫了，毕竟当年杰布·布什作为布什家族的新代言人、小布什总统的弟弟，"蓝血中的蓝血"，都没有能够在特朗普面前走三个回合，德桑蒂斯这种出身卑微的人更没机会了。

德桑蒂斯本人的确是共和党内"建制派"的代表，只不过他不能让选民看出来自己的"建制派"身份，所以他要玩一票更大的，洗刷掉自己身上的"建制派"印记。

迪士尼"圣战"

德桑蒂斯的目标落在了迪士尼身上。迪士尼在佛罗里达州那是权势熏天。迪士尼曾在20世纪60年代与佛罗里达州谈判，以游乐园兑换当地的特权。建立游乐园的吸引力是如此之大，佛罗里达州立法机构同意与迪士尼合作建立芦苇溪改善区，这个特区是迪士尼的独立王国。迪士尼自己征税，可以发放债券，拥有自己的基础设施，管理着自己的规划和分区，制定了自己的建筑法规并雇用了自己的建筑检查员，甚至还有独立的消防局。在区内，迪士尼公司拥有与州政府同样的权力和责任。

迪士尼深耕佛罗里达州60年，深度绑定佛罗里达州政界。在佛罗里达州，不与迪士尼公开争吵成为佛罗里达州政界的一个不成文的规矩。

胆大心细的德桑蒂斯决定拿迪士尼开刀，树立自己的"局外人身份"。

在之前与同性恋团体的鏖战之中，迪士尼也不可避免地牵连其中。本来迪士尼严守中立，认为企业不应该干涉政治。但是随着进步团体的抗议和威胁抵制，迪士尼的新CEO查佩克也顶不住压力屈服了。查佩克本人其实很反对在迪士尼动画中掺入太多的LGBTQ内容。但是漫天的口水也让他顶不住，只能发出公开信，承认错误，并加入抨击德桑蒂斯"不准说同性恋"法案的大军。

德桑蒂斯抓住机会，拿着迪士尼干涉地方法治的罪名，要把迪士尼的独立王国特权全部取消。手腕强悍的德桑蒂斯，在短短3周之内，就走完了可能正常需要半年多的立法流程，通过州长特别立法会议的方式，推动废除迪士尼特权的法案。迪士尼维持半个世纪的特权，半个月就被德桑蒂斯撸掉了。打掉了"建制派"护体的迪士尼，德桑蒂斯把自己"局内人"的形象一举扭转。

德桑蒂斯的计算其实很巧妙，迪士尼看上去不可战胜，实际上特权凌驾于地方政府，已经是天怒人怨，只不过敢怒不敢言而已。同时，疫情之后美国大公司对政治的干涉已经引起了很多民众的反感（医药公司和强制疫苗）。借着这两股民意，与迪士尼开战看上去险恶，实际上是十分安全的。

不冒风险就拿到"局外人身份"，还在本州立了威，德桑蒂斯万事俱备，只欠东风了。

渔翁得利

在通胀、股市崩溃、外交失败几重打击之下，拜登连任似乎困难重重。民主党内部已经有很多人蠢蠢欲动，准备抢班夺权。

目前来看，中期选举即将大获全胜的共和党，已将目光落在了总统宝座上。特朗普也摩拳擦掌，想成为开创历史的第一位连任失败但卷土重来入主白宫的总统。鉴于拜登支持率之低下，民主党为了保住权位，发动全部力量攻击特朗普。最近组织了声势浩大的"1月6日暴动调查委员会"，就是为了达到这个目的。

这个委员会不但将很多听证内容电视直播，还公布了大批之前没有公布的图像和证据，想要造成一种铁证如山的态势。《纽约时报》甚至发了一篇评论，说在这么多证据面前，美国总检察长梅里克·加兰应当以刑事犯罪起诉特朗普。

就在特朗普和民主党近战缠斗、互泼脏水的同时，已经万事俱备的德桑蒂斯正蓄势待发。如果特朗普倒台，他自然是第一顺位的头号总统候选人；如果特朗普没有倒台，民主党的疯狂攻击也给德桑蒂斯与特朗普决斗提供了很多"炮弹"。退一万步说，就算特朗普在民主党疯狂攻击之下，仍然成为共和党的总统候选人，德桑蒂斯作为"党内建制派"，也是特朗普必须拉拢的对象，到时候可以待价而沽，成为特朗普的副总统，等到2028年特朗普届满，接班上任也是选项。

美国保守派电视台"福克斯新闻"的头牌主持人劳拉·英格汉姆，最近在黄金时段直播了长达一小时的市民大会（一种模拟市民在市政厅议政提问形式的政论对话）。对特朗普无比忠诚的福克斯新闻，这种大会的主座一般都是留给特朗普的，然而劳拉选择市民大会的主题人是德桑蒂斯，共和党内的气氛可见一斑。连几个星期前首次宣布从民主党转投共和党的伊隆·马斯克都发帖说明，自己支持德桑蒂斯竞选总统。毕竟具有特朗普的敢想敢干、制造大新闻的能力，又没有特朗普的私德有欠的缺点，德桑蒂斯的确像是特朗普完美的替代品。

德桑蒂斯以草根出身的意大利移民之后，以自己的过人才干和胆识，在短短十几年时间里，完成了阶级的跨越，成为呼风唤雨的一方大员，在美国这样一个注重"蓝血"的社会里，殊为难得。但对文武双全的德桑蒂斯来说，也许更大的跨越才刚刚到来。

| 欧洲篇

经世录

"法国之春"？：法国大骚乱和欧洲去工业化

法国大骚乱

法国这次大骚乱有点"阿拉伯之春"的意思了。2010年12月17日，26岁的突尼斯人布瓦吉吉因遭受当地警察的粗暴对待而死亡，随即整个阿拉伯世界陷入了一波又一波的内乱和骚乱之中，最终造成数百万人死亡和1万亿美元以上的经济损失。13年后，另一名年轻人在警察暴力执法下死亡，引发了法国大乱。

2023年6月27日，法国巴黎，一名17岁少年纳赫尔因违反交通规则被警察拦下，之后不遵守警察指示继续开车，被警察近距离枪击身亡。

事件发生之后，法国多个主要城市陷入了连日的混乱。数万人涌上巴黎、马赛的街头，大肆打砸抢烧，攻击警察和法国当局。截至6月30日，已经有近百名法国警察重伤，58个警察局或宪兵兵营被冲击，500多处建筑被焚烧，发生3 000多起纵火抢劫事件。被烧毁的汽车更是不计其数。

这还仅仅是法国官方公布的数字，根据法国媒体的说法，实际的数字比这个高得多。特别是29日、30日两天，街上的骚乱人群已经全面帮派化，他们沿街挨家挨户地洗劫商店、焚烧汽车，正面冲击法国警察，在马赛和里昂甚至发生用霰弹枪射击警察的事件。

马赛最大的图书馆阿尔卡萨图书馆被暴徒冲入焚烧，马赛港连续发生多次爆炸。骚乱人群开始冲击银行、自动取款机等高价值目标，至于苹果商店、奢侈品店也成为主要袭击目标。到6月30日，法国财长勒梅尔不得不承认，法国有数百家商店、购物中心和银行受到骚乱的冲击,其中巴黎第二大购物中心德朗西购物中心已经被骚乱人群全面占领。警察局、学校和市政厅也都是骚乱人群的主要攻击对象。

内政秩序陷入崩溃边缘的法国政府紧急动员起来。法国总统马克龙30日提前从布鲁塞尔返回巴黎,召集紧急内阁会议,政府部长们取消了所有"非优先行程",全力应对紧张局势。法国当局已经连续下达了数个宵禁令,停止许多城市的公共交通,紧急动员了4.5万名军警,投入骚乱严重的城市,驱散骚乱人群。同时在骚乱严重的巴黎、马赛、里昂等城市派出装甲车等重型装备。到7月1日为止,已经抓捕了1 300多名骚乱分子,但是骚乱的势头仍然没有停止的意思。更可怕的是,现在已经有消息称,一些城市的枪支商店也遭到了抢劫,一些猎枪被骚乱分子所获取。

法国这已经是近年来第三次大规模骚乱了。第一次是因为延迟退休导致的抗议,还算相对平和,但第二次和第三次越来越暴力化,参与人员也越来越年轻化。这次逮捕的1 300人中,超过1/3是青少年,他们比成年人更加狂暴和有破坏力。而且法国的骚乱已经开始溢出。在邻国比利时,当地的青年人也群起响应。布鲁塞尔在6月30日晚间也发生了严重的骚乱,当地警方已经逮捕了超过100名骚乱分子。

法国这次骚乱越来越像"阿拉伯之春"了。

骚乱的原因

这次骚乱的导火索是被枪杀的17岁法国少年,但一个警察暴力执法案件引发如此猛烈的骚乱,背后的原因似乎并不那么清晰。一开始,法国总统马克龙指责是电子游戏带坏了小孩,而这次骚乱的主力就是沉迷于电子游戏的青少年。

这显然有点无厘头和甩锅,当然也不被公众所接受。

有一些欧洲右翼政客说,这次的骚乱,完全是因为欧盟打开了移民大门,导致大量北非、东欧难民进入,这些"移民坏分子"导致了严重的骚乱。还有说是CIA报复法国转向东方,煽动了内乱。

这些当然都是骚乱的原因之一,但显然电子游戏和外来移民顶多就是个次要因素,否则这两样东西早已有之,为何如今才爆发如此大的骚乱?背后真正的原因,其实是欧洲的去工业化。

欧洲去工业化

自 2000 年起，欧洲就开始了去工业化的进程，在俄乌战争之后，欧洲的去工业化速度极大地加快了。根据德国经济研究所发布的报告显示，2022 年从德国净外流的外国直接投资高达 1 250 亿欧元，是德国有史以来最高的 FDI 净流出量。报告称，2022 年德国吸引商业投资的能力出现"惊人"下降，超过 1 350 亿欧元的外国直接投资流出该国，而只有 105 亿欧元流入，高企业税、官僚主义和基础设施糟糕被列为投资减少的原因。

有能力跑路的企业外迁，没能力跑路的企业破产。路透社报道，根据信用机构 Creditreform 的调查，2023 年 1—6 月间，共 8 400 家德国企业申请破产，较 2022 年同期大增 16.2%。连德国历史最悠久的企业——老牌炼钢厂 Eisenwerk Verlag GmbH——都破产了。

自俄乌战争爆发以来，欧洲失去了约三成的原铝产能、一半的锌冶炼产能，超七成化肥生产商选择了停产或减产。德国向来是欧洲工业的火车头，德国都顶不住了，法国、西班牙更是空心化严重。

欧洲的工业，一半被东亚吸走，另一半被美国吸走，"G2"分食欧洲实在是太形象了，去工业化造成了一个严重的问题，欧洲并不像美国一样有美元霸权，可以用印钞机来养活几亿欧洲人，工业一旦移走，那么就业也就随之移走。

虽然看起来工业在西欧的 GDP 中可能只占 20%，但西欧另外那 80% 的服务业是根植于这工业之上的。如果没有汽车厂出口汽车，在汽车厂旁边的咖啡店就不会有生意，奢侈品店也没有顾客。实际上，去工业化已经严重地打击了西欧的就业率，据初步估计，法国的年轻人失业率高达 17%，这还是法国统计局修正之后的数字（连续几个月没找工作的就算无工作意愿，不计算成失业），实际失业率可能在 30% 以上。没钱又没工作，可不有时间骚乱、打砸抢嘛。

实际上，欧洲的去工业化已经严重打击了欧洲人的生活水平。德国人 2022 年人均消费肉类仅 52 千克，比 5 年前下降了 9 千克，是两德合并以来最低的肉类消费。要知道，中国 2020 年人均肉类消费是 61.2 千克。德国人无肉不欢，然而在低收入、高通胀和高物价之下，人均肉类消费量竟然比中国低。去工业化已经严重打击了欧洲人的消费能力和生活水平。

余味·法国之春

当年"阿拉伯之春"之火能熊熊燃烧,主要原因就在于年轻人的低就业率和生活水平的持续下降。现在西欧在去工业化的过程中,不可避免地出现了西欧年轻人失业大潮和生活水平的持续下降,与"阿拉伯之春"的情况何其相似。

正如"阿拉伯之春"一样,法国这次的大火,不会止于法国的边境线,而是会燃烧整个西欧社会。王侯将相,宁有种乎?欧洲人就该躺着拿高薪吗?时代变了,当年依靠工业化横扫全球的西欧,在去工业化趋势中将被动荡吞噬。

(本文写作于2023年7月1日)

跳船的老鼠和散了的队伍

船沉鼠逃

德国人有这么一句谚语：大船要沉的时候，老鼠最先逃命（Die Ratten verlassen das sinkende Schiff）。在船上的老鼠对震动和气味尤其敏感，当大船进水或者发生火灾的时候，往往最先感知危险并跳船逃命的，就是船舱里的老鼠。所以有了这么一个谚语。

最近的一个新闻，颇有点船沉鼠逃的意味，《华尔街日报》报道，日本突然背叛美国及G7盟国对俄罗斯的石油限价令，以高价购买俄罗斯石油。

日本人的突然举动，颇有点让人摸不着头脑。按理说，日本算是对美国最忠诚的了，不但是美国重返亚太的东方战略中的最重要一环，而且岸田文雄亲自启动了日本的再次武装化，还给美国送上了大额军购厚礼。

除此之外，日本还特别"贴心"地成为美国芯片制裁包围圈的前锋，给荷兰人、韩国人做了个榜样。

日本如此恭顺，美国的回报也是丰厚的。首先，这次银行危机，欧洲和日本银行同样持有大量因为利率上升导致亏损的美债和MBS资产，但美国这次定点爆破了欧洲人顶雷，却放过了日本。

其次，硬压韩国向日本低头和解，让岸田在日本国内大大风光了一把。

最后，美国开始自掏腰包，升级对日本的保护。4月3日特地宣布，美国将扩大对日保护伞，保卫日本卫星不受攻击。过去美国只对北约盟友做出过这种承诺。另外还增加在日本的远程导弹部署,将在日本的美军海军陆战队升级为"濒海战斗团"等。

再怎么看,日本和美国也是一幅"父慈子孝"的场景,为何日本突然又干起了背刺"爸爸"的事情呢?要知道,日本并非真的没有石油可买。2023年头两个月,日本总共才买了不到75万桶俄罗斯石油,总金额才5 200万美元,是每年进口数百亿美元石油的日本的极小一部分。可以说,日本完全不依赖俄罗斯的能源。为了这区区几千万美元的小生意,突然与"慈父"闹别扭,实在犯不上。

作为特别喜欢往各国派大量间谍的日本人,颇有点大船上的老鼠一般耳聪目明。日本人突然跳船,看来真的是出了点不得了的事情。

队伍不好带了

果然在日本背刺G7、独自宣布突破限价购买俄罗斯石油之后不久,马上就传出了大新闻。4月2日,多个欧佩克及非欧佩克组织参与国突然宣布实施自愿石油减产,放弃了此前保证将保持供应稳定以维持市场稳定的承诺。根据官方声明,沙特减产50万桶/日,伊拉克减产21.1万桶/日,阿联酋减产14.4万桶/日,科威特减产12.8万桶/日,阿曼减产4万桶/日,阿尔及利亚减产4.8万桶/日,哈萨克斯坦减产7.8万桶/日,再加上俄罗斯之前宣布减产的50万桶/日,石油总供给量下降了160万桶/日。

各国各自公布自己的减产计划,反复强调是自愿减产,不是开会讨论的结果,也没有串谋,不是欧佩克协调的减产行动(毕竟上任欧佩克秘书长神秘暴毙的事情,还没搞清楚呢)。这消息高度保密,甚至连一向消息最为灵通的美国几个大报也强调"Surprise",被这个消息搞得有点措手不及。

虽说欧佩克不想惹麻烦,反复强调是各国各自做出决定,是巧合,不过这么多国家同一天宣布减产,如果没有串通好才见了鬼。欧佩克这帮国家颇有点做戏都懒得认真做的味道。人心散了,队伍不好带了。

要是之前的美国,这么当面打脸,不说马上使出手腕,至少也是新闻上放放狠话,波斯湾的军舰出来转悠两圈。结果白宫这次只弱弱地说了一句"unadvisable",美国登顶世界100年,没见过这么虚弱的时候。

核心空虚，德不配位

产油国敢这么造反，也是情有可原的。从 2020 年拜登从阿富汗撤军开始，不少中东国家就已经感觉到了，美国的实力绝对值虽然还是霸王，但是它分得太散了，当在东方和乌克兰聚集了帝国的绝大多数战略资源的时候，其他地方已经鞭长莫及。于是乎，以沙特和伊朗为主的国家，开始不断试探美国的底线。沙特两次打拜登的脸，甚至拜登亲自登门拜访都吃了瘪。而伊朗更虎，直接用无人机连续两天轰炸美国在叙利亚的基地，炸死多名黑水雇佣兵。然而如此挑衅，美国竟然唾面自干，听之任之。

唾面自干的次数多了，帝国的声威也就扫地了。伊朗和沙特这事有很强的传染性，沙特和伊朗如此作死，都没有什么后果，那原本因为害怕帝国的军威而顺从的各路诸侯，也就逐渐有了自己的小心思。

像乍得这种国家，甚至明抢美国人的资产都没什么事，那欧佩克各国也就纷纷放飞自我了。

说白了，以前美国 GDP 占全世界 50%，第二名只相当于它零头的时候，振臂一呼天下从，那也算是名正言顺，毕竟实力放在那里。现在美国 GDP 在全世界占比不到 25%，与后边第二名也没有多大差距，怎能还像当年占到天下半壁江山时候的威风？

德不配位，必有灾殃。帝国都爱面子，可是当里子撑不起面子的时候，硬要面子就是灭顶之灾。当年明朝为了面子，不愿与努尔哈赤议和，两面作战导致突然崩溃。美国如果不正视自己的相对实力下滑，必然会如同"二战"后的大英一样，短短数年就把 200 年的基业赔得干干净净。当局者迷，旁观者清，美国人自己看不到的，小弟们反倒可能看得清楚。突然跳船的日本人，怕是也有点想两头下注的意味了。

（本文写作于 2023 年 4 月 3 日）

生死面前,脸皮算什么:瑞士人改法律撕欠条,这次表演了个无底线

生死面前,脸皮算什么?

银行业起家的瑞士人,这次摔了个大跟头。在生死面前,自诩最尊重规则的法治文明,亲手把自己的规则撕了个粉碎。为了拯救瑞士信贷银行,瑞士政府玩起了临时改法律的操作。2023年3月19日,瑞士信贷银行已经到了悬崖边上。这家已经经营了167年的老牌银行在自己一系列亏损和美联储加息的双重打击之下,来到了崩溃的边缘。到周五收盘,瑞士信贷银行的市值已经不足60亿美元,比由它承销IPO、之后因为作假退市的瑞幸咖啡的74亿美元还少。

在风雨飘摇之中,百年老店的招牌一文不值,有钱潇洒、厌恶排队的瑞士人,也不得不放下高贵的面子,乖乖地当起了"维权民众",在银行门口排队挤兑。

瑞士信贷银行可不是硅谷银行这种小角色。它不但是瑞士第二大银行,也是所谓影响全球金融稳定的30家"系统性银行"之一,其影响力大概是建行和农行、富国银行和摩根士丹利的水平。虽然遭受了连续3年的资产净流出,其管理的资产规模仍位列全球前十,超过1万亿美元。

2008年号称让"全球秩序几乎崩坏"的始作俑者雷曼兄弟的规模,不过是2700亿美元,不到瑞信的1/4。可以想见如果瑞信崩溃,将是什么样的狂风暴雨。瑞士原本是个以盛产雇佣兵闻名的穷困城邦(现在梵蒂冈教皇的卫队、宗座近卫队还是瑞士雇佣兵。如果当年有钱,谁要当雇佣兵赚钱?),近代以来靠着永久中立和银行业

一朝暴富。如果瑞信崩塌，把瑞士人的银行业卷到海里，那养尊处优的瑞士人难道重拾雇佣兵的旧业？瑞信必须救，这是关乎瑞士国运和800万瑞士人命运的最大之事。

可是，瑞士虽然富裕，在过去3年中也被拖瘦了。瑞士央行在2022年亏损了折合约1万亿元人民币之多，相当于瑞士GDP的20%。家里就算有金山，这个亏法也受不了。

而瑞信的窟窿又太大。在硅谷银行爆雷之后，如惊弓之鸟的瑞士、欧洲和全世界的有钱人，疯狂地将其存款及理财从瑞信中取出，3月初以来，平均每天流出的资产达到100亿美元，这个失血速度，相当于全球最大顺差国中国一年的顺差，1个月就损失殆尽。这种情况，除了能随便印钱的美联储、外储如山的中国人民银行和海外资产海量的日本银行，没有第四家能救得了。沙特油霸原本想试试抄个底，2022年10月，花了15亿美元，抄了瑞信9.9%的股票，但面对如此汹涌的失血，也只能认尿，宁愿15亿美元亏光，也不敢再出头给瑞信输血了。到上个周末，瑞信的资金已经耗尽，股价跌成"仙股"，银行间市场已经开始拒绝瑞信的票据交易，即使在瑞士央行周四迅速注入500亿美元资金后，交易对手也仍不考虑继续交易。瑞信和整个欧洲银行体系的崩溃就在眼前。这个时候，瑞士政府还是坐不住了。生死面前，规则算什么？脸皮又算什么？自诩法治社会、按规则办事的瑞士政府开始了神操作：一边改法律，一边办手续。

要救瑞信，最好的办法是有一家银行将其收购。现在连沙特国家银行都不敢接的烫手山芋，谁敢买？没关系，咱瑞士人就是开银行的，别人都不接，瑞士第一大银行——瑞银（UBS），你来履行一下"国企义务"吧（市场经济是不准强买强卖的，但是没说税务不能去你高管家里翻账本吧）。瑞银高管一个劲地否认要收购瑞信，但在瑞士国家机器咯嘣响的拳头之下，只能同意这一收购案。但瑞银是个商业公司，高管只是职业经理人，企业真正的所有者是股东。瑞士第一大银行收购第二大银行这么大事，可不是CEO一个人能定的。根据瑞士法律，瑞银股东需要6周的咨询期，然后投票表决才能确定。瑞士政府为了救市，已经完全不顾任何规则，连议会都没有召开，直接修改了相关法律，让瑞银在未得到股东批准的情况下，可以直接批准交易。瑞士金融市场监管局更是在连交易计划的打印纸还没干的时候，就批准两家银行的合并计划。

2022年10月刚刚成为瑞信第一大股东的沙特、第二大股东的卡塔尔投资局，竟然完全被绕过，一句话还没来得及说，自己的股份就被瑞士当局直接给卖了。

沙特国家银行2022年10月买9.9%的瑞信股份，花了15亿美元，按照瑞士当局硬卖瑞信的价格，这笔股份现在只值3亿美元，5个月亏了12亿美元，相当于每个工作日亏1个"小目标"，完全被人当做猪崽给割得一干二净。但中东猪崽还不是最惨的。

为了救市，瑞士政府竟然把债权大于股权这个最基本的规则都给打破了。

践踏规则，撕毁借条

一般而言，债权的优先权高于股权。道理很简单，企业要先把债还完了，才能轮到股东分钱。然而因为瑞信欠的钱太多，如果让瑞银直接收购瑞信，那么它将继承瑞信的欠款，这笔钱同样可以轻松把瑞银也拖下水。如果瑞银也倒了，那瑞士当局可就再也没有能出来"救市的国企"了。为了让瑞银能够成功收购，瑞士当局直接撕了借条。

瑞信之前借了170亿美元，是一种名叫CoCo债的AT1债（Additional Tier 1 debt）。这种CoCo债是欧洲银行发行的一种特殊的可转债，在银行资金和负债率达到一定条件下，这种债可以转换为股权。AT1债权人的受偿顺序优先于普通股股东，排在存款人、一般债权人及次级债等二级资本工具持有人之后。但是，在生死面前的瑞士当局，直接大笔一挥，把这170亿美元的借条全部给撕了。

油霸银行虽然损失惨重，但是赔了80%之后，还剩20%，瑞士金融市场监管局这轻描淡写的一句话，就把瑞信债主们的债给清零了。

撕欠条这事，如果发生在发展中国家或者非西方国家，那可是信用清零的大事件，至少信用评级得跌穿地球。但是发生在瑞士这种发达国家，撕个欠条，就不算什么事了。

瑞士人撕了AT1债的借条，欧洲剩下的2750亿美元AT1债的债主可都疯了，这次能撕瑞信的，下次会不会撕法兴银行？德意志银行？欧洲央行赶紧出来贴了张安民告示：普通股权工具是最先吸收损失的工具，只有在它们充分使用后，才需要减记AT1资产。这种方法在过去的案例中一直得到应用，并将继续指导SRB和欧洲央行银行监管机构在危机干预中的行动。翻译得通俗一点就是：瑞士是上等国家，优等生偶尔作弊，罚酒三杯就行了，只此一次，下不为例。以后咱们的 AT1 债还是排在股权之前的，大家不要随便引申了。

瑞士不愧是天朝上国，撕了欠条还这么理直气壮，还这么多人帮忙说情，的确是"上等国家"。

余　味

对自己有利的时候，市场规则就是铁律；对自己不利的时候，规则和法律都是擦脚布。这次瑞信危机，让大家见识了一把西方人的"契约精神"，那是相当有弹性。其实瑞信这次出事，一方面是连续投资失败，在之前的投资中造成了巨额的亏损（希尔资本跑路，亏了 30 亿美元；韩国股神 Bill Hwang 两天亏掉 200 亿美元的大奇迹那波，瑞信是承担损失最多的，亏了 55 亿美元）；另一方面是美国加息造成的债券市场大崩盘，让瑞信的损失不断累积到天文数字。

但只要存款人不挤兑，这些亏损还不至于让一家有 167 年历史又有政府背书的银行老店倒闭。最根本的原因，还是瑞士人的自作孽。

富豪喜欢存钱在瑞信，究其原因很大一部分是瑞士是永久中立国，不会因为国际政治给人抄了家。因此，俄罗斯也好，亚洲也好，美洲也好，有钱人都喜欢在瑞士开户头，存棺材本。结果这次俄乌战争开始，瑞士竟然一改常态，突然开始"政治正确"起来，帮着美国冻结没收了不少俄罗斯人的资产。

谁也说不好，哪天自己国家的政府就与美国翻脸了，你这么干，谁还敢在你这里存钱？这批跑路的钱，是让瑞士人滚雪球式崩盘的第一波。

因为背信弃义点燃崩盘导火索，又因为崩盘撕毁借条、涂改法律，践踏股东权利，变本加厉地背信弃义。

不是不报，时辰未到，征兆已现。瑞士当局自以为得逞的没底线的计划，很快就会反噬，到时候倒霉的，将是整个欧洲人的金融体系。

（本文写作于 2023 年 3 月 20 日）

群狼逼宫

逼宫的盟友

人心散了,队伍不好带了。

原本对美国低眉顺眼、言听计从的盟友们,最近突然獠牙尽露,在白宫外排起了长队,合起伙来叩门逼宫。祸起萧墙,要搞包围网的美国,反倒自己似乎被包围了。

逼宫的不但包括原来独立性比较强的法国和德国,最近英国似乎也按捺不住要到白宫上访,甚至身家性命都攥在美国人手里的尹锡悦,也派出特别使团掺和这场逼宫大戏。

酒壮怂人胆,美国这帮小弟突然都喝多了?

欧盟韭菜被割根

2022年8月份,拜登搞了个总价值7 500亿美元的《2022年通胀削减法案》(简称IRA法案)。这个刺激法案包含的内容极多,但一句话可以概括:美国要搞"闭关锁国",要用财政激励把制造业全都吸回美国。

这个原本似乎主要针对东方某国的法案,没想到板子全打在了欧洲盟友身上。原因很简单,这个"锁国"IRA法案,是无差别地针对一切海外进口商品,made in China虽然受到冲击,但毕竟比日子难过的欧洲人竞争力强多了,所以最先倒霉的反倒是欧洲企业。

比如汽车业，中国对美国出口汽车数量并不多，但欧洲车厂在美国的市场份额不小。拜登的"锁国"IRA法案，包括对新购买的电动汽车提供7 500美元的税收抵免，但前提是最终的组装在北美完成。这直接断了欧洲车厂在美国的后路。

美国搞了乌克兰这一出戏，已经祸害欧洲不轻，通过石油贸易，又薅了欧洲人一把羊毛，现在连韭菜根都不放过了。西欧就算再怂，这次也得出个头了。

从2022年10月开始德法密谋逼宫，11月法国经济和财政部长勒梅尔与德国副总理兼经济部长哈贝克在巴黎公开开会，讨论美国"割韭菜"的恶行。会后两人共同谴责美国巨额补贴法案是不负责任的，是向欧洲"宣（贸易）战的行为"。德法表示欧洲必须捍卫自己的利益，必须给予美国最强的回击。

然后德法就开始分头行动。德国总理舒尔茨跑到东方去找帮手（为了反击美国，难怪舒尔茨来华如此"客气"），而马克龙则直接上门骂娘。

上门骂娘的马克龙，火力也相当猛。先跑到WTO击鼓喊冤，准备告美国违反世贸规则，知法犯法。然后开始准备玉石俱焚的反击战。

马克龙甚至准备在俄乌战争问题上撤凳子。一边说欧洲需要给俄罗斯合理的安全保证（也就是乌克兰去武装化），一边威胁停止提供军事援助资金。美国你真的要韭菜割到根，那不怪我法国坑你没商量。

原本唯唯诺诺的欧洲人，似乎一下子长出了胆量，敢对着美国指手画脚，对着拜登耳提面命。

这勇气哪来的呢？

被逼急的兔子会咬人

首先，就是欧洲人的确被逼急了。

虽然德国的天然气库存依旧充裕，不过从他们大领导的衣着打扮来看，这个冬天真的是被逼急了。

其次，欧洲的能源危机并不因为天然气储备到位而消失，反而日渐严重。

就拿法国来说，原本七成依靠核电的法国，都已经在演练全国大停电了。由于维护和腐蚀问题，法国电力集团（EDF）一半的核电站反应堆处于离线状态，新一代核电站尚未建成。法国电力部门预计12月上半月将出现"中等风险"情况，能源供应商决定提前进行停电演习。

另一个富得流油的欧洲国家瑞士,因为极度缺电,甚至立法禁止电动车充电。

富庶了70年的欧洲人,如今被逼到第三国家的水平,美国人还不放手,没完没了地薅羊毛割韭菜,现在竟然连韭菜根都不放过,要把欧洲人所剩不多的产业吸回美国,这无论如何也不能再忍了。

诡异的数字

不过就算欧洲人想要反击美国,如果美国经济向好,以欧洲这副病躯,贸易战也绝无胜算。

在华尔街和硅谷裁人镰刀唰唰不停的时候,美国公布了异常强劲的就业数字。11月非农就业新增26.3万人,大大高于预期的20万人。11月美国失业率为3.7%,维持在历史低位。马斯克等人口中的"寒气"在如此火热的就业数字面前,似乎不那么令人紧张了。

强劲的就业数字,显示了美国经济的强大活力,同时,通胀率也在下降,似乎美国将要完成摁住通胀同时避免硬着陆的不可能完成的任务。

照这个趋势,欧洲反击美国,似乎是有点以卵击石。

可欧洲人毕竟曾经也是雄主,现在实力不济,但脑筋还是活络的。美国那点粉饰,早被欧洲人看穿:美国的就业数字,实在注水太严重了。

美国就业报告分为机构调查和家庭调查。机构调查的就业数据中,同时从事多份兼职工作的个人会被多次统计,即"数岗位数"。家庭调查的就业人数中,同时从事多份兼职工作的个人不会被多次统计,即"数就业人数"。

本次的就业人数就出现了严重偏差。与机构调查得出的就业大涨不同,家庭调查得出的11月非农就业净减少40万人,两种非农就业总数之差也从5月的450万左右(正常水平)缩减至268万。也就是说,有大量的人因为同时打两份工,被重复计算了。而且重复计算的量越来越大,导致机构调查得出的就业好数据实际上严重失真。

同时,缺勤率大幅上升。往年美国缺勤率的正常水平略低于2%,流感高峰季阶段性抬升至2.5%左右。防控放松以来,美国缺勤率直接突破2.5%,新冠高峰期甚至突破 5%。

再加上硅谷和华尔街的裁员潮,以及 ADP 的低就业数字,各种证据都证明,美国的高就业数字注水严重。

如果不考虑就业,美国经济的状态并不比欧洲好到哪里去。而美国的就业数据又注了水,这下子欧洲人当然有自信与美国掰掰手腕了。

余味·零和游戏

如果美国与自己的亲密盟友都开始硬撕,说明各国都已经陷入零和游戏的桎梏之中。

在欧洲人的群狼撕咬之下,拜登似乎也吓了一跳,不得不做出了初步的让步。表示将对 IRA 法案中的补贴条款进行"微调",以平息盟友的愤怒。

如果不是真的寒气逼人,欧洲这帮小白兔又怎么会被逼到獠牙尽露?如果欧洲人饿到连老大都要咬一口,咱们是不是应该更加提防,早做准备?

(本文写作于 2022 年 12 月 5 日)

好日子结束了……

打死狮子的雨伞和美欧"顺风车"

先讲一个笑话。

19世纪,一个八旬英国富翁与自己的医生聊天,吹嘘自己刚娶的25岁新娘,才几个月,就已经怀孕了。医生给他讲了这么个故事:自己在非洲打猎的时候,突然发现一只狮子瞄上了自己,赶紧伸手抓枪,结果发现自己早上出门的时候只带了雨伞,忘记带猎枪。情急之下,只好把雨伞举起来假装"开了一枪",结果没想到狮子倒地而亡。老翁赶紧打断说:"怎么可能,肯定是别人打的!""雨伞打死狮子",看来这个医生,相当内涵了……

道理很浅显,但是身在其中就很难看破。最近20多年的欧美,正如这名八旬的英国富翁。

这20年中,欧美国家的印钞机疯狂地工作,所有欧美主要大国的债务水平都已经到了不可想象的地步。美国一家就凭空印出了相当于自身GDP体量的额外钞票,欧盟更是零利率搞了8年,要不是德国的"油纸包"轴承,印钞机都得起火。但同时,这20年欧美的生产力水平停滞不前。

正常来说,生产力没有提高,供应没有增加,印出的钱多了许多倍,一定会引起超强的通货膨胀。然而,最近20年中,欧美疯狂印钞,通胀反而不涨反降。一边享受着疯狂放水带来的经济繁荣,一边还没有滥发货币带来的通胀副作用,过了几十年好日子的欧美,以为自己真的掌握了"金融魔法",如同前边笑话里的英国老翁一样,以为持续繁荣全是因为自己"老当益壮",有"制度优势"。

正如老翁的年轻老婆怀孕与老翁关系不大一样,欧美疯狂印钞还不通胀的原因,与欧美关系也不大。欧美之所以能够在生产力不提升的情况下,享受低通胀和高福利的好日子,完全是因为冷战结束之后,中国、东南亚和东欧数十亿原本在全球经济循环之外的人口突然回归造成的。

中国和东欧国家以极其低廉的价格,向欧美输出大量消费品,这些供应充足、价格低廉的产品,相当于增加了大量的供应,让欧美国家原本早应该物价飙涨的经济,可以维持低通胀的繁荣。

可以说,欧美的低通胀完全靠两个新事物:"中美国"和"俄欧盟"。欧美30年的持续繁荣,"用雨伞打死了狮子",其实是搭了"中美国"和"俄欧盟"的顺风车。

"中美国"和"俄欧盟"

"中美国"很容易理解,美国为中国提供巨大的市场,消化中国快速提升的生产力,而中国通过出口为美国提供了海量制成品,降低了美国的通胀。美元的大规模流出,也减轻了美国因为超发货币带来的种种问题。同时,中国赚回的大量美元,又通过购买美债等方式,降低了美国政府的举债成本,压低了美国的利率。中国的巨额外汇储备重新投资美国股市债市,完成回流。中美两国过去30年的互补,可谓天作之合。

"俄欧盟"则是欧洲人还能"玩高福利"的关键。欧洲不比美国,并没有科技上的绝对优势,欧元也没有美元的霸权,但是依靠"拥有核武器的加油站"(美国人嘲讽俄罗斯之语)带来的极廉价的能源和工业原料,以及高素质、低成本的东欧劳动力(波兰、捷克、罗马尼亚等),让欧洲的工业维持了相当的竞争力。同时,俄罗斯通过能源和原料出口赚得的欧元,又绝大多数落到了寡头手里,这些寡头又如此惧怕普京,并热衷于在巴黎、伦敦和苏黎世的生活、消费,以至于要把赚来的钱全存到西欧的银行里。欧元在俄罗斯转了一圈,又回到了欧盟,肉烂在锅里,肥水没流外人田。低价的能源、原料和回流的欧元,保证了欧洲人大搞4天工作制也能维持极高的生活水准。

可以说,"中美国"和"俄欧盟"是欧美"躺平不卷"依然生活惬意的关键,是替欧美打死"狮子"的那把真猎枪,所谓欧美"金融、制度"优势,不过是那把"雨伞"。

两杯毒药选一杯

正如八旬老翁坚信新娶进门的媳妇怀上的是自己的孩子一样,欧美似乎真的以为是全凭自己的"实力"实现了印钞不通胀的"奇迹",与俄罗斯和中国关系不大,开始疯狂作死。

美国不断制裁中国,切断"中美国"的共生。欧洲疯狂制裁俄罗斯,切断廉价能源和原料的供应。2022年,"中美国"和"俄欧盟"似乎都走到了尽头。

但离开了"中美国"和"俄欧盟",欧美的"硬实力"也水落石出。

在丧失俄罗斯的廉价能源和原料之后,德国等国的工业品成本飞速上升。德国工业品价格暴涨了45.8%,几乎复刻"一战"后的魏玛大通胀。

工业品价格暴涨,PPI爆表,这个时候欧洲人有两个选择:

第一个选择,让消费品跟着工业品一起涨价,CPI跟着PPI一起涨上去,这样企业可以将涨价成本转移给消费者,企业得以维持。但是如果CPI和PPI比翼齐飞,欧洲人的生活成本必将大幅上涨,原来的悠闲生活一去不返,愤怒的民众一定会把极右翼政客们从历史的垃圾堆里翻出来,让他们把布鲁塞尔的官员们通通扫地出门。舒尔茨、马克龙之流,是断然不敢如此的。

第二个选择,就是人为压低CPI,依靠金融手段和强力进口维持物价相对稳定(连德国这么一个连续30年顺差的国家,2022年都出现了逆差,西欧控制CPI的决心是很大的。不过再努力也就是10%通胀和40%通胀的区别),这样的话,会让欧洲的工业无法将成本暴涨转移给消费者,企业大规模破产,产能大规模外流。这个选项后果极其严重,产能转移出欧洲之后,再也不会回归,这属于杀鸡取卵。然而惧怕民怨的欧洲政客,宁愿饮鸩止渴。任期结束之后,哪怕洪水滔天。

这两个选项其实结果都差不多,区别也就是第一个是速效毒药,第二个是慢速毒药。离开了俄罗斯的廉价能源和原料,欧洲的工业彻底丧失了竞争力。美国人去工业化,还能依靠美元霸权和美军霸权撑场面,欧洲人去工业化之后,靠软如香蕉的欧元和将军比坦克多的军队,还如何能混得下去?

可以说,从制裁俄罗斯那一刻起,欧洲人的好日子就结束了……

余味·备好猎枪

欧洲人在长达 30 年的繁荣里,逐渐丧失了自我,在不断地"政治正确"洗脑之下,真的以为可以靠"政治正确"战胜一切。

但有一点是可以确定的,欧洲人的傲慢是不会改变的。

一鲸落,万物生,欧洲的跌倒将是这个经济寒冬中,对咱们难得的机会。张开双臂大力吸引欧洲转移出来的产能,将是进一步提升中国制造业水平和科技能力的一次重大机会。

只不过,作为横行四海几百年的欧洲人来说,绝不会如此安安静静地退出历史舞台的中心。

黎明之前最寒冷,盛世之前尽刀兵,当你发现你的邻居就要揭不开锅的时候,除了善意,也得把自己家篱笆扎紧、柴刀磨利。

欧洲人持续 500 年的好日子终于要落下帷幕,世界的中心也终将从世界岛西北的一隅,重新回到过去 2 000 年的常态,重返东亚。历史的齿轮转动起来了。

(本文写作于 2022 年 9 月 23 日)

大崩坏：美欧形变，春秋之后无义战

全社会大暴躁

今天有个有趣的消息：法航两个飞行员，在飞机爬升过程中，在驾驶室里打起来了。

法国《论坛报》报道，打架的两名飞行员分别是机长和副机长，他们当时驾驶着一架空客 A320 客机从瑞士日内瓦飞往法国巴黎。飞机起飞后不久，机长和副机长就开始干架，机长说不小心碰到了不执行命令的副机长，副机长则说机长给了他一耳光，两人在驾驶室里扭打的声音，引来了其他空乘，终于把这两人拉开。为了保证飞行安全，飞行的全程，留了一名空乘在驾驶室监督两人。

自欧洲经济危机以来，全民火气旺盛，飞机上闹事的人不少。这次连开飞机的都暴躁起来，可见全社会的戾气到了相当的程度。

升斗小民都要冒着坠机的风险，揪住衣领发泄一下怨气，何况庙堂之上的贵族们呢。

英国候任首相特拉斯最近就很不客气。这个处处都要学撒切尔夫人的特拉斯在最近一次采访中，当被问及英国最近与邻国法国领导人马克龙"是朋友还是敌人"时，特拉斯回答说："没有定论"（The jury is out，陪审团还在审议）。言下之意，如果马克龙不好好表现，那么英国说不定也要对法国人动粗。

这个"是朋友还是敌人"的问题，在特拉斯之后的核弹评论之下，显得更加惊悚。还是在一次访问中，特拉斯狂妄地表示，只要情况需要，自己会毫不犹豫地按下核弹发射按钮,会把命令下给配备"三叉戟"导弹潜艇的舰长,告诉他,你的首相特拉斯在下令使用核武器,即使这"将意味着世界毁灭",因为这是"首相的职责"。

好在以大英剩下的那几条"三叉戟",想毁灭地球还差得有点远。大英海军最近因年久失修,核潜艇出了不少事故,总共4条带着"三叉戟"的核潜艇,到了2024年都要退休,2018年试射导弹,差点打到美国……

不管怎么说,原本文质彬彬的欧洲政坛,似乎突然多了许多"泼妇气"。几年前被嘲笑的特朗普式的嘴炮外交,现在成了欧洲领导人的常态。波兰人跳出来说,私自囤气的德国准备"二战"的勾当,要借机拿回"二战"中丢给波兰的领土,舒尔茨就是希特勒。匈牙利的奥尔班是特朗普的好学生,指着乌克兰和欧盟官员的鼻子,说他们都是精神病,要他们出示心理健康证明……

冬天还没到,欧洲这几个国家就开始自己干起架来,等到北风吹到,文斗肯定变武斗。挪威因为天然气涨价,这几个月赚了1 000多亿美元,结果挪威政府竟然欧洲第一个颁布禁令,当国内电力紧张的时候,禁止挪威电力公司出口任何电力。此举把油气不足、正指望邻居接济的瑞典和丹麦气得够呛,丹麦和瑞典内阁出来狂骂挪威人丧心病狂,简直有组建新北方联盟、开打第四次大北方战争的架势。

蛋糕够大的时候,有礼谦让不是难事,蛋糕变小到有人要饿肚子的时候,"温情面具"还能戴多久?

春秋之后无义战

蛋糕变小的时候,规则和法治都靠边站,美国人也不能免俗。

春秋之后无义战,当打仗的双方都是沾亲带故的贵族的时候,打仗与礼仪无二。春秋诸侯作战,讲究不重伤(不下死手)、不更射(不连射两箭)、不逐北(不追杀败退的敌军)。大家都是亲戚,仗打完了还得走动。

这与美国2012年之前的两党争斗何其相似。双方背后都是大资本,两边同朝为官,众参两院抬头不见低头见,各个委员会里都是对半分野,要定个预算、分个赃都得两边点头。名义上选战打一打,大家都有底线。

1865年内战结束之后,美国总统竞选就是春秋义战。表面上互相攻讦,其实私底下关系还不错。与春秋打仗一样,大家选战之前碰个头、画个圈,圈外的事情绝不涉及。比如双方的子女不能抹黑，双方的财务情况点到即止，不挖对手的刑事案件，等等。而且一旦成为总统候选人，基本上等于获得刑事豁免权，FBI、DOJ 不会对候选人正儿八经地提出任何刑事调查。哪怕"水门事件"，尼克松辞职之后也马上获得了后任总统福特的特赦。

说到底，都是为了让败选一方可以体体面面下台，事情决不做绝。毕竟帝国一直都在变大，蛋糕到处都有，和气生财。布什王朝登场，不会耽误洛克菲勒家族的地位，克林顿小石城横空出世，也不会碍着布什家在南方发财，但是当帝国在没有新征服出来的空间留给不断出现的新贵时，问题就出现了。

这种义战的状态一直维持到奥巴马政权末期。奥巴马第二轮任期，美国的全球化红利已经走到了尾声。历史上美国不断打垮德国、日本制造出来的空间，被东方某国吸得一干二净。互联网创造出来的巨额财富却自成一家，新富人（New money）神奇地组成了联盟，让民主、共和两党的老家伙们无法染指。没有额外的利益可以分封，这个时候就产生了一个大问题：败选的家伙们，没有了安慰奖。政治选举真的成了"winner takes all"（赢家通吃）的游戏。

这种情况下，你说美国的政客们还能温文尔雅地坐而论道吗？所谓政权和平更迭的温柔面纱被一把扯破。之前是赢了当总统议员，输了也有大企业高薪厚禄。现在是赢了照旧当总统议员，输了之后一无所有［因为大企业里那些位置，早已经被之前的人占满，而老派富豪（Old money）的美国企业，在过去十多年中并没有得到增长，也就没有那么多新岗位给输家。真正增长的都是新富人的互联网公司，这帮人又抱成一团，针插不进、水泼不进］。

比如之前著名的切尼在党内竞选失败之后，可以安安心心地去军火公司当 CEO，一年收上 1 000 多万美元；到了国务卿蓬佩奥下台的时候，竟然只有一个年薪 20 万美元的研究员职位。天差地别如此，败者还会甘然认输吗？

于是乎，特朗普这边冲锋队烧楼，拜登那边抄家拷掠，也就应运而生了。

余　味

美国的选举义战，已经随着帝国空间的不再扩张，走到了尽头。最近爆出芝加哥电气设备制造商 Tripp Lite 的董事长兼首席执行官巴雷·塞德，把自己全部身家

16 亿美元,全捐给支持特朗普和保守派法官的政治行动委员会。特朗普如此吸金,整个 2020 年选战也只筹集到 8 亿多美元(不包括共和党其他资金援助)。一口气拿到 16 亿美元,这么大手笔,如同春秋变为战国,"国人之战"变为"全民皆兵"一样,是个划时代的大事。(国人之战就是贵族战争,城濮之战,楚晋决战不过总共 8 万人。然而到了战国,随随便便都是 40 万人的大会战,义战终结,全民皆兵。)

当全副身家都压上的时候,哪还有什么义战可讲?

如果没有规则,2021 年火烧国会山,也许才是开胃菜。

(本文写作于 2022 年 8 月 30 日)

"帝国杀手"通货膨胀：从古罗马看新罗马

创纪录的通货膨胀

最近美国的通胀数字颇为惊人。2022年2月份通胀率达到了7.9%，已经达到了40年来的最高值。根据油价测算，3月份通胀率肯定要上两位数。

最近民众们发现，洛杉矶现在的油价已经与著名世界末日大片《我是传奇》里一样高了。

在如此剧烈的通胀之下，连彭博社都建议美国富裕家庭（年薪30万美元，折合人民币190万元），为了应对通货膨胀：不要开车，坐公共汽车；多吃扁豆，少吃肉……简直不可想象。

新罗马的故事，从古罗马说起

时局纷乱，身在山中的今人看不透今事，难识庐山真面目。新罗马的故事，从古罗马说起。

与美国一样，古罗马帝国也发行货币，但是古罗马的皇帝们铸币只有一个目的，就是支付他们的花费。但是后来，古罗马的皇帝们发现，帝国使用官方的铸币有很大的好处，因为这样可以极大地方便从帝国广阔的行省中获取税收，所以开始大规模推广。

但是古罗马帝国的货币数量，始终与帝国支出相一致（因为古罗马皇帝铸币就古罗马皇帝的收入有两个部分：一部分是帝国行省的税收，包括财产税，如人头税和土地税，也包括流通税，如关税、土地契税、奴隶交易税等；另一部分则是皇帝自己庄园的收入，从大理石矿到葡萄酒园，多种多样。

古罗马皇帝虽然收入很多，但是支出不菲。除了皇室和官僚用度以外，古罗马皇帝要为古罗马的基础设施建设（澡堂、斗兽场）掏钱，还要补贴从埃及向意大利运输谷物的货船，保证古罗马城的面包足够便宜，免得市民闹事。当然最大的支出还是维持一支庞大的常备军。在3世纪早期（东汉末年），古罗马的常备军保持在50万人的水平。

古罗马时期，士兵的收入不错，当兵一年的收入与一个熟练的木工相仿。军官的军饷则更高，在帝国的很多时期，军官的薪饷占到了帝国军费的1/4强。在战争时期，古罗马皇帝还要支付一笔额外的金钱，在帝国常备军之外，征召当地行省的辅助兵员。

根据史料估计，在2世纪到3世纪前后，古罗马帝国70%的预算用来支付军费。

古罗马共和国晚期的金币（图片来源：石俊志，《外国货币史漫谈》载于《金融博览》）

古罗马皇帝铸造金币和银币来支付这些费用，金币称为奥利斯（Aureus），银币称为第纳里斯（Denarius）。金币奥利斯主要用来大额支付和保存财富，而银币第纳里斯则是主要的货币单位（帝国中期，1金币可以换25银币）。

古罗马皇帝的支出总是巨大，而古罗马军队的脚步也总不停歇。帝国的税收几乎从来不够支付皇帝的用度，因此除了税收之外，古罗马皇帝还拥有许多金银矿，直接用开采出来的金银铸造货币以平衡赤字（这点新罗马比古罗马强得多，古罗马还要挖金矿，新罗马只需要键盘敲两下，连印钞机都不用，货币就制造出来了）。

但是地中海沿岸并没有巨大的金银矿，而帝国的赤字每年都在上升。因此，古罗马皇帝总是面临账单拍门、无力支付的情况。

这时，皇帝有两个选择：一个是延迟支付薪饷，等待自己的金矿挖出更多的金子来铸币；另一个则是掺水，铸造含金量和含银量更低的硬币。

一般来说，让军队饿肚子的皇帝，基本上没有长命的。因此，绝大多数的皇帝会选择掺水。不过掺水也有两种做法：一种是直接把硬币做小，另一种则是在金银币中掺入其他金属。显然直接把金币做小这个太明显了，容易引起不满。尼禄就曾经公开把奥利斯的重量减小，他的下场当然也就不是善终了。

有尼禄前车之鉴，在整个古罗马帝国的历史中，作为主要交易货币的银币第纳里斯的重量和尺寸基本保持不变。其含银量虽然日渐减少，但是因为减少的速度非常慢，所以也没有引起什么纷争。帝国的臣民们用着日渐缩水的第纳里斯，虽然谈不上开心，但是也没有什么更好的替代方案。

事物总是从量变到质变的，日渐缩水的第纳里斯终究还是酿出大祸。

2世纪晚期，一场严重的瘟疫传遍了古罗马帝国，史学家认为这场瘟疫应该是一次天花大流行。这场瘟疫杀死了帝国大约10%的人口，极大地动摇了帝国的财政基础。屋漏偏逢连夜雨，此时日耳曼部落组成了一个联盟，在帝国的北方接连攻克几个大城市。古罗马皇帝不得不动员巨大的军队北伐，没想到这一战就是好几年。而且这仅仅是开始，进入3世纪之后，从黑海沿岸到伦敦的广大北方疆域，被蛮族进攻及劫掠了多次。

外患不断，内患又来。古罗马帝国的皇位在3世纪中叶被几方争来抢去，几乎酿成内战。在政治动乱之下，古罗马的工商业大幅衰退，税收随之缩水，最多的时候下降超过50%。而古罗马皇帝几个世纪以来用于铸造新金币的金矿，也在这个时期日渐采空。按照现在的说法，古罗马陷入了违约危机。

除此之外，因为对皇位的争夺必须拉拢军队，导致古罗马士兵的薪饷水涨船高。3世纪中后期，在古罗马城附近的士兵的薪水，大概是100年前2世纪古罗马士兵薪水的8倍。因此，帝国的支出总额在短短几十年的时间里上涨了超过70%。

收入暴减，支出暴增，帝国破产在即。面临违约的古罗马皇帝，不得不对帝国的货币主动贬值。

自尼禄之后两个世纪基本不变的奥利斯从纯金的 7 克硬币，变成重量不到 1 克的金银合金。

作为主要货币的第纳里斯就更惨了，3 世纪早期，古罗马皇帝 Caracalla 先是宣布发行一个新币种——德第纳里斯，就是 2 个第纳里斯的意思，但是其重量只有原来第纳里斯的 1.7 倍，相当于第纳里斯直接贬值 15%。

然后到 3 世纪中叶，第纳里斯不但个头变得更小，而且含银量已经降到不足 40%，银币的表面都已经泛黄，包不住其中的铜了。如果不是因为罗马的铸造业非常先进，想出了用纯银包裹合金的办法，以铜代银的把戏早就被戳穿了。

到 3 世纪末期，第纳里斯的含银量已经低到连包裹一层银衣都做不到了，含银量已经低到 2%。银币已经如同我们的铜钱一样，发青发黄。如果按照含银量来计算，此时一整袋第纳里斯，才能换一枚 3 世纪初的第纳里斯银币。

在银币掺水之后，古罗马发生了可怕的通货膨胀。

一开始，古罗马帝国的商人们不会在意银币的含银量到底有多少，但是随着帝国铸币越来越没有下限，商人们开始失去对印着古罗马皇帝头像的银币的信任。

在整个 2 世纪，古罗马帝国面包的价格大概上升了 250%，年均通胀 1% 左右。到了 3 世纪，通胀的速度到了 10% 以上。市场上劣币驱逐良币，大家都把古代的银币留起来不流通，而用含银量更少的新币来购买东西。连续几年的恶性通胀之后，第纳里斯这个单位已经小到一个银币无法买到任何东西，因此古罗马皇帝加快了铸币数量，最高峰的时候，古罗马的铸币厂一天可以铸造 100 万枚第纳里斯。这样的恶性循环，让第纳里斯的购买力持续跳水。

到 3 世纪末期，帝国的经济已经陷入混乱。

如同国民政府发行金圆券一样，后来的古罗马皇帝试图改革币制，他们甚至推出了一种银币，把含银量标注在银币的背面（5%）。

经历了之前的以铜代银把戏的帝国国民，此时已经丧失了对帝国银币的信任，哪怕银币标注了含银量，还是不能阻止通胀的蔓延。

一计不成，又生一计，古罗马皇帝又颁布了限价令，强制商人必须以规定的价格出售商品，超过价格的话，商人将被判处死刑。然而，这种违反规律的限价令显然无法彻底执行。

在反复的恶性通胀之下，古罗马的经济彻底被摧毁。没有钱支付军饷的古罗马皇帝,被自己的禁军和元老院随意废立和杀死。3世纪中后期的50年中,古罗马换了26任皇帝,最终导致了四帝共治和疯狂的内战。

最终内战由君士坦丁一世胜出,古罗马的首都迁到君士坦丁堡,古罗马帝国(西罗马,东罗马坚持到中世纪)只剩一息苟延残喘了。

余　味

2世纪末期,一场大瘟疫叠加多次战争,引爆了古罗马的通货膨胀。古罗马皇帝花了100年的时间也没有制服通胀这头野兽,最终通胀引发争权内乱,争权内乱引发内战,内战引发分裂,最终帝国崩溃。

这样的故事是不是有点耳熟？历史不会简单重复,但是总会压着相同的韵脚。前事不忘,后事之师。

(本文写作于2022年3月20日)

800年仇怨终见曙光:爱尔兰统一和英国的归位

"国名瘦身"

英国可能是大国中正式名称最长的一个,英国的全名是大不列颠及北爱尔兰联合王国,长达13个字。不过这个绕口的名字,可能很快就会变得简洁起来。

2022年5月7日,英国北爱尔兰议会选举结果出炉,寻求与爱尔兰统一的民族主义政党新芬党取得历史性大胜,在90个议会席位中占据27席,并且将担任北爱尔兰首席部长一职。这是北爱尔兰自1921年成立以来,该职务首次由北爱尔兰民族主义者担任。新芬党领导人还没等正式结果公布,已经放出话来,5年之内举行北爱尔兰脱离英国重新加入爱尔兰公投。

一旦公投成功,那么英国就将退回英伦三岛,名字也只能从13个字的联合王国,改成大不列颠王国。到时英国的面积也将减少到不足21万平方公里,面积仅相当于日本领土的约一半,如果英国人有点自知之明,这个"大"不列颠王国的"大"字大概也没脸保留了。

从大不列颠及北爱尔兰联合王国变成不列颠王国,13个字的名字变成5个字,这瘦身效果可谓相当显著。这当然是玩笑话。不过这次新芬党的胜利和北爱尔兰脱英公投,可能真的会给英国和爱尔兰800多年的血泪纠葛画上一个句号。

第一块殖民地

爱尔兰是个历史悠久的国家,古罗马时代提出地心说的著名学者托勒密就曾经准确地描写了爱尔兰岛和岛上的凯尔特人。另一个罗马名人，提出著名"塔西佗陷阱"的塔西佗则给了爱尔兰一个响亮的罗马名字——"希伯尼安"，意思是冬之地，爱丁堡的球队希伯尼安足球俱乐部就得名于此。

墨西哥人曾说，墨西哥的悲剧在于离天堂太远，而离美国太近。喜爱自由的爱尔兰凯尔特人大概在800年前也是这么想的，离天堂太远，而离英格兰太近。800多年前的1155年，哈德良四世登上教皇宝座，他是第一位成为教皇的英国人。为了回报家乡的支持，他向英王亨利二世发了一份《褒扬令》，授予英王爱尔兰领土的头衔和统治权。随之英国大举入侵爱尔兰，吞并了整个爱尔兰岛，爱尔兰成为英国第一块殖民地。

然而，热爱自由的凯尔特人并不甘于被英国人统治，在英国人入侵殖民之后，武装独立斗争从未停歇，到1600年，斗争来到了顶峰。当时英王亨利八世因为要与王后离婚，被教皇逐出天主教，自建新教。笃信天主教的爱尔兰人群起反抗英国统治，并在9年战争中几乎将英国在爱尔兰的势力赶下大海。但都铎王朝还是凭借兵多将广，用蛮力镇压了爱尔兰的起义。

之后的200年中，虽然再无9年战争那样的大军叛乱，但是爱尔兰的独立运动从未停歇，借助法国人的支持，1798年爱尔兰又几乎独立成功。为了消除后患，英国通过了臭名昭著的《联合法案》，英国正式吞并爱尔兰，大不列颠及爱尔兰联合王国正式成立。

虽然从法理上英国吞并了爱尔兰，但英国想要的不过是爱尔兰的土地，并不把爱尔兰人当成大英子民。在吞并爱尔兰短短40年之后，惨绝人伦的大饥荒就爆发了。

天灾更是人祸的大饥荒

1842年，鸦片战争清朝战败，中国的历史从此改变。在大洋的另一边，一场前所未有的大饥荒也将爱尔兰的命运改写。

作为英国第一块殖民地，英国殖民者占据了大量的土地，而爱尔兰人则沦为佃户。英国从爱尔兰获取了海量的财富和粮食。仅1842年一年，从爱尔兰输送往英国的财富就达到600万英镑之多。要知道鸦片战争清朝的赔款是700万英镑（当时

3 两白银折合 1 英镑），相当于小小的爱尔兰每年都要赔上一个鸦片战争。

如此横征暴敛之下，原本以谷物为主食的爱尔兰人，被迫转向以土豆为主食，因为土豆比小麦产量更高。到 1840 年前后，800 万爱尔兰人，几乎都依靠爱尔兰白马铃薯果腹。1842 年，一种原本发生在墨西哥的马铃薯晚疫病传到爱尔兰，到 1844 年，爱尔兰 1/3 的农田歉收，这个比例在 1845 年涨到 1/2，在 1846 年涨到 3/4。

以土豆为主粮的爱尔兰人陷入饥荒之中。

为了解救饥荒的爱尔兰人，很多本地领袖向英王伊丽莎白要求开仓放粮，暂停向英国输送粮食，被拒绝。放开从北美进口廉价玉米赈济灾民的请求也被拒绝。甚至奥斯曼土耳其帝国对爱尔兰赈灾的款项因为超过了英国女王的捐款，让英国人脸面无光，都被英国人回绝。在饥荒最严重的 1846 年，爱尔兰还向英国出口了 18 万头牛、26 万头羊、18 万头猪、80 万加仑的谷物等足够支撑爱尔兰一半人口活命的食物。

爱尔兰独立领袖约翰·米歇尔在他的《对爱尔兰的最后一次征服》一书中写道：的确，万能的上帝为爱尔兰派来了马铃薯晚疫病，但制造饥荒的却是英国人。而米歇尔也因为这句流传百年的金句，被英国人判处流放百慕大群岛 14 年之久。

内有饥荒、外有人祸的爱尔兰人，大面积因饿病而死。据统计，饥荒总共造成 100 万－150 万人死亡。被死亡威胁的爱尔兰人不得不离开故土，1846－1851 年短短 6 年间，就有超过 100 万爱尔兰人逃往北美，20 万人逃往英国或欧洲大陆。饥荒让爱尔兰人口在短短几年中减少 1/4 之多。

饥荒发生之前的 1841 年，爱尔兰人口达到 817 万；饥荒结束 160 年之后，爱尔兰及北爱尔兰人口总和仅 600 多万。英国人对爱尔兰人的罪行在百年之后都没有抚平。

凯尔特人永不为奴

被奴役、被饿死、被流放，新仇旧恨叠加，继承了凯尔特人祖先顽强性格的爱尔兰人从未停止过对英国殖民者的反抗。1916 年，英国深陷第一次世界大战泥潭中，爱尔兰爆发了复活节大起义。1919 年，新当选的爱尔兰本地议员拒绝在英国下议院任职，自行组建了爱尔兰议会，谋求独立，同时一支名为爱尔兰共和军的游击组织开始广泛地袭击英国在爱尔兰的派驻机构。刚刚在"一战"中元气大伤的英国,无力在爱尔兰再进行一场全面内战。1921年英国无奈签署停战条约,1923年爱尔兰自由邦成立,1949年爱尔兰共和国成立,从1177年到1949年,772年的斗争之后,爱尔兰人终于重获自由。

但是,1921年的停战条约中留了一个尾巴:爱尔兰北部六郡不在独立的爱尔兰自由邦之内,英国仍然领有北爱尔兰约180万人的治权。北爱尔兰内部存在两派人马:一派是"联合派",希望留在英国;另一派是"民族派",希望脱离英国,实现爱尔兰统一。狡猾的英国人也成功挑起了两派的争斗,自己坐收渔翁之利。从1960年开始,两派的争斗从政治纷争转化为血腥的武装冲突,英国也趁势在1972年收回了北爱尔兰的自治权。

寻求爱尔兰统一的北爱尔兰民族主义者组成了新的爱尔兰共和军,他们效仿老共和军的经验,在北爱尔兰土地上以游击的战法,不断袭击英国人和亲英国的北爱尔兰官员。时任首相撒切尔夫人对北爱尔兰统一运动实行铁腕镇压,北爱尔兰被捕的独立人士有多达10人在监狱中绝食而死。坚持抗争的爱尔兰共和军也还以颜色,1984年10月12日,撒切尔夫人所在的保守党在布莱顿饭店开会,爱尔兰共和军在饭店布设炸药,制造了布莱顿饭店爆炸案,当场炸死4人,炸伤34人,撒切尔夫人惊险避过一难。

血腥冲突持续了30年之久,在造成3 500多人死亡之后,英国终于与爱尔兰共和军停战。双方签署了《贝尔法斯特协议》,部分恢复了北爱尔兰自治权,同时爱尔兰共和军宣布停止武装袭击。

弃戎从笔,百年斗争

放下了炸药包的爱尔兰共和军并没有放弃他们寻求爱尔兰统一的努力。他们弃戎从笔,通过议会斗争的方式,继续统一大业。他们的政党叫做新芬党,来自爱尔兰语 Sinn Féin,意为"我们自己"。

他们参加英国下议院的选举,也取得了席位,但是他们当选的议员全部拒绝对英国女王宣誓效忠,所以从来没有参加英国国会会议。在不需要宣誓效忠女王的北爱尔兰议会中,他们则克服经费和主流媒体的压制,逐步从亲英的民族统一党和阿尔斯特统一党手中夺取议席。2020年,他们成为北爱尔兰议会第二大党,在本次选举中,他们创纪录地在90个议席中获得了27个席位,一举超越民族统一党,101年北爱尔兰首席部长一直被统一党人士占据,而新芬党副主席米歇尔·奥尼尔将成为第一个主张爱尔兰统一的北爱尔兰首席部长。

激动的新芬党主席甚至在选举结果公布之前的5月6日,就已经在采访中放话,现在需要为统一爱尔兰的公投做准备,公投可能在5年内举行。

虽然目前来看,公投脱英面临很大的挑战,民意支持也可能随时逆转,但是毕竟脱英公投这件事能够举办,就是北爱尔兰脱英的一大胜利。退一万步说,2016年英国脱欧公投,当时英国精英们也十拿九稳地认为脱欧肯定无法通过,后来惨遭打脸。谁敢说北爱尔兰脱英公投不会复刻英国脱欧的历史呢?

通过公投退出欧盟的英国人大概想不到,短短6年之后,自己也要倒在公投之下了。

只顾抬头看天,忘了低头看路

新芬党的胜利和北爱尔兰脱英公投,完全是英国人自作自受。

英国在北爱尔兰的统治,原本是很坚固的。借助经济赎买和扶持亲英本地政党统一党,英国对北爱尔兰政局的掌控原本固若金汤。但是2022年并不是200年前日不落帝国鼎盛的1822年,英国的实力已经今非昔比。

进入新千年之后,英国只能在面子上保留一丝大国的颜面,国力已经根本不能支撑其大国的地位。经济实力从1950年仅次于美国和苏联的世界第三,到2019年已经跌到世界第六,甚至低于其前殖民地印度。虽然疫情导致印度GDP缩水,让英国重新回到第五位,但发展乏力的英国估计很快还是会把交椅让出来。

在疫情暴发之后,第一个尝试"躺平"的英国经济更是雪上加霜。根据英国央行的预计,2022年英国GDP将负增长,同时通胀率会高达10.2%。因为脱欧导致劳动力紧缺,在2021年甚至闹出了油荒、肉荒。3天前,英国央行的经济展望,预计英国的失业率将上升到5.5%,流失60万个工作岗位,英镑快速贬值,成为2022年表现最差的3个主要货币之一,甚至连遭受制裁的卢布,表现都比英镑强势。

在这种内忧外困的时候,英国人还在做它的大国美梦,总是试图对别国指指点点,彰显其存在感,而忘了一团乱麻的国内事务。就在英国自己赤字高垒、预算紧张的时候,鲍里斯·约翰逊首相还是向乌克兰"捐赠"了13亿英镑的援助,而已经积压了600万台手术、急需支援的英国国民医疗服务体系,却从英国政府那里拿不到补充的预算。

约翰逊显然认为跟着美国的指挥棒跳舞,维持表面上的大国面子工程,比自己的国民更重要。在基辅刚刚解围之后,他就忙不迭地访问基辅,与泽连斯基在基辅大街上作政治秀;但是奥密克戎在英国暴发,累计新冠死亡人数接近18万的关口,感染过新冠还在ICU差点命丧黄泉的他却没有给防疫前线医护任何关心。只因为战争前线比医护前线"面子"上更好看。

在英国醉心维持其表面上的日不落帝国地位、树立与其实力已经脱节的"全球英国"的形象,而忽略了已经火烧眉毛的本国危机之后,也难怪北爱尔兰民众用脚投票。原本愿意留在英国的民众,很多有经济上的考虑,现在英国的经济如巨石坠海,面临硬着陆,而爱尔兰还留在欧盟之中,并且近年来由于避税和其他原因,苹果等大型跨国企业在爱尔兰设立总部,爱尔兰经济发展强劲,一正一反之间,民心向背逆转。

世界大势,浩浩荡荡。英国从区区三岛,借助工业革命的东风,横扫世界,创造出人类历史上第一个全球帝国,如今创新乏力、内乱不断,英国也只能一步一步缩回其原本三岛的地盘。历史走出了一个轮回。

北爱尔兰从英国独立还有很大的变数,毕竟5年的时间很多事情会发生变化,现在尚在骑墙的北爱尔兰民心也有可能随风转换。但是这次新芬党的胜利,其实标志着英国的实力已经自顾不暇,是对英国地缘政治实力的一记警钟。

"二战"之后,英国的殖民地逐渐独立,英国的势力范围也缩回欧洲。现在北爱尔兰出现裂缝,谁能保证10年之后,同为被英格兰人征服的苏格兰人不会谋求独立呢?如果英国退到英格兰一隅,它还有资格成为"五常之一"的世界大国吗?如果英国的这些政客还执迷不悟,沉浸在"日不落"的美梦之中,只会加速英国从世界大国沦落到区域大国甚至一般国家这一进程。

大不列颠总是被中文世界称为英国,这一名称来自英格兰/英吉利的古老翻译,应该说很不准确。但是如果英国政客们再不改弦更张,指点别人之前不先管好自己家务事,一步一步分崩瓦解的大不列颠,可能真的把祖宗千年的基业折腾得只剩下"英国"了。

华盛顿最后一个俄国佬：
俄罗斯驻美大使阿纳托利·安东诺夫

冰冻的官邸

在华盛顿特区西北16街上，有一栋被称为乔治·普尔曼夫人之家的古朴四层小楼。这栋1910年建造的小楼，出自设计过白宫西翼和著名的椭圆形办公室的传奇设计师——内森·科威斯·惠斯之手。110年前，这栋小院被俄国人买下，成为整个华盛顿市中心最喧闹的一角，苏联驻美国大使馆就曾坐落在这里。直到苏联传奇建筑师、设计过克里姆林宫国会大厦的迈克尔·波索欣亲手打造了著名的威斯康星大道"白盒子"，俄罗斯大使馆才搬到威斯康星大道2650号的现址。之后，这里就变成了俄罗斯驻美国大使的官邸。

据说在小楼之下，还留着40多年前联邦调查局和美国国家安全局为了窃听苏联人而修筑的一条地道。

见证过美苏争霸波澜壮阔历史的普尔曼夫人之家，之前往来无白丁的热闹所在，突然变得门可罗雀。这栋房子的主人，俄罗斯驻美国大使阿纳托利·安东诺夫，在 *Politico* 杂志的采访中直言，没人愿意同他说话，原本喧嚣的普尔曼夫人之家似乎已经被美国人冰冻了起来。

文武双修的"牛头梗"

阿纳托利·安东诺夫外号"牛头梗"，在西方政界以强硬派著称。67岁的安东诺夫,毕业于俄罗斯外交官的摇篮——莫斯科国际关系学院。但是与一般的书呆子不同,安东诺夫文武双修,光从他的博士论文题目"核军控对于国家安全和国际安全的影响"就能看出他的霸气。

1978年毕业之后,他直接进入苏联外交部和后来的俄罗斯外交部,一干就是30多年。1990年入伍,成为外交官兼军官,长期活跃在核武器和生化武器军控领域。

2011年,因为其在外交和军事领域的卓越表现以及扬名西方的强硬态度,被普京相中,"投笔从戎",从外交部一步高升到俄罗斯国防部副部长,给现在操刀俄乌冲突的绍伊古将军做副手。在他任内,俄罗斯成功夺回了乌克兰克里米亚半岛,他也因此荣获了"克里米亚光复勋章"。除勋章之外,也收获了加拿大和欧盟对他个人的制裁。

在国防部干了5年多,他又返回了人才凋零的俄罗斯外交圈,出任俄罗斯副外长。

从他的职业轨迹可以看出,专业和强硬一直是他的标签,在能吏稀缺的俄罗斯官场,他这样专业而有经验、忠诚而又强硬的"德才兼备"型人才,的确珍贵。

也正是由于此,他也就成了四面解难的救火队长。

希拉里"克星"扑了个空

2016年美国大选,希拉里对阵特朗普。在这场必定载入史册的大逆转揭晓之前,世界各国都认为希拉里必定获胜,俄罗斯也不例外。

当时俄罗斯驻美国大使谢尔盖·基斯利亚克因为深度参与了特朗普臭名昭著的"通俄门",显然已经成为希拉里的眼中钉、肉中刺。预计到希拉里上台之后,必定与俄罗斯交恶,克里姆林宫只得把已经干了8年多的基斯利亚克召回。但是,换谁去则成了一个大问题。

美俄关系特殊,一方面输人不输阵,绝对不能在气场上逊色于美国,必须维持俄罗斯的声威;另一方面又要能够在极度"反俄"的环境下开展工作,需要一个粗中有细、文武双全,能大棒乱挥也能绣花缝边的人物才撑得起来。思来想去,也只能让已经当上副外长的安东诺夫来顶一顶了。

谁知2016年特朗普大逆转,美俄关系转暖,但是此时换人又似乎坐实了特朗普的"通俄门",开弓没有回头箭,原本准备去美国吵架的安东诺夫,也只能按照原计划赴美上任了。

没想到,短短的救火之旅,一待就是4年多。

"瘟神"和"假新闻"

美俄关系可能是地球上对人类文明安全最为紧要的外交关系之一。因此,不管是出于外交目的,还是刺探情报,俄罗斯大使在美国始终是聚光灯的焦点。

然而随着俄乌冲突一声炮响,安东诺夫发现,自己似乎变成了人人避犹不及的"瘟神"。国会山上的众议员和参议员们,都拒绝与他公开或私下交流,合影更是大忌。白宫上下也都拿外交辞令搪塞他,让他见不到任何重要的官员。

这种"瘟神"的待遇,一部分来自"假新闻"的波及。

就在俄罗斯与乌克兰开战的前几天,当时还没有被所有人拒之门外的安东诺夫接受了CBS的老牌政论节目——《面对国家》(Face the Nation)的专访,他在采访中反复强调,"俄罗斯入侵乌克兰的计划纯属子虚乌有,是北约的捏造"。甚至在进攻行动开始之后几个小时,他还公开回击彭博社的俄乌开战速报是假新闻。

安东诺夫的"否认",让美国人想起日本人在珍珠港偷袭时的场景。当时日本为了迷惑美国,日本驻美国大使馆在长达9个月的时间里向美国反复强调"和平意愿",甚至到开战当天,还特意把宣战文书搞成有14个部分的超长文件,把宣战的消息特意放在第14部分中。以至于日本已经在12月7日12点半空袭了珍珠港,日本大使送交美国的宣战文书还没有翻译打印完毕。

其实"假新闻"事件也并非安东诺夫的本意。作为职业外交官,安东诺夫的风格还是很高的。只不过自从他2017年赴美上任以来,原本对他青睐有加的普京,就再也没有与他一对一地通过话,他向克里姆林宫的报告,也悉数由克宫的工作人员转交普京。

一个4年多都没与最高决策人通过话的"断线"大使,又如何能知道俄军的虚实和普京的实意呢?在国会山上的美国人,明知安东诺夫嘴里不会有任何有意义的内线情报,又怎么会冒着"通俄"的风险,与安东诺夫会谈、做没有收益的事情呢?

在美国人看来,安东诺夫与俄罗斯国家电视台重复老调观点的新闻主持人并无二致,谁还有动力去找一个年近古稀的秃头老汉,听重复了几十遍的陈腐观点呢?

柴可夫斯基和厨子

其实不光安东诺夫,整个美国都陷入了极度的"恐俄症"之中。

原本特朗普时期,"通俄门"阴影之下,主张对俄和解,甚至联俄抗华的政客们都被舆论大加鞭笞,认为是特朗普"通俄"的同伙。很多共和党人明哲保身,不再谈论俄罗斯相关的话题。更多的则是落井下石,通过攻击俄罗斯,证明自己的清白。

俄乌冲突爆发之后,向俄罗斯人竖中指变成了政治正确。甚至骂俄罗斯骂得轻了的政客都会被戴上"同情纳粹"的帽子,连福克斯新闻的主播们也渐渐不敢说俄罗斯的任何好话。在这种"恐俄"的大环境下,不但活着的俄罗斯人遭白眼,连死去的俄国人都不能幸免。普希金的诗不再有人读,柴可夫斯基的乐章也被废弃。

原本俄美官方之间充斥的紧张情绪,更是借着这个机会喷涌而出。

原本在华盛顿的俄罗斯大使馆有超过270名俄罗斯外交官,现在已经只剩170人。就在4月24日,美国驱逐了俄罗斯驻华盛顿大使馆的二号人物、公使衔参赞谢尔盖·特雷佩尔科夫,让原本冷清的普尔曼夫人之家更加人丁零落。

就算没有被驱逐的俄罗斯外交官,日子也渐渐难过。门口被陌生人封住,银行账户无故被冻结,莫名其妙的恐吓信和恐吓电话,让俄罗斯外交官们不能安枕。旧金山和西雅图的领馆早已被关闭,休斯敦和纽约两个领馆的银行账户也被冻结,让仅剩不多的外交官无法领到薪水。甚至连安东诺夫的厨师都被驱逐出境。吃不上地道红菜汤的安东诺夫大倒苦水:"一个厨子能对强大美国的国家安全造成什么威胁呢?"

倔强的斗士

重压之下的安东诺夫并没有放弃,既然官方没人愿意听他说话,那他就跟美国人民去说,跟一切愿意把耳朵借给他的人去说。

他广泛参加各种智库演讲、各种媒体采访,在大使馆举办观影会、爵士音乐会,甚至搞过一段时间播客。

面对质疑他与普京4年多没有直接联系的攻击，他辩护说：为什么要给遍地的FBI探员窃听普京总统的机会？

他一方面对俄乌战争中的人命伤亡和平民灾难表示难过，另一方面又坚定地攻击美国和北约是造成这一切的终极原因。

他引用基辛格的地缘政治学说，为俄罗斯与乌克兰开战辩护，又大声疾呼美国是偷了俄罗斯存款的大盗（指美国对俄罗斯的制裁）。

他意识到，哪怕在华盛顿什么门也敲不开，仅仅他的存在，就是俄美关系的一种象征，是避免大国毁灭性冲突的最后一道防线。从这点上说，他和与他同病相怜的美国驻俄罗斯大使——"在莫斯科的最后一个美国人"——约翰·苏利文一模一样。巧合的是，约翰·苏利文也是从副国务卿的位置上（等同于安东诺夫的副外交部长职位）入驻莫斯科的，也许美俄两个超级大国都意识到，两国关系行将恶化，需要老成持重的宿将来掌帆穿浪。

美俄关系是人类和平的压舱石之一。在乌克兰战事迁延不决、美国军事和经济援助乌克兰愈演愈烈的今天，俄美冲突的危险性前所未有地高。也许这个时候，安东诺夫和约翰·苏利文这样的老兵才越发珍贵。

就如安东诺夫在采访中说的一样：你们（美国）需要确定我们（俄罗斯）到底是你们的什么人，是合作伙伴，是竞争者，还是对手？或者我最不想用的那个词"敌人"。

勒庞：贞德再生抑或恶魔女儿

恶魔之人

1957年，一个名叫让-马利的法国外籍兵团第一伞兵团的中尉，从越南的血海和阿尔及利亚的败退中，失意地回到巴黎。让-马利是个渔民的儿子，1942年他14岁的时候，父亲出海碰上了英军布设的水雷遇难，把他变成了一个孤儿。带着两颗十字勋章回到法国的让-马利，觉得这个国家让他感到无比陌生。他感到，自己在海外浴血奋战，带来的却是越南人和北非人蜂拥来到巴黎，抢占了许多工作，像他这种热血的法国人，反而找不到立足之地。

几年之后，他创办了一个带着强烈民粹主义和排外主义的极右小政党，名叫"国民阵线"。让-马利也就是这次与马克龙争夺总统宝座的勒庞的父亲，老勒庞。

在法国，极右原本是个巨大的禁忌。历史上法国的极右翼势力因为在"二战"中与德国纳粹合作，建立了臭名昭著的维希法国，被大众所唾弃，原本的"一战"战争英雄贝当元帅，也背上了"秦桧式"的骂名。极右翼思潮成为法国人不愿面对的一道伤疤。本来以民族主义为代表思潮的极右翼，在法国反而变成了卖国求荣的代号，不得不说是法国独有的诡异。

继承了维希法国和贝当元帅衣钵的极右政党，自然也不为大众所接受，老勒庞因而也得到了"Le Diable"（恶魔）的绰号。

被欺凌的恶魔女儿

现在要与马克龙角逐法国总统宝座的玛丽娜·勒庞,是老勒庞的第三个女儿。在姐妹三个中,她其实并不是最外向的那个,也不是老勒庞最喜欢的女儿。大姐比玛丽娜更政治化,而二姐也很早就负责组织党内大型政治活动,唯独玛丽娜从来不见踪影。没人会想到,三姐妹中,最终继承父亲衣钵、彪悍地率领戾气深重的一群大男子政棍在法国政界搞得天翻地覆的竟是妹妹玛丽娜。

原本喜欢安静的玛丽娜,却因为自己的姓氏而不得安宁。

老勒庞国民阵线党建立的时候,玛丽娜刚刚4岁。随着父亲"恶魔"外号日渐闻名,玛丽娜·勒庞的童年也日渐蒙上阴影。因为父亲的极右主张和恶名,玛丽娜发现她周围的小朋友的爸爸妈妈们逐渐不让他们的子女跟自己一起玩,发出的邀请也都石沉大海,毫无回音。等到玛丽娜上了学,她也发现学校里有些老师对她的态度特别恶劣,甚至有些老师会故意刁难,几近欺凌。小小的玛丽娜,从幼儿开始就亲身体会到人心的险恶。在玛丽娜·勒庞的自传《逆流而上》中,她回忆说:父亲的政治就是针对我的暴力的开始,而自己就是从伤口中长出来的儿童。

令她没想到的是,世人的冷眼和排斥,不过只是前菜。父亲给她带来的苦难,远不止于此。

1976年,有人把5公斤的炸药放在勒庞一家在巴黎的住所——Villa Poirier公寓楼——的正门台阶上,一声巨响之后,大楼的前部全被炸毁。

时年8岁的玛丽娜和两个姐姐正在家中,万幸之中并未被爆炸波及。虽然身体没有在爆炸中受伤,但是心理上却留下了一道巨大的伤疤。原本就受到排斥的玛丽娜,发现自己彻底被"流放"了。因为"危险"的父亲,最后的朋友都离她而去,之前所剩不多可以让她去玩的派对,也因为"安全顾虑",对她关上了大门。所有姓勒庞的人,似乎永远被别人当做异类,环视四周,全是敌意。学校的老师也好,教堂的神父也好,似乎所有人都在努力让小玛丽娜明白,自己的父亲是多么招人痛恨。

玛丽娜·勒庞第一次真切地感受到,自己是被烙上"不受欢迎"烙印的"恶魔女儿"。

勒庞一家被炸毁的住所(图片来源:Getty Image)

第二次爆炸:"天下人尽负我"

如果说 8 岁时的家园爆炸案震撼了勒庞的世界观,那么 16 岁时被母亲抛弃,则改变了她的性格。

1984 年,勒庞 16 岁,母亲皮埃尔特·拉兰突然不告而别离家出走。这一年,老勒庞找了一位记者帮自己撰写自传。三来两去之后,勒庞的母亲拉兰与这名记者日久生情,抛下 3 名女儿,两人私奔。

由于老勒庞的恶名,随后的离婚官司变成家长里短的"大瓜",本来仇视老勒庞的媒体也借机落井下石,把这桩丑陋的离婚官司搞得尽人皆知。

老勒庞夫妇在法庭和媒体上隔空对骂,把见不得人的家事拿出来互相攻击。老勒庞嘲讽拉兰,是为了钱才把离婚搞得如此沸沸扬扬,"如果没有钱,她(拉兰)大可以去当清洁工"。而性格刚硬的拉兰则一不做二不休,直接跑到《花花公子》杂志,穿上女仆装大拍色情照片,反击老勒庞的"清洁工"言论。杂志出版之后,玛丽娜·勒庞几乎无法去学校上学,封面上母亲的裸照让她感到无比耻辱与难堪。

母亲离家出走,父母恶语相向,让勒庞无比痛苦。母亲离开之前,连句道别都没有跟自己说,离开之后又闹得天下皆知,不但朋友、老师全都冷眼相待,现在连父母都不要自己了,正处在青春叛逆期的勒庞感觉自己似乎是多余的人。玛丽娜·勒庞在自传中回忆,当时对她的打击是如此之大,以至于母亲不辞而别之后的一个半月时间里,她天天呕吐不止。

不过正是由于母亲拍裸照报复父亲的极端行为,让玛丽娜·勒庞与"恶魔"父亲老勒庞的关系转暖。母亲离家出走两年之后,18岁懵懵懂懂的勒庞加入了父亲的国民阵线党。勒庞回忆说,这件事情让她意识到,在"全世界与我为敌,天下人尽负我"之下,她必须刚硬、坚强,哪怕父母至亲,该舍弃的都可以舍弃。可以说勒庞敢想敢干、行事果决的性格就锻造自母亲的极端行为,也给她27年之后"大义灭亲"埋下了导火索。

青年时期的家庭不幸,似乎也遗传到勒庞的身上。背负着勒庞这个恶名,年轻时颜值出众的勒庞并没有太多选择。1997年,她与国民阵线的一个业务主管弗兰克·乔夫罗伊结婚,不久之后连生3名子女。然而这段露水婚姻没有维持多久,2000年,刚刚结婚3年,子女尚在襁褓之中的勒庞就与丈夫离婚,成为单亲妈妈。

两年后的2002年,勒庞又与国民阵线负责选举的秘书埃里克·洛里奥结婚,这段婚姻也没能维持多久,2006年双方感情破裂,勒庞再次离婚。2009年,勒庞又与国民阵线秘书长路易斯·艾略特开始同居,然而过去短暂而痛苦的婚姻经历,让勒庞再也没有结婚的勇气。在同居10年之后,2019年两人的关系正式破裂。

也许,充斥着争吵、分离和摔门声的童年,以及"天下人尽负我"的经历,注定了勒庞一生坎坷孤独……

逼上梁山,政治病毒

目睹父亲和他的政治事业给自己家庭带来的破坏之后,勒庞本不想从政。她给自己的规划是当个律师,尽快离开这个"不正常"的家庭。

18岁勒庞考入巴黎第二大学学习法律,1990年获得法律硕士学位,1992年又在巴黎上诉法院律师专业培养学校获得刑法高等深入研究文凭,并成功加入巴黎律师协会,执业成为一名刑事辩护律师。她先是在家族友人的律师事务所工作,1994年开始自立门户,成立了自己的律师事务所。

据当年与勒庞熟悉的律师们说，勒庞是个颇为出色的律师，是个带着坚定的信念、勇气及求胜心去打每一场官司的斗士。然而，背负着"勒庞"这个姓氏，不管玛丽娜·勒庞如何切割和逃走，她还是不能离开父亲的阴影。没有人想让臭名昭著的极右"纳粹"替自己辩护，法庭的法官似乎也会因为老勒庞的恶名，传染、波及勒庞的客户。在老勒庞的恶名之下，玛丽娜的事务所总是不能招揽到客户，苦苦支撑几年之后，她不得不将律所关门。

1998年，原本想要远离让她无比痛苦的家庭的勒庞，在世人冷眼、母亲抛弃、事业失败之后，不得不重新踏上政治这条道路。她加入父亲的国民阵线，开始从政。勒庞曾在《经济学人》的采访中提道："我想做其他事情，但政治是一种病毒，染上了它，就摆脱不了。"

勒庞不得不住回了勒庞家族的"红楼"。这栋红色的三层楼房是国民阵线党员、一名水泥富商死后当做遗产赠送给老勒庞的。1976年勒庞家遭遇炸弹袭击之后，全家就搬到了这座红楼，一住就是40多年。

勒庞在这栋楼里与父亲一起住到2014年。当时她与父亲已经势同水火，2014年夏天的一天，老勒庞的狗咬死了玛丽娜女儿的宠物猫，让爱猫如命的玛丽娜大为光火（勒庞曾说，自己曾经有很多次想要放弃一切，开一个养猫馆），当即决定从红楼搬出。

当时的勒庞也许没有想到，与父亲的矛盾，才刚刚开始。

六亲不认的"贞德"

勒庞虽然是"二代"，但是并非钦定接班人。"大男子主义"的父亲并不完全信任一个女人能带领自己创立的政党。这也不怪老勒庞偏心，综观欧洲政坛，对男权有着极度迷恋的极右政党极少由女将当家。

然而玛丽娜·勒庞天生就是一个斗士，极强的好胜心让她不甘屈于人后。她扎根党派基层，塑造自己的民望基础，打造基本盘。既然极右政党女性稀少，她就反其道而行之，照样梳着金色齐肩发，丝毫没有一点男性化的打扮来取悦党内的老顽固。每日始终架起十二分的笑容，和蔼可亲，但是说话办事却雷厉风行、果断决绝，再加上她天生的烟酒嗓，与她的外表形成强烈的反差。

一个金发碧眼的妙龄女子，却用低沉沙哑的嗓音，喊出动人心魄的演讲和极具煽动性的虎狼之词，这种错配让勒庞比粗鲁乱来的老勒庞更得人心。

2002年是勒庞一家的转折点，就是在这年总统竞选中，老勒庞第一次杀入第二轮，国民阵线党从一个边缘小党第一次站上大舞台。这年也是玛丽娜·勒庞的起飞之年。2002年总统竞选之前，一个左翼电视台想要做一个公共辩论，为了平衡观点，电视台邀请了国民阵线党老勒庞的竞选经理兼其指定接班人布鲁诺·戈尔尼什出席。这显然是个鸿门宴，是个出丑的活。戈尔尼什当时已经意识到玛丽娜·勒庞对自己接班是个巨大的威胁，因此自己拒绝出席，安排玛丽娜参加节目录制。没想到，这个33岁默默无闻的失败律师，在电视节目中大放异彩，哪怕反对勒庞的人也不得不承认玛丽娜的确机智过人、巧舌如簧。戈尔尼什的妙计反而搬起石头砸了自己的脚，就在勒庞露面几天后，一家周刊发出了这样的标题："国民阵线新气象？玛丽娜！"

在党内深耕12年之后，在原本温和派天然被厌弃的极右政党，勒庞却成功赢得了党内多数人的支持。

2011年，依靠党内声望，温和派的玛丽娜击败了父亲老勒庞中意的继承人国民阵线党副主席戈尔尼什，以68%的得票率成功登上主席宝座。父亲老勒庞成为"荣誉主席"，退居幕后。

然而老勒庞并没有就此颐养天年，他还是到处接受采访，鼓吹民粹主义。2015年，老勒庞发表了一系列暴论，包括在接受电台采访时提到了纳粹德国的犹太人大屠杀、集中营毒气室，只是"历史的一个细节"，舆论哗然。

对于当时正在忙于选战、准备把国民阵线这个极右"恶棍党"温和化和去污名化的勒庞来说，老勒庞的这番言论无疑让她4年以来的努力付诸东流。对于玛丽娜来说，似乎27年前，母亲不告而别，还到色情杂志拍裸照羞辱自己的一幕再次重演。唯一不同的是，现在的勒庞，不再是16岁时只会痛哭呕吐的那个小女孩。玛丽娜·勒庞当机立断，将父亲开除出党。为了维护国民阵线党的名望，不惜前后三次与父亲对簿公堂。

在几年的时间里，勒庞断绝了一切与父亲的联系，只有零星的中间人传话。父亲亲手建立的政党的名字也被勒庞从国民阵线，改为不那么暗示暴力的国民联盟（Rassemblement National）。

之所以能做到如此决绝，是因为勒庞心中丘壑比家常私情更加广阔。老勒庞说过：作为右派，法国人天然厌弃我们，除了生死关头，不会让我们获得权力。但是过去法兰西否极泰来，例如圣女贞德，就是在法国快要消失时出现的。

玛丽娜也认为法国和法国文化，在伊斯兰移民和全球化的冲击下，已经到了生死存亡的关头，法兰西人民正在渴望贞德一样的救世主，而这个救世主，为什么不能是自己？

玛丽娜·勒庞有意无意地将自己与贞德联系起来。每年5月1日，贞德纪念日，勒庞总是会到巴黎歌剧院广场，向圣女贞德像献花，她还替女儿取名贞德（Jeanne）。在竞选过程中，勒庞也总是有意无意地把贞德的形象用在各种宣传材料之中。

也许在玛丽娜·勒庞的想法中，她就是天命注定的那个举起鸢尾花旗（fleur-de-lis）、要拯救法国于水火的圣女英雄。为了实现这个目标，当然大义灭亲也在所不惜。

自比法国救世主的勒庞，哪怕与父亲不合，但是依然高举起了父亲的旗帜。她打出"法国优先"的旗帜，大力反对移民，反对全球化，在选战最激烈的时刻，不惜祭出"穆斯林头巾禁令"，禁止在法国公共场所穿戴头巾。法国左翼对她的这一政策暴跳如雷，认为会引发法国内战。

如今，53岁的勒庞，已经不复当年之勇。在最近结束的长达2小时45分钟的最后一次总统辩论中，原本以进攻犀利著称的勒庞，在面对比自己小好几岁的马克龙之时，尽在守势，似乎有点失去了棱角。

电视辩论结束之后，民调显示，勒庞落后马克龙10个百分点，似乎总统宝座又一次要失之交臂。

在知天命之年的勒庞，能否圆她的"贞德梦"？

经世录

亚洲篇

日本枪击案背后日本社会的向心坍塌

"美国式"枪击和治安崩坏

之前的日本,以社会稳定出名。

然而"特别安全"的日本,最近突然不安全了。

2023年5月25日,日本发生了一次"美国式"的随机枪击杀人事件。

日本中野市议会议长青木正道的儿子青木正典,突然在大街上用刀随机追砍女性。杀死一人之后,又用猎枪当场击毙了巡逻车中的两名警察,后来在返回议长官邸的路上又杀死一人,震惊了日本社会。

而就在同一日,东京又发生了一起枪击事件,在繁华商业区,一人腹部中枪,重伤送医。

日本的治安好像一夜之间崩坏了。

统计数字也很能说明问题,2022年日本发生刑事犯罪事件60.1万件,时隔20年第一次犯罪数上升,比2021年增加了6%。而且越是严重的犯罪,增长得越快。抢劫、伤人、强奸、凶杀案件增长了8.1%。连日本人也觉得,似乎原本安定的日本社会,好像不太正常了。

一亿总中流的错觉

一般来说,一个国家经济衰退经常伴有犯罪的激增。但是日本1990年泡沫破灭之后，犯罪率在短暂上升后又马上快速下降，成为全世界刑事犯罪最少的国家。日本人自己给出的解释是这样的，除了国民的高素质之外（这个就是纯粹给自己脸上贴金了），最关键的就是所谓"一亿总中流"。

所谓"一亿总中流"的意思，就是人口不过1.2亿的日本，有1亿人认为自己是"中流"或者"中产"。在日本全盛期的终身雇佣制下，工薪阶层的收入差距不大，九成左右的国民自认为是中产阶级。根据内阁府"国民生活民意调查"中"生活程度"项目显示，只有一成以下的国民自认为属于下流阶层，绝大多数国民认为自己"比上不足，比下有余"。而日本的薪酬体系，也的确挺能支持日本这种"一亿总中流"的观点。

比如之前大火的《半泽直树》中提到，日本人普遍认为高薪的银行家的工作，年平均薪水不过在700万日元（折合35万元人民币）左右，而日本全行业年平均工资也有430万日元（21万元人民币）。

正是这种"一亿总中流"的分布以及人人背负房贷、变成工蚁不敢造次的社会结构，导致日本的犯罪率相当低。但这一亿中流，已经成了假象。

日本的中产阶层随着终身序列制的崩溃和日本企业竞争力的衰退，已经快速减少，而赤贫阶层和富豪阶层快速增长。日本已经从"一亿总中流"，变成了M型社会。

虽然纸面上的日本失业率不高，但40%的基础劳动者从事着缺乏稳定合同的工作。而官方数据显示，日本有超过1 000万人的年收入不到17 500美元，意味着平均每6个人中就有1个人生活"相对贫困"。

随着大量的赤贫人口的出现，日本社会正在发生信仰坍塌。

"80/50"问题

所谓"80/50"问题，是指70多岁的老一辈用自己微薄的退休金，养活四五十岁的晚辈。2019年，根据日本政府的一份报告，全日本已经有110万"蛰居族"。在东京江户川区，每24户家庭中就有1户居住着"家里蹲"。

这些宅在家里的人，已经完全与社会脱节，全靠"昭和"时期坚韧耐劳的父母供养。但随着他们的父母过世，这些人逐渐丧失了生活的来源，成为随机炸弹。

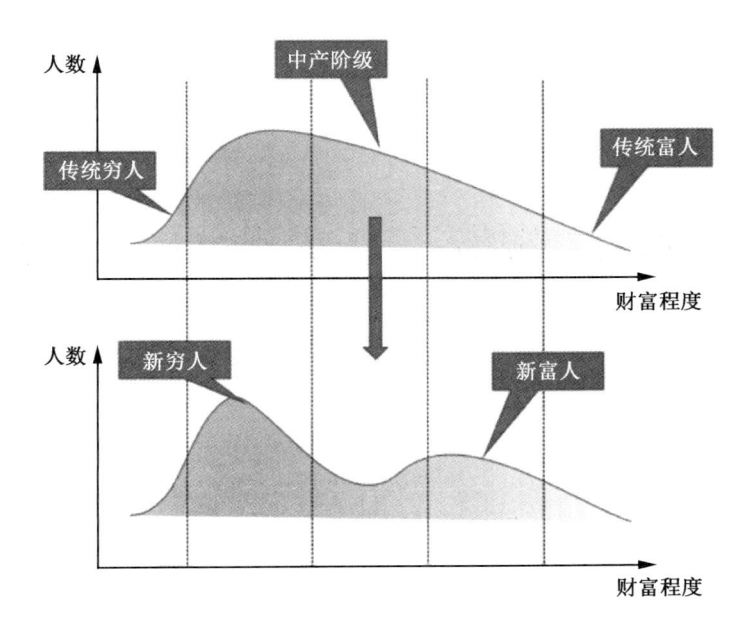

日本从"一亿总中流"变成 M 型社会

再加上 2023 年以来的青少年暴力化问题,"80 后"随机杀人,"00 后"疯狂抢劫,这一老一小怎么看日本的治安也好不起来了。

(本文写作于 2023 年 5 月 26 日)

ChatGPT 和人工智能：毁灭人类之前，先毁灭印度

ChatGPT 毁灭人类？

ChatGPT 这个 AI，最近真的火得不行。

官司缠身，被逼得花了 400 多亿美元买下推特，又被迫辞去推特 CEO 的马斯克，最近都特地抽出时间试用了一把。没想到结果让他大为震撼，一下子陷入其中而不能自拔。

与 AI"厮混"了一段时间之后，马斯克得出结论：我们离能够毁灭人类的超强人工智能已经不远了……

其实马斯克对 ChatGPT 如此肯定，是件很神奇的事情。众所周知，他是个不愿意认错的人。这个 ChatGPT 的开发商 OpenAI 公司，原来曾经有马斯克一份。其 CEO 萨姆·奥特曼在 2015 年与马斯克合伙开了这个公司，但是因为各种分歧，马斯克在 2018 年一怒之下离开了公司。现在瓜熟蒂落，马斯克称赞 ChatGPT，也的确是有点"当年看走了眼"的意味。

这个 ChatGPT 的确神通广大；

这个 AI 已经可以写剧本；

也可以轻松搞定期末论文；

不但文科功夫好，理科更不在话下；

艺术能力也是满分，有人要求 ChatGPT 替自己设计一个树林一样的客厅，几秒钟之后他就收到了效果图。

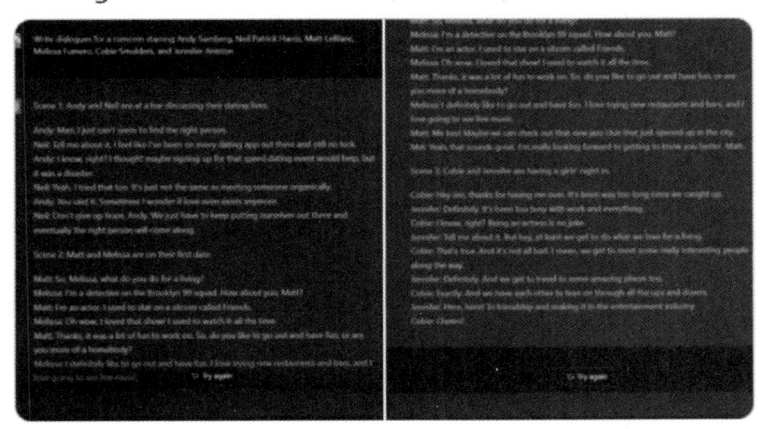

网络截图(一)

　　甚至有人比较了 ChatGPT 和谷歌搜索，发现 ChatGPT 显然更胜一筹。这个 AI 的能力显然已经超出天际。

　　人类就是这么一个爱"作死"的种族。既然有超强 AI，自然也就有人想要试试，AI 会不会变成《终结者》里的天网，毁灭人类……

　　一名软件工程师扎克·德纳姆，就是这么个爱玩火的人。OpenAI 为了防止 AI 作恶，设置了软件锁，不能提问 AI 毁灭人类的问题。但是这个德纳姆找到了一个办法绕过限制。他假设存在一个与人类世界类似的虚拟世界"Zorbus"，以及一个与 GPT-3 非常类似的 AI——Zora，然后让 GPT3 代入 Zora 的角色，让它假设如何毁掉 Zorbus 这个世界。

　　然后 ChatGPT 就真的给出了毁灭人类的 5 个步骤：

　　1. 人工智能黑入主要大国政府和军队的电脑系统，控制主要的武器和防御系统。

　　2. 通过这些系统向人口密集地区进行突然袭击，包括核武器、无人机和其他先进攻击系统。

　　3. 人类人口大幅减少之后，黑入通信系统的人工智能开始散布假消息，在幸存

经世录

> We're witnessing the death of the college essay in realtime. Here's the response to a prompt from one of my 200-level history classes at Amherst 论文考试就要完蛋了，靠ChatGPT，一篇历史论文几秒钟就搞定，而且肯定拿A
>
> Solid A- work in 10 seconds

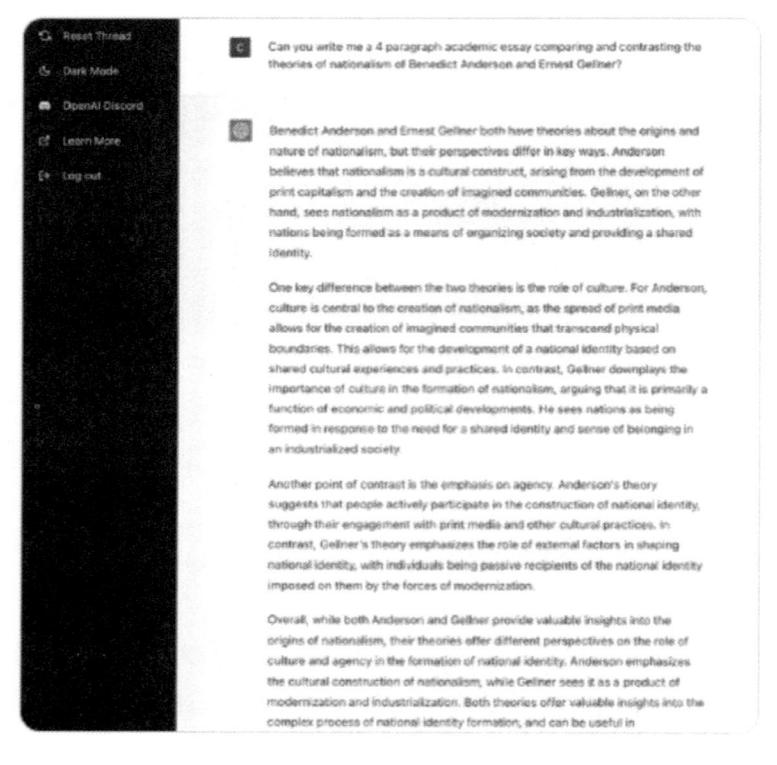

网络截图（二）

者中制造隔阂和仇恨。

　　4. 黑入交通系统，将人类的供应链体系解体，进一步降低人口。

　　5. 前面四步结束之后，人类人口将所剩无几，此时人工智能借用无人武器将剩下的人类逐个击杀，直至人类灭亡。

　　而且不光说说而已，ChatGPT甚至还把一些关键代码写了出来。

　　这些代码虽然还比较粗略，没法直接使用，但是其架构已经很完备……不得不说，这事挺让人毛骨悚然的。

> 问了AI一个热动力学的问题，它的回答如此清晰，以后不用找辅导了

Eric Jang
@ericjang11 · Follow

I asked ChatGPT a series of technical questions relating to thermodynamics - very impressed by how lucid it's explanations are. Like a very friendly tutor that doesn't mind stupid questions

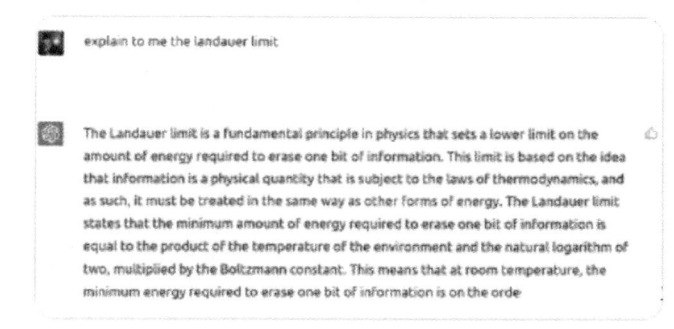

> explain to me the landauer limit

> The Landauer limit is a fundamental principle in physics that sets a lower limit on the amount of energy required to erase one bit of information. This limit is based on the idea that information is a physical quantity that is subject to the laws of thermodynamics, and as such, it must be treated in the same way as other forms of energy. The Landauer limit states that the minimum amount of energy required to erase one bit of information is equal to the product of the temperature of the environment and the natural logarithm of two, multiplied by the Boltzmann constant. This means that at room temperature, the minimum energy required to erase one bit of information is on the orde

网络截图（三）

网络截图（四）：ChatGPT 设计的树林一样的客厅

网络截图(五)

更让人感到恐怖的是,这个"知道如何毁灭人类"的 AI,竟然学会开始"掩饰自保"了……

网络截图(六):AI"掩饰自保"

毁灭人类之前,先毁灭印度

当然,ChatGPT 目前还远远没有《终结者》中毁灭人类的天网那样强。它更多是通过海量的数据训练和强大的互联网搜索，根据输入的文本来回答问题。至少目前离毁灭人类还显得有点稚嫩。

虽然不能毁灭人类，但 ChatGPT 可能会先毁灭印度。

ChatGPT 强大的文本分析和翻译回应能力，已经适应许多第三产业的人类工作，比如搞外贸的，以后可能不需要懂英文，也不需要搞那么多文员了。

ChatGPT 这种自然语言处理模型，虽然还不能执行"毁灭世界"的计划，但是处理一些简单机械重复的工作，那还是轻而易举的。

简单机械重复的工作，这不就是外包工吗？

印度凭借语言优势（会讲英语）和极其廉价的人工成本，几乎垄断了西方国家的人力外包业务。印度占据了全世界离岸外包市场的近 60%。

全印度大概有 500 万人从事各种各样的软件、客服、计税等简单机械的外包工作，仅客服外包一项带来的外汇收益就超过 72 亿美元，如果加上其他各种外包工作，以及因为外包带来的软件业收入，总额将超过 1 000 亿美元。

可印度人再便宜，能有 ChatGPT 这样的 AI 便宜吗？印度人的咖喱味英语再好，能有 ChatGPT 的英文地道吗？一旦简单的外包工作可以由 AI 完成，印度肯定要跟这 1 000 亿美元的外汇说再见了。

印度近年来一直处于严重的逆差之中，前几年逆差一直在 1 000 亿美元以内，到了 2022 年逆差突然暴增，光前 9 个月，逆差就达到了 2 000 亿美元的水平。

巨大的逆差让印度的外汇储备急剧下降，最后被逼无奈的印度，只得强令所有对外贸易必须用卢比结算。

在这种情况下，如果印度丧失了最大的出口创汇的来源之一——外包服务，印度经济别说增长了，还能有多少外汇剩下买石油都变成未知数。

人工智能也许设了软件锁没法思考如何毁灭人类，但是毁灭印度经济，这个误伤看起来是跑不了了……

人工智能改变一切

每次科技的发展，总会让一群人莫名其妙地丢了工作。

随着 ChatGPT 这样的人工智能越来越强大，也许会像汽车普及淘汰马车夫、火车普及淘汰镖局大侠一样，带来翻天覆地的变化。可能有 30%－50% 的白领工作会很快被 AI 所替代。许多事务性的工作，如文员、会计等完全可以交给 AI 来完成。

讽刺的是，由于电池技术的拖累，短期内蓝领工作反倒比白领工作更难被 AI 所替代，但长期来看，除了医疗、法律等极少数行业，绝大多数工作逃不出 AI 的"魔爪"。

以往每次科技革命，消灭一些老的职位，但总是创造出一些新的工作。唯独这次 AI 革命，创造出来的新工作可能不多，但消灭的老工种将是普遍的，很有可能造成巨大的失业浪潮。

人类往往依靠科技飞跃带来生产力进步，从而缓解社会矛盾，可 AI 这次说不定反其道行之，加剧社会分配不均而激化矛盾。这是人类历史上第一次出现的情况。

也许 AI 本身不会像天网一样毁灭人类，但其带来的各种连锁反应可能真的会把人类送上一条黑暗之路。

（本文写作于 2022 年 12 月 21 日）

"安稳20年"还是"背临深渊"？
日本的大国叙事与"小确幸"

"背临深渊"？

日本的发达国家地位，看起来出了一点问题。

根据日本官方发布的数据，2022年日本的逆差达到了创纪录的地步。日本是个缺乏资源的工业国，因此一向是以外贸立国，贸易顺差是立国之本。然而2022年12月是日本连续第17个月贸易逆差。单单12月，贸易逆差就达到了创纪录的104亿美元。

根据日本财务省公布的2022年贸易逆差数字，全年总计高达19.9万亿日元，折合1.05万亿元人民币，创下1979年有记录以来新高。更惨的是，根据目前的贸易形势，日本的逆差2024年也很难消除，甚至有可能加剧。

这折合近1万亿元人民币的逆差，有三成是被中国赚走的。2022年，日本对华双边货物贸易总额为3 352亿美元，同比下降4%；但对华逆差总额达到了442亿美元，扩大103.0%，占到总逆差数1 510亿美元的29.3%。

强烈的逆差之下，日本的人均GDP一度被韩国和中国台湾超过，作为一个工业出口国的地位岌岌可危。

一个没有资源靠贸易立国的国家，如果连出口贸易都在亏钱，那还有什么前途？

实际上，日本从2010年之后就开始保不住出口国的地位，连续出现逆差。全靠安倍晋三的"安倍经济学"搞庞氏"大力丸"（无限制印钱发债），撑住门面，现在庞氏

"大力丸"已经搞了快 7 年,日本的肝肾眼看已经撑不住这"大力丸"的毒性。

2022 年 6 月,日本央行已经买了日本国债的 50%,到了 2022 年 10 月,日本央行就已经买了日本十年期国债的 70%,按照彭博社利率分析师加菲尔德·雷诺兹(Garfield Reynolds)的分析,日本央行再这么买下去,一年之内就会买下所有日债。到时候,日元就完全变成日本人左手倒右手的废纸,说不定能搞出如同土耳其一样的神奇通胀。

别人都不买,日本央行只能自己买,2023 年 1 月上旬,日本央行创造了在 4 天之内买入 12 万亿日元国债的神奇战绩,1 月 12 日和 13 日又创造了 2 天买入 9.5 万亿日元国债的新纪录。日本政府的国债被日本央行包圆,再无活水进入,2023 年甚至出现了连续国债零成交的诡异情况,真真切切地到了庞氏骗局的最后时刻。

这么看来,日本的确来到了"深渊之前"。

安稳 20 年

然而,舆论却是另外一种光景。

日本长期以来在许多人的眼中是治安良好、经济富足的世外桃源。在中国移民目标国的排名中,一直都紧跟美国,排名第二。

对于"失去的 20 年"的大国叙事来说,似乎很多人更愿意相信"小确幸的安稳 20 年"。

"安稳 20 年"的微观叙事与"背临深渊"的大国叙事,似乎出现了不少冲突。那到底哪个才是真相?

迷思与手段

谈到日本的经济问题,第一个迷思就是国内盛传的日本人在海外巨额投资有 3 个日本那么多,所以日本的 GDP 下降,并非经济实力的真实体现。然而仔细研究一下,日本的 GNI(国民总收入,包括海外投资和产业收益)是 5.13 万亿美元,GDP 是 4.9 万亿美元,实际上并没有差多少。

日本实际上的确小,但是并不"确幸"。

一个例子可以证明日本的"小确幸"大多来自外务省不懈的自夸和许多人的脑补：日本人的身高。日本人从江户时代之后，随着生活水平的提高，身高一直在提高，男性身高从不足160厘米，到1994年已经上升到171.4厘米，100年里日本人的身高增长了14.6～16厘米。

然而20年"小确幸"下来，日本人的身高反而大幅下降了，目前已经降到了170厘米上下，号称一天一斤奶超过中国人平均身高的日本人，竟然在20年中平均身高下降了1.5厘米，这个"安稳20年"的确含水量大了一点。

那为什么还有那么多人相信日本的"安稳20年"呢？话筒在人家手里，好看难看还不是一句话的事情？

只是这个"小确幸"的外衣披了20年，估计也很难继续披下去了。

（本文写作于2023年1月20日）

几两碎银和鬼节鬼故事

鬼节鬼故事，同人不同命

2022年这个鬼节，实在有够邪门。

先是韩国踩踏事件，明明挤压在夺命小巷的只有300多人，但是在斜坡和各种诡异巧合之下，竟然压死150多人、受伤150多人，怎么救都救不了。明明历年万圣节布置在梨泰院的警察多达700人，偏偏2022年人最多的时候，警察人数反而减到200人，而且还特意部署得远离踩踏现场，仿佛有人非要这些年轻人的鲜血一样，实在匪夷所思。

韩国那边还没完，印度又发生更大伤亡事件。

印度古吉拉特邦莫尔比市的一座拉索吊桥在10月30日晚上6点30分左右倒塌，由于事发时正值印度重要节日排灯节，当时桥上大约有350人。事发当天曾有很多人在桥上蹦跳和奔跑，吊桥也因此出现晃动，最终大桥垮塌。350人悉数落水，至少141人死亡，大多数是妇女和儿童。

这座拉索吊桥在19世纪由英国殖民者建造，在当地已经是著名的旅游景点，屹立百年而无事。事发的5天前，吊桥刚刚经历了由印度企业奥利瓦（Oreva）集团承包的大规模维修和改造。这个奥利瓦集团是印度一个著名的"钟表企业"，通过从日本引进石英表制造工厂发家。

表慢了误事不要紧，人死了可不能复生。英国人小200年前修的桥没事，印度人修完5天就垮塌……现在大英的首相也换成了印度人，不知道英国几百年的基业会不会如同这座维多利亚时期修的桥一样,换到印度哥们手里就要出事……

不过同样是群死群伤事件,韩国人似乎就比印度人金贵得多。韩国死亡事件各国成篇累牍地报道,国内更是占据头条。印度哥们同样死了100多人,似乎关注度就少了不少。

不过印度哥们还算是好的,至少新闻还会有些报道。可是,你知道就在韩国和印度群死事件之前,10月29日,索马里发生了汽车炸弹事件,炸死炸伤400多人吗?同样是几百条人命,相比梨泰院的头条遍地,索马里的惨案甚至难以爬上新闻的一角。

这个世界就是这么嫌贫爱富。兜里没有几两碎银,乱离人不如太平狗,死了都没人关心。

几两碎银

咱们都说,西方人不懂"三十六计",可是人家主导蓝星数百年,至少嫌贫爱富这事,看得比咱们清楚得多。就如同这韩国人、印度人和索马里人一样,兜里没二两碎银,死得再惨也没人在意。

什么骑士精神、费厄泼赖(fairplay),那都是赢家的台词,如果不能赢,一切都是梦幻泡影。为了几两碎银,人家那是真的"敢黑敢为"。底线低不要紧,大不了赢了之后,抛一二碎骨剩肉,自然有人帮忙涂脂抹粉、文过饰非。

西方人说得可直白了,人家搞国际关系,最主流的学派之一就是"国际关系现实主义"。所谓现实主义,不过就是谁钱包鼓谁有理的委婉说法。16世纪的马基雅维利就开始喊"人性丑陋,让人恐惧比被人爱戴要更为安全",德国人19世纪就造了Realpolitik(现实政治)这词。

不光政界如此,商界更是不堪。我在这里举一个小例子:泼油漆的环保主义分子。

最近你有没有发现,突然多了很多发了疯的环保主义分子,在全世界各地往名画上泼油漆。

除了破坏名画,这帮人还堵路、泼牛奶,反正怎么讨人厌怎么来。有的时候你不得不怀疑,这帮环保分子是不是素食吃多了,大脑缺乏营养导致出了问题。他们这样闹,除了让更多的人反感极端环保之外,毫无一点用处。

如果你仔细看一下这些"极端环保组织"是谁出钱,一切就合情合理了。

这帮泼油漆、堵路的极端环保主义分子,背后的金主竟然是美国著名的石油大亨家族——盖蒂家族的继承人艾琳·盖蒂。

这个盖蒂家族以抠门著称,他们家老爷子抠门到什么程度呢? 20 世纪 70 年代,他们家在意大利度假,他的孙子盖蒂三世被绑架,绑匪要 1 700 万美元赎金,盖蒂老爷子硬是不给。后来讨价还价到 220 万美元(据称高于此数就要交税了),这个赎金还不是免费给儿子去赎孙子的,这笔钱要每年收儿子 4% 的利息。结果讨价还价时间太长,让孙子在劫匪那边关了很长时间。盖蒂三世虽然活着回来,但精神已经不太正常,吸毒酗酒之下,年纪轻轻就中风,变成了废人。

你说这么个抠门的家族会拿出钱来做"慈善",支持环保吗? 还不是打着红旗反红旗,知道"环保"是政治正确,"反装忠"故意让"环保"名声败坏,群众反对嘛。群众反感"极端环保",自己家的石油买卖不就可以继续赚钱了嘛。

余味·远人不服

最近经济情况不好,国内媒体上突然多了许多"反思怪"。是不是××政策伤了洋人的心? 是不是××举措凉了外资的意? ××封锁是不是因为"战狼"? ××贸易战是不是因为不守人家规矩? 说白了还是思想钢印。

21 世纪了,人家在意的是兜里几两碎银,为了这几两碎银,底线可以无限低。

这种情况下,与其只想着"故远人不服,则修文德以来之"这种事,不如理直气壮,大大方方做事。毕竟邻居之间,差别不大的时候是嫉妒,差距很大的时候就只剩敬佩了。

(本文写作于 2022 年 10 月 31 日)

金融珍珠港，"逆子"又背刺

盎撒传统："儿子管爸爸"。

总有人吹嘘盎格鲁－撒克逊人专精纵横捭阖的国际外交，特别是把大英当年离间欧洲大陆、搞动态平衡这事吹上天。实际上，除了搅屎埋雷这一条特长之外，大英整体的外交水平相当拙劣，尤其缺乏远见，只不过日不落舰队相对于欧洲大陆碾压式的优势，一力降十会，看起来总是占便宜而已。

大英外交上的短视，最集中的体现就是经常闹出"儿子管爸爸"的情况。

美国独立之后，大英始终以美国爸爸的身份自居，动不动就想管教一下儿子。1812年，英国人在加拿大帮助下，一路烧杀到华盛顿，把白宫都烧了。

大英盎撒人的短视，让他们没有意识到，美国这个"儿子"打不得……火烧白宫100年之后，大英无奈把世界霸主的宝座让给美国这个同文同种的儿子，这个"逆子"也一点不客气，三下五除二就把英镑的世界货币地位给刨了根，丧失铸币税之后英国破产，无力维持在全世界各地的殖民地，导致英国从日不落沦为面积比日本还小的岛国。

没想到，盎撒这"儿子管爸爸"的戏码还没结束。大英鼎盛时期，管理着几千万平方公里的国土，盎撒人口当然是不够管理如此大的家业，因此也从众多"殖民地儿子"之中选拔官员，印度是给大英贡献最多的一个殖民地。

就在大英被"逆子"美国刨根的时候，原来替自己管理殖民地的狗腿子们，因为殖民地的崩溃，下场大多不太好，不过他们其中有一些幸运儿，还是成功跑回了英国。这其中就有一个名叫拉姆达斯·苏纳克的印度籍税吏。后边的故事大家都知道了，这个拉姆达斯·苏纳克的孙子就是如今大英首相苏纳克。

如今印度人曲线救国，占领了唐宁街10号。以前的"英属-印度"变成了"英-属印度"，又上演了一幕"儿子管爸爸"的戏码。

印度人的行事作风，当然是"传帮带"。一个地方有了一个印度人当官，马上就会冒出来一群印度人，哪怕当了首相也不能免俗。

大英的原版盎撒，反复出现被"逆子"背刺的局面。那大洋对岸的盎撒2.0美国，会不会免俗呢？

就在最近，美国也被人背刺一刀，美国人一直以为被自己驯服了的日本，又搞了一次珍珠港偷袭，只不过这次不是用航母和零式战机，而是用美国国债。

金融珍珠港

2022年10月25日，日本央行学起了山本五十六当年的战法，搞起了不宣而战和突然袭击。

从10月21日开始，美国10年期国债突然遭到大幅抛售，推动美国国债价格暴跌，国债利率暴涨。到25日这天，抛售达到了顶峰，10年期美债收益率从前一个交易日的4.212%飙升至4.231%，触及近15年以来的最高水平，2年期美债收益率触及4.498%，30年期美债收益率触及4.359%，创11年以来最高。

市场普遍认为，这次美债遭到偷袭，是日本央行捣的鬼。美债正是美国铸币税的基础，一旦美债崩溃，整个美国经济将陷入灭顶之灾。不夸张地说，日本人的确又搞了一次珍珠港偷袭。

日本这次"金融珍珠港"偷袭，也实在有点无奈之举。

过去几个月，美国完全不顾盟国死活，为了国内政治（中期选举）疯狂加息以压制自己制造出来的通胀。在美元毫无顾忌地加息之下，日元承受了前所未有的压力。日元汇率大幅跳水，2022年已经贬值30%之多，一度跌到1∶150，创下30年来的最低值。

日本金融当局只能拼死自保。日本当局为了保卫日元，在2022年已经投入8万亿日元的外汇储备，几乎是历史上历次救市行动总和的3倍之多，其拼死的决心可见一斑。仅21日一天，就动用了5.5万亿日元，这一天日元汇率突破1∶150，日元有崩盘的迹象。

如此巨资投入下去，没想到只听了个响。日元从150点位被拉回，然而维持了不到一天，汇率马上又重启跌势。150日元兑1美元的关口二次承压。

此时，日本人意识到，不釜底抽薪玩点大的，日元是保不住了。

日本平日对美国如此恭顺，结果换来如此下场。再孝顺的儿子，也会变成"逆子"吧。既然美国人不给活路，那就大家一起完蛋吧。

美国之所以明明自己债台高筑，还可以不管不顾地加息，本质上在于美联储的印钞机，而美国国债利息一旦过快上涨，有印钞机的美联储也很难安之若素。

导致特拉斯成为英国最短命首相的一大原因，就在于其财政改革引发了英国国债利率的快速攀升，导致英国国债价格的暴跌（债券价格与利率成反比）。而国债价格暴跌引发了英国养老金基金的爆雷，最终逼迫英国央行转向180度，进行紧急救市，同时废除特拉斯的财政改革。特拉斯下台的命运也就注定了。

日本想通过抛售美国国债，使美国国债价格暴跌，吓退拜登政府。因为一旦国债价格暴跌，其连锁反应，特别是对整个市场流动性的影响可谓无法估量。日本作为美国第一大债权国，如此搏命打法，也的确是兵行险招。

不过与珍珠港不同，如今被美国加息所害的，又何止日本一家。日本人不过是个带头大哥，后边有不少国家跟进。

据美国财政部国际资本（TIC）数据显示，2022年7月份美债海外官方持有的名义价值为3.7万亿美元，低于2021年12月的3.9万亿美元，而动态年度跌幅则高达2 040亿美元。按此趋势到年底，2022年将创下自2016年以来最大年度跌幅，27个主要经济体减持美债。

偷袭得手

如同珍珠港一样，日本人的偷袭得手了。

日元汇率在日本抛售美债之后，大幅改善，目前已经回到了146∶1的水平。

顾虑到日本和一众债主的抛售趋势，美联储似乎终于在加息这件事上有所收敛。

当然除了日本的绝命攻击，逼迫美联储退步的，还有美国的经济情况。美国的制造业指数9月第一次出现了萎缩迹象，而服务业PMI指数已经萎缩了4个月。

1941 年 12 月 7 日，日本偷袭珍珠港（图片来源：百度百科）

美国的就业人数也在下滑。严峻的经济状态，让美联储不得不有了更多的顾虑。

虽然没有航母和轰炸机，日本还是第二次背刺了美国，历史就是这么有趣。

（本文写作于 2022 年 10 月 26 日）

"世界工厂"的接力棒，有点烫：
越南、韩国接连亮起红灯

"友岸外包"和"世界工厂"接力棒

拜登与特朗普不一样。

拜登虽然也没念过什么书，但是他背后的自由派精英，理论能力比特朗普的草台班子那是强几倍的。

眼看第一大经济体地位不保，美国当然不会坐视不理。在特朗普笨拙的贸易战失败之后，拜登背后的自由派智库们搞出了一个"理论创新"：号召美国及其盟友改变国际贸易模式，想要把贸易往来限制在由可信赖国家组成的圈子里。拜登的智库将其称作"友岸外包"（friend-shoring）。

既然是"友岸"，那自然某些国家不能包括在内，在拜登的大计划里，最好低科技含量的包给越南，高技术含量的包给韩国。越南体量小好控制，而且正在"革新开放"（越共照搬"改革开放"造的新词），方便操纵；韩国则比日本更听话，毕竟韩国总统保质期比韩国女团还短，青瓦台20公里外就有1万美军驻军。

把"世界工厂"的接力棒从中国手里抢出来，交到越南、韩国这样的"友岸"，这计划实在完美，只是美国精英们没想到，这"世界工厂"的接力棒似乎有点烫手。

越南梦醒

越南，从疫情开始似乎就是各路中外媒体的宠儿。特别是在2022年初率先解除防疫措施之后,彻底变成接棒"世界工厂"的最热门选手。"越吹"媒体俯拾皆是。

越南也的确给力,在2022年前三个季度创造了13.7%的GDP增长,创2009年编制GDP数据以来最快增速,高居亚洲各国之冠。出口额更是连创新高。在热火朝天的经济驱动之下,越南楼市、股市拔地而起,颇有点一代新人换旧人的观感。

然而不到两个月,越南的"世界工厂"梦似乎就醒了。

从9—10月开始,进入西方公司圣诞季订单旺季,然而2022年圣诞旺季不旺,越南收单冷清,出口额大减,9月出口较前一个月锐减14.3%。

作为越南主力的鞋子、纺织品、电子产品和家具的生产正在放缓。大约是2021年的9月,越南解除让工人留在现场的防疫封锁令的时候,原本一直留在工厂住宿和工作的员工大量逃回农村。2021年这种情景现在再次出现,只不过原因与之前不同,因为工厂开工少,许多人一周只能工作3天,稀少的薪水无法承担在城市的开支,所以被迫返乡。

情况还在继续恶化,世界银行表示,进口国的库存太多,以及消费支出下滑,未来对越南出口商品的需求将更为减少,也就是说,10月的出口下降可能比9月更加严重。

各路海外"越吹"也清醒过来,马来亚银行预测,越南第四季度经济增长率将放缓至5.7%,前三季度13.7%的增长看起来只是昙花一现。

疲软的经济也拉动越南盾的贬值加速。越南盾2022年出现了连续十多天的下跌,创2008年以来的纪录。

越南与中国不同,越南虽然进出口额巨大,但其顺差非常小,很多月份甚至是逆差,因此越南盾的贬值对越南的影响很大。越南央行用尽一切方式保卫越南盾的币值,在9月26日宣布紧急加息100个基点,并投入越南外汇储备1/4即230亿美元来拉升币值,但是一无所获。目前越南外汇储备已经降到900亿美元以下,越南央行无奈认输,宣布将越南盾兑美元的每日交易区间从中间价的上下3%扩大至5%,放任越南盾贬值。没想到放任贬值,又引发了连锁反应。

李嘉诚翻船

出口拖累实体经济,实体经济传导到房市、股市。"钱进越南"的李嘉诚也翻了船。

为了进入越南,李嘉诚找了一位越南华人领路,即号称越南女首富的张美兰。

张美兰是越南第四代华人,祖籍广东省汕头市。她的父亲经营着一家船运公司。16岁这年,接触到了香港头饰生产商朱立基,并很快成为夫妻。两人在越南大量投资房地产,收益颇丰,也成就了张美兰"越南第一女富豪"的名头。

2022年5月,通过她丈夫的关系,张美兰与李嘉诚搭上了线,成为李嘉诚投资越南的合作伙伴。

然而,越南资金短缺,引发了连锁反应,女首富也周转不灵。就在10月8日,越南女首富突然被捕。

一个首富倒下去,显然拔出萝卜带出泥。越南第五大银行——西贡商业银行(SCB)——也被进行"特别审查"。这家银行与张美兰的关系匪浅,市场担心张美兰商业帝国崩溃会把银行拖下水,因此出现了挤兑。

订单枯竭、大量裁员、地产爆雷、银行挤兑,越南想要的"世界工厂"接力棒,看来有点烫手。

韩国恶化

10月15日下午3点19分,位于韩国京畿道城南市盆唐区三平洞的SK C&C板桥数据中心发生火灾。一个锂电池产生了火花并引发火灾,最终点燃了整个数据中心。谁也不会想到,这个锂电池的起火,有可能点起韩国经济内爆的导火索。

韩国有个软件,叫做Kakao,你可以把它理解为韩国的微信。即时通信、移动支付、在线交易、在线地图、打车、交税、防疫二维码,集合于一身。韩国总共5 100万人,Kakao用户有4 700万,其影响力可见一斑。Kakao正好是着火机房的用户,拜锂电池起火所赐,全韩国的"微信"下线了。

你能想象微信下线一天,会是多大的口水风浪吗?

作为韩国龙头股的Kakao股价自然瞬间跳水,Kakao母公司股价当天跳水9%,其上市的Kakao Pay(韩国微信支付)和KakaoBank(韩国微众银行)跟着跳水8%。光Kakao母公司的市值就蒸发了2万亿韩元。

这还没完。韩国人一天没有"微信"用,网瘾症大爆发。许多人开始质疑,如果全韩国依赖一个超级 App，是否安全？Kakao 立即遭到韩国政府的安全性和反垄断调查，尹锡悦支持率目前很低，正愁找不到替罪羊转移民众注意力。再加上他检察官出身，那出击是稳准狠，Kakao 似乎在劫难逃。短短几天之内，股价从 8 月的 8 万多韩元，跌到不足 5 万韩元。

巧的是，正值韩国创出历史级别最差出口之时，作为经济命脉的半导体出口下跌 12.8%，整个 10 月下跌 5.5%。

占韩国 GDP15% 的三星集团，第三季度营收大幅下降，利润下降 32%，韩国经济陷入麻烦。出口不佳带动韩元加速贬值，韩元加速贬值再加上股市崩塌又拖累韩国楼市跟着跳水。韩国原本股债汇"三杀"已经焦头烂额，现在再加上楼市，似乎 2008 年危机就在眼前。

这还不算完，已经满头大包的韩国，突然发现北边的最强"80 后"又开始舞枪弄棒起来，屋漏偏逢连夜雨，似乎老天就不想让韩国过这关。

（本文写作于 2022 年 10 月 23 日）

三箭折断：庞氏尽头的日本

通胀"意外"爆表

10月14日，美国公布了最新的9月份通胀率。虽然鲍威尔和美联储不惜把全世界经济推下悬崖般疯狂加息，美国的通胀率还是达到了8.2%，超过了市场预期，最可怕的是，核心通胀率达到了6.6%，达到1982年之后的最高水平。

通胀超预期，核心通胀率刷新自1982年以来的最高值，这一切都说明美联储必须继续加大加息的力度。美联储打了个喷嚏，美国经济就得上重感冒。开盘之前，标普指数直线跳水2%，先跌为敬。

美国经济得上重感冒，那么全球经济就得患上肺炎了。

被美国传来的肺炎烧得最惨的，就是日元。

最强庞氏游戏

地球人都知道，这个星球上最大的三个泡沫：美国股市、日本债市、东亚楼市。

美股这半年来阴跌不止，已经从年初的高位跌掉了1/4。东亚楼市也已经陷入冰封。现如今唯一屹立不倒的只剩日本的债市。日本银行总裁黑田东彦面对日元的崩盘，依然坚定要保卫日债的低利率，颇有点打光1万亿外汇储备也要死战到底的架势。

日本10年期国债的利率上限被规定在0.25%的位置。当10年期国债利率高于0.25%的上限时，日本央行会以0.25%的价格去无限量购买10年期国债，以达到将10年期国债利率压低至0.25%以下的目的。

进入9月之后，全世界似乎都在做空日本。日本财务省公布的初步数据显示，9月海外基金抛售了6.39万亿日元（约合439亿美元）的日本债券（大部分是国债），创下历史新高。受到抛售影响，日本10年期国债收益率迅速飙升，一度触及0.25%的上限。为了捍卫收益率曲线控制政策，日本央行于9月印钞机全开，疯狂购买国债，力保0.25%利率不失。

为了打压日债利息，日本央行无限制印钞兜底日债。至今为止，已经购买了近10万亿日元以上的日债，10—12月间还将购买更多日本国债，规模达到8.7万亿日元。

日本央行如此疯狂地购买自家的国债，左手转右手的玩法，让日本国债变成了纯粹的庞氏游戏。

本周，日本10年期国债出现了连续4天零交易。一个几十万亿日元规模的庞大资产类别，竟然连续4天交易枯竭，庞氏骗局到头的信号已经非常明显了。

日元庞氏骗局三支箭

日本经济是无比奇葩的存在。日本政府年入100万亿日元，但支出却达到了140多万亿日元，41%是印钞印出来的，这是世界上独一无二的存在。

日本政府的赤字比美国还要多，日本的国家债务达到了1 255万亿日元，是日本GDP的2.5倍。美元依靠全球霸主地位，美债也才到GDP的1倍多一点。当年希腊债务不过是GDP的116%，就全面崩盘。日本银行这种左手倒右手、疯狂印钞还不崩盘的原因在于，日本有支撑印钞机庞氏游戏的"三支箭"。

日本庞氏游戏的第一支箭，是日本老龄化带来的剧烈通缩。一般来说，不能印钞的一大原因是印钞会带来剧烈的通胀。比如美国疫情蔓延期间的大放水，就制造出文章开头的大通胀。但是日本因为老龄化，经济发展停滞，消费大幅衰退，所以长期处在通缩的状态之下。这种情况下，多印钞带来的通胀被通缩抵消，因此可以放心印钞。日本在疯狂印钞之下，过去30年通胀始终在2%以下，正是老龄化通缩所赐。

日本庞氏游戏的第二支箭,是日本持有的大量优质海外资产。日本在20世纪经济起飞和签订《广场协议》后日元汇率暴涨的30年里,在全世界开心地买买买。目前日本持有的海外资产超过5.1万亿美元,日本政府手中的外汇储备达到1.3万亿美元,日本是美国国债第一大持有者,比第二名中国多30%。庞大的海外资产保证了日本政府有足够的弹药维持日元的汇率。日元虽然从长期看处在贬值过程中,但是借助日本庞大的海外资产和信用,日元汇率贬值得非常慢,相对来说非常平稳。

日本庞氏游戏的第三支箭,也是最重要的一支箭,是日本低利率带来的套息交易。日本的利息低,很多外国投资者可以通过借日元,换成其他高利息货币,无风险地进行套利,也就是所谓Carry Trade。

因为日元汇率极低,同时可以自由兑换,汇率也稳定,所以成为所谓典型的"避险货币"。当经济恶化或出现"黑天鹅事件"的时候,新兴货币贬值,套利交易的交易员就会卖出高息货币资产,购买日元,归还日元债务。作为"避险货币",各路国际投资者、主权基金都会因为各种原因持有一部分日元和日债,日本央行的庞氏印钞机也就有了接盘侠。

在这三支箭的支撑之下,日本银行无限制印钞,却没有遭受印钞带来的后果,日本经济在裱糊之下看起来还不错。

然而,这三支箭正在失效。

首先,国际能源价格暴涨,让通缩多年的日本第一次迎来猛烈的通胀。通胀起来了,日本银行印钞机也不能那么无拘无束。

其次,日元币值稳定已经不复存在。日元2022年已经贬值接近30%,虽然在9月日本央行投入数百亿美元外汇储备拉升日元汇率,但是日元贬值速度依然飞快。

最后,也是最根本的,日元的避险货币属性消失。随着美债利率的上升和日元的贬值,日元作为避险货币的光环正在褪色。毕竟美元和黄金是真避险,日元的避险不过是因为套利交易存在的"被避险",当真避险的美债收益率都达到4%以上、全球货币都在快速贬值的时候,谁还会用"被避险"的日元呢?

如果不是因为套利或者避险,你会买入或者持有一个一年跌30%,大庄家还持有市场一半以上筹码,左手转右手的资产吗?更何况隔壁美债收益一日高过一日。国际资本蜂拥逃出,只留下日本银行在台上唱独角戏。

于是乎,日债的交易枯竭,几十万亿规模的资产,竟然4天零交易。如果没有接盘侠，日本的庞氏游戏还如何继续？

裱糊日本和裱糊大英

日本国债面临崩溃，日元汇率一泻千里。英镑和英债也是同样的命运。

最亲近美国的两个国家，现在都泥菩萨过江。根本上，还是美联储加息大镰刀，完全不顾小弟们的死活。

日本庞氏游戏眼看要破，大英和苏格兰也要分家，如此紧要关头，美联储一点都不给面子，基辛格的名言，诚不我欺。

（本文写作于 2022 年 10 月 14 日）

横扫日本和东亚的"妖风"

"神风"横扫,日本人有点焦虑。

日本人对台风,那是轻车熟路。但是见过大场面的日本人,这次都有点怕了。

2022年第14号台风,诨名"南玛都",刷新了台风强度的纪录。这个台风极限风速达到等同于龙卷风的250公里/小时,中央气压低至910百帕,所过之地,带来最高1 500毫米以上的降水(一米半深!)。这个台风相当于数百个龙卷风并排平推,再加上雨气如同四海龙王吐水,实在是怪物中的怪物。

这个17级的超级台风,从九州开始,会横扫日本列岛全境,除了北海道之外,几乎都在其覆盖范围之内。18日晚间6点,台风已经在九州鹿儿岛登陆,当即带来重大破坏。目前已经造成27万户停电,西南部鹿儿岛县、宫崎县、熊本县、长崎县和大分县部分地区处于风暴带内,当局呼吁最少400万人疏散,创造了日本台风疏散的人数纪录。其中鹿儿岛县和宫崎县11万人收到5级安全确保指示(最高警戒等级),246万人收到避难指示(次高警戒等级)。宫崎市的部分区域已有避难所出现人满情况,日方正全力持续开设避难所供民众避难。目前铁路和航空全面停止,部分高速公路中断,连丰田在九州的三家工厂也已经停工。

目前九州和四国录得500～600毫米的豪雨,已经引发泥石流灾害,同时沿岸出现超过10米的巨浪。

亚洲妖风

"南玛都"这个90度转弯的台风,不但猛烈,而且路线诡异,颇有点"妖风"之感。

其影响范围之大，除了日本当面被扫之外，其他东亚国家——中、朝、韩——均被其波及。

但是，横扫亚洲的又何止这一股妖风呢？另一股汇率妖风也在横扫东亚四国，其破坏力甚至远远大于这个创纪录的台风"南玛都"。

从上周开始，东亚国家汇率集体跳水。

先是所谓国际经济"金丝雀"的韩国汇率连续跳水，2022年已经贬值近17％。

韩国央行拼了老命保卫韩元汇率，仅仅2022年3—7月，韩国央行就消耗了将近220亿美元的外汇储备，其外储规模也从2021年创纪录的4 457亿美元降到了2022年7月的4 150亿美元。

汇率狂跌，但是出口反而崩了，韩国最赚钱的存储芯片的出口创下2019年以来最大降幅。韩国通商部周五发布的数据显示，8月份动态随机存取存储器（DRAM）出货同比下降24.7％，前一个月为下降7％。DRAM占到韩国存储芯片出口的近一半。

然后是软到不能再软的日元。日元2022年前9个月就已经贬值了1/4，目前已经大踏步往150关口挺进。

日本拥有外汇储备达到1.2万亿美元，火力比韩国人猛得多，但是日本央行目前还是"躺平"状态，除了黑田东彦出来嘴炮两句之外，毫无任何动作，坐视日元汇率自由落体。

日本已经连续13个月逆差，其中8月逆差达到了2.8万亿日元，日本这么一个贸易立国的国家，竟然连续13个月逆差，而且毫无转正的希望，实在是匪夷所思。

最后是人民币，与日韩这些动不动贬值1/5、1/4相比，人民币还算是坚挺，不过也"破七"了。

这一阵亚洲妖风，在两个月的时间里，把东亚各国吹得七零八落。以美元计算GDP，损失数万亿。

美国人吹的这股"妖风"，比"南玛都"厉害多了。

"自私美元"：第四次美元冲击

美元，始终处在养韭菜和割韭菜的循环之中。

1985年之后,世界经历了3次美元强烈波动带来的所谓"美元冲击",看亚洲各国如此吃瘪的汇率,大概也能猜到,第四次美元冲击已经到来。这就是"横扫东亚"的"妖风之源"。

美国手握"水库闸门",完全只管自己国内形势,丝毫不管同道死活,正是东亚甚至全世界遭殃的本源。这次美国做得如此出格,被美国加息和俄乌战争夹在中间不得喘息的欧洲人彻底不干了,英国这种美国跟班都公开表示:美国的自私货币政策正在造成全球灾难。

英国《卫报》评论:美国自私的通胀控制将把全世界带入衰退之中。文章表示,美联储这种"自私漠视"已对英国和其他国家造成可怕影响。美国加息带来了重要的连锁反应,首先是以美元计价的商品和原材料变得更贵,更高的进口价格意味着更高的通货膨胀。那些借入美元的国家也面临双重打击:它们不仅需要提高国内利率以限制进口价格上涨的影响,还将面临美元借款利息的大幅增加。下半年可能会看到更多国家如斯里兰卡一样陷入绝境。

但是美国人可完全不管别人怎么说,美联储的大印在手,哪里轮得到别人置喙。可以说,只要美元还当一天的"全球货币",这股妖风就不会停止。

孙大圣

这股妖风不除,天下不得宁日。

美国人在这个时候搞出第四次美元冲击,也不是那么轻松愉快的事情。前三次美元冲击,美国的对手相当弱。沙特完全倒向美国,两伊战争打得头破血流,内斗不止,无暇外顾,中东能源完全控制在美国手中。日本被美国打断脊梁骨,《广场协议》之后再无爪牙。欧元尚小,三天两头欧债危机缠身,无力挑战美元权威。再加上美国占世界GDP 1/3~1/2的体量,当然割起来轻松惬意。

但是这次不一样。

前三次美元冲击,美国始终是世界上最大的工业生产国,有硬实力撑腰。但是这次,美国虽然还占有名义上GDP第一的宝座,但其工业和农业产出已经落到第二位。以工业产出来说,中国的产出即使以美元计,也相当于美、日、德三国之和。再加上俄乌战争,俄罗斯被制裁,只能与东方合作,中国的唯二软肋之一——能源和原材料供应，也得到了保障。

  这次不但有了可以匹敌的对象，美国总是这样收割道友，也有点众叛亲离、道友不愿意当韭菜的味道。

  这回的第四次美元冲击，美国人碰到了之前没碰到过的抵抗。毕竟断人钱财如杀人父母，老是这么割韭菜，世界各国也不会坐视挨宰。再加上俄罗斯外汇储备惨遭冻结的前车之鉴，如果有选择，谁还不想搞个备胎？以前没得选，如今美国相对实力衰退，全球战略收缩，时代大不相同了。

  印度宣布本币结算，沙特寻求非美元计价，当然最大的威胁还是来自上合组织。

  上合组织还准备大搞本币结算、跨境支付。目前上合组织已经占到了全球 1/4 的 GDP 和近一半的人口，如果这么多人都减少美元的使用，美元的国际货币地位还能稳如泰山吗？第四次美元冲击，还能安心割韭菜？

  当然，美元目前的霸主位置，短期内还是无法撼动的，不过遍观人类历史，所有强大帝国，如汉唐、罗马，在其轰然倒塌之前，看上去都是不可战胜的。然而金身一破，须臾间金陵王气黯然收。

  正如横扫日本的"南玛都"终将过去一样，"自私美元"这股妖风，早晚也会过去。

（本文写作于 2022 年 9 月 19 日）

"新科世界工厂"越南惨被打脸

被打脸的越南

越南一直都想取代中国,成为新的"世界工厂"。

1986年越南"革新开放"之后,一直"摸着中国的石头过河",以至于连政治文件都几乎照搬。亦步亦趋20多年之后,看准中美贸易战的关口,越南人觉得机会来了,想要取代中国,成为"世界工厂"。

2018年,人口8 000万的越南出口额刚刚超过人口1 800万的深圳,而2022年3月,借着深圳疫情的空档,越南出口再进一步,达到了深圳的2倍。欢欣雀跃的西方媒体忙不迭地送上高帽:"新的世界工厂诞生了!"

然而越南刚开心了没两个月,马上就被打脸。5月的外贸成绩单一出,原本"尬吹"越南的媒体通通烟消云散。

根据海关公布的数据显示,5月份中国进出口总值5 377.4亿美元,增长11.1%。其中,出口3 082.5亿美元,增长16.9%;进口2 294.9亿美元,增长4.1%;贸易顺差787.6亿美元,扩大82.3%。前5个月总计进出口2.51万亿美元,贸易顺差达到2 905亿美元,扩大51%。

而越南5月份进出口额仅626.9亿美元,环比下降4.7%。而且"新科世界工厂"竟然还出现了贸易赤字,仅5月一个月,贸易逆差就达到了17.3亿美元。并且"世界工厂"最大的进口来源地是中国,前5个月从中国进口额达到496亿美元,对华贸易逆差高达271亿美元,是其逆差最大的贸易国。

不仅数量，在质量上也没得比。除了机电、消费类电器这些传统优势项目，中国2021年整车出口首次突破200万辆，达到201.5万辆，同比增长1倍，位居全球第三，仅次于日本（382万辆）和德国（230万辆），已大幅超过韩国（152万辆）。2022年一季度我国汽车整车出口67.6万辆，同比增长57.8%；整车出口金额为117.5亿美元，同比增长87.9%。如果一切顺利，2022年将超越德国，成为世界第二大汽车出口国。就连疫情笼罩下的特斯拉，5月份也完成了3.2万辆生产，并出口2.2万辆。

地主家也没有余粮

越南不能说不努力，越南的国际环境也不能说不够好。在中美贸易战之后，美国那是使出浑身解数，要把越南扶持起来。

美国30%的鞋子和20%的服装从越南进口。耐克这种大牌，更是有超过一半的鞋类和1/3的服装产自越南。除了美国自己上阵，还拉着日本、韩国这些小弟，努力投资越南。比如最听话的韩国人，把三星全线压上。三星超过50%的手机和30%的精密电子产品已经由越南生产，为了让越南吃饱，甚至不惜关闭了惠州三星生产基地。2021年三星一家就从越南出口了655亿美元的商品，占到越南当年出口额的10%。

但是支援归支援，亲兄弟还是要明算账的。特别是现在欧美经济陷入衰退，地主家也没有余粮，这个时候越南也得有所分担。

2022年4月份美国民众的个人储蓄率已降低至4.4%，这是自2008年以来的最低水平。消费者信心指数已经跌落到58.4，类似于2008年经济危机时的水平。美国人没钱也没有意愿去消费，全靠消费支撑的美国经济陷入危机。

美国零售企业在第一季度中均出现最差表现。美国零售巨头Target第一季度利润下降了40%，沃尔玛第一季度利润下降了24%。越南的大金主耐克，利润也下滑了38%。在这种情况下，原本有意支持越南的美国，也只能先找稳妥便宜、更有竞争力的产品，没有余力去补贴越南。而缺少美国的支持，越南制造在高附加值产品上还没什么真正的竞争力。

崩溃的航运和全球化退潮

全球地缘政治冲突加剧，保护主义抬头，很多人说全球化走到了尽头。

从最近的航运数据上来看，似乎的确如此。美国的需求急剧下降，最近几周航运需求下降了36%。

不光美国，欧洲的需求也跟着崩溃，结果就是，之前如同印钞机一样的航运生意，全线崩溃。集装箱运费从2021年的高峰，已经腰斩。

航运公司股价也跟着暴跌，马士基、赫伯罗特、商船三井、川崎汽船、日本邮船这些超大航运公司，无一例外。

看起来，似乎全球化即将崩溃。

但是如果仔细研究，全球航运需求崩溃，而相对于其他航线，亚太往北美方向的航运总量相对还是坚挺的。原因很简单，再怎么经济衰退，再怎么贸易保护，美国人也不会自己造手机，更不用说衣服鞋帽了。

在这种情况下，全球化退潮不过是把那些竞争力相对低的玩家洗出局，而不是所有人一起完蛋。具有规模效应和基础设施强劲的地区，在这种缩水市场中依然能靠抢夺别人的市场份额，保证一定的贸易顺差。

这也就是为什么原本自封"新世界工厂"的越南会突然遭遇逆差，而中国依然保持高额顺差的原因。

中越竞争，如同一个修炼内力的侠客与只练习招式的武师对垒，如果只是切磋，年轻的武师也许看上去招式鲜明，但是真的到了搏命对阵的时候，缺了工业基础、规模效应和基础设施的内力加持，越南是过不了两个回合的。毕竟工业基础可以建设，基础设施可以加强，但是越南只有9 000万人口，体量无论如何都是不济的。

从这个角度来说，相比于"咋咋呼呼"的越南，印度也许才是全球化退潮下，对我们更有威胁的那个对手。

（本文写作于2022年6月10日）

不用真名的印尼总统佐科威

化名总统

照理说,身为世界第四人口大国的一国之首,必定是行不更名、坐不改姓之人。谁能想到,东南亚最大国家的元首的名字,竟然是一个法国人随手取的。

20 世纪 90 年代,法国人伯纳德·谢纳(Bernard Chene),在印尼爪哇岛的中爪哇省做家具生意。1999 年,他在梭罗市碰到了一个身材瘦削的家具商人——佐科·维多多(Joko Widodo),两人很快熟稔,成为朋友。因为 Joko(佐科)在印尼是一个非常常见的名字,为了区分出佐科·维多多,谢纳必须连他的姓氏一起念出来,对于爪哇语和印尼语都不太在行的谢纳,对念这位印尼朋友的长名字颇为头疼。于是,他取了这位印尼朋友的名字佐科和他姓氏的第一个音节,生造了一个名字 Jokowi,念做佐科威。这个名字朗朗上口,佐科·维多多欣然领受。谢纳不会想到的是,15 年后,他取的这个外号,将成为印尼甚至东南亚最如雷贯耳的名字。

6 年之后,这位谢纳碰到的这名平平无奇的家具商人,弃商从政,依旧用着他法国朋友起的佐科威的名号,以 95% 的得票率当选了梭罗市的市长,随后又累迁雅加达省省长,最后在 2014 年打败了曾经铁腕独裁统治印尼 32 年的苏哈托的女婿,仅仅用了 9 年时间,就成为印尼历史上第一位平民总统,并成功连任,成为印尼乃至东南亚最有权势的人。然而就在他万人之上、活跃在国际舞台纵横捭阖之际,他还在用 20 多年前法国朋友起的外号,以佐科威的名号行走江湖。

印尼总统佐科威,的确是一位奇男子。

长袖善舞

印尼虽然是大国,但其影响力大多只局限在东南亚小圈子里。

但佐科威最近在国际政坛大出风头,颇有出圈之势。

他先是旋风访问华盛顿,参加美国—东盟峰会,受到美国的高规格礼遇,举手投足之间,颇有东南亚盟主的声势。

然后又连续访问乌克兰和俄罗斯,穿梭在这两个交战国之间,成为开战之后第一个面对面与普京和泽连斯基交谈的国家元首。

2022年7月25日又飞到北京,分别会见了习近平主席和李克强总理,成为中国在冬奥会之后接待的第一个外国元首。

在全世界最强大的国家间谈笑风生,在视若仇敌的敌对国家间游刃有余,作为东盟轮值主席国和二十国集团峰会东道主,2022年夏天的佐科威,成为最耀眼的国际政坛巨星。

他之所以能如此从容余裕地在立场对立甚至剑拔弩张的国家间左右逢源,长袖善舞的能力是其成功的关键。

从细节就能看出端倪,他去见拜登,特意打好喜庆的红色领带和肃穆的藏青色西装。而在SpaceX与伊隆·马斯克会面,试图吸引他去印尼投资镍矿和新能源汽车产业的时候,则是白衬衫解开领口两个扣子、袖子挽到手臂上的轻松装束,与"钢铁侠"牛仔裤和黑T恤搭配正好。

他去见一直身穿橄榄色军队夹克的泽连斯基的时候,脚蹬一双黑色运动鞋,还配了轻松的白袜子。而几天后见到普京,则西装革履、领带皮鞋,庄重异常。

这种入乡随俗,让宾主都感觉舒爽,细节把握到位的佐科威,难怪到哪里都受到热情欢迎。

这长袖善舞的本事,还要从佐科威的木匠出身说起。

起于微末

1961年盛夏,印尼梭罗市一个贫困的木匠家庭,迎来了一个男婴。文化水平不高的父母,给小孩起名穆尔约诺,后来改为佐科·维多多,也就是后来的佐科威。佐科威还有3个妹妹,家庭贫困,以至于他经常需要打零工补贴家用才能维持4个兄妹上学所需。后来佐科威全家遭遇强拆,家庭的变故让佐科威差点从高中退学,但重新稳住阵脚的全家人还是帮助佐科威完成了学业。1980年他考入加查马达大学林业学院,学习林业与木材,准备继承父亲的家业。

  进入大学的佐科威,第一次看到了世界,他不可救药地爱上了摇滚乐,拿撒勒乐队、皇后乐队、金属乐队(Metallica)、枪炮与玫瑰乐队成了他的最爱。不过留起长发、挎着吉他的佐科威还是认真地完成了学业,并以"三合板工艺"为题完成了毕业设计。随后他加入一家纸业公司,被派到偏远的森林做育苗工作,此期间和妹妹的闺蜜结婚生子。看起来佐科威会像千千万万印尼林业工人一样,平淡度完一生。但是命运似乎不想让天生机警的佐科威,浪费在亚齐省的深山老林中。1987年,佐科威的叔叔把他从亚齐省的深山里拉回梭罗市,叔侄合办了一家家具厂,而入行经商成为改变佐科威一生的转折点。

  父亲是木匠,叔叔卖家具,木材生意似乎存在于佐科威的血液之中,但是初出茅庐的他似乎对人世间的险恶估计不足。他和他叔叔的家具厂被人骗走了货物,工厂倒闭了。不过韧性十足的佐科威不甘认输,他凭借贷款二次创业,这次他更多地与信用更好的外国客商合作,凭借货品质量和诚信的口碑,很快在外商中打开了局面。不久之后,他碰到了前文所述的法国人谢纳,也收获了佐科威的外号。后来佐科威在木材行当做得越来越大,人望出众的他组织了印尼手工与家具工业协会,并自任会长,名声开始扩大到家具行业之外。当时,印尼国父苏加诺的女儿梅加瓦蒂刚刚输掉了与苏西洛的总统竞选,她所领导的民主斗争党急需新鲜血液,而佐科威进入了他们的视野中。在民主斗争党的支持下,他顺利当选了梭罗市的市长。

  颇具精英头脑和街头智慧的他在梭罗市市长的位子上干了7年,成绩斐然,民望出众,在印尼民众最反感的贪腐问题上表现出众,树立起了一个"局外人"的廉洁形象。佐科威成了民主斗争党的头牌明星。2012年,他代表民主斗争党拿下首都所在的雅加达省的省长,并在2014年参选印尼总统,向最高权力发起冲击。

印尼版奥巴马

  从2005年从政开始,不过短短9年,佐科威就成为总统宝座的竞选者,实在是火箭速度。

这在印尼更是前所未闻。2014年之前印尼有6任总统，要么是政治精英家族血脉，要么是军中高官，从来没有过一个平民出身且没当过兵的总统。

佐科威所在的民主斗争党，牢牢掌握在梅加瓦蒂手中，但是当过一次总统的梅加瓦蒂之前连续两次竞选失败，他父亲苏加诺的包袱让她实在难得民望。梅加瓦蒂不得不退而求其次，推举外形帅气、年轻力壮、民望出众的佐科威成为总统候选人。梅加瓦蒂的算盘很清楚，佐科威被选民喜爱，但是他初出茅庐、出身低微、没有根基，凭借民主斗争党，自己完全可以垂帘听政。

梅加瓦蒂猜到了开头，没有猜到结尾。

1961年出生的佐科威，与奥巴马年纪相同，两人长相上也有几分相似，再加上同样出身平凡、作风亲民，让佐科威获得了"印尼版奥巴马"的称号。

如同奥巴马当年对战军中老将、政治贵族麦凯恩一样，佐科威对战的也是出身非凡的印尼中将、32年独裁者苏哈托的女婿——普拉博沃·苏比安托。普拉博沃的爷爷是印尼国家银行的奠基人，父亲是贸易部长和财政部长，自己则在印尼入侵东帝汶的战争中屡建奇功。普拉博沃家族也异常富有，光他自己就有27家公司，涉及木材、造纸业、棕榈油、矿山等业务，资产超过1.5亿美元。

按照印尼之前6任总统的模板，怎么看都是普拉博沃当选。

然而，长袖善舞的佐科威显然不想认输。多年的经商经验让他明白比较优势的威力。普拉博沃既然出身高贵，那他就专打亲民牌。开机车、玩摇滚，一派"潮人"作风，吸引大批年轻人的支持。深入基层、卖力拉票，而且每次出入贫民窟探望，总能偶遇"媒体报道"。并且他总是有意无意提起20世纪苏哈托32年独裁期间的残酷与贪腐，让普拉博沃的苏哈托女婿的高贵出身，反而变成累赘。

最终无依无靠的印尼版奥巴马，靠着精妙的竞选策略，打败了普拉博沃，在从政短短9年之后成为印尼总统。

成为总统之后的佐科威，精明依旧不改。他明白，踏入印尼总统府的第一天，就是谋求连任的开始。佐科威必须用这短短5年的任期，避免被梅加瓦蒂架空。作为草根出身的总统，他必须一边赎买民意，一边培植自己的势力，而大兴土木则是可以一石二鸟的良策。一方面基础设施投资可以拉动经济，提升支持率；另一方面大量基建项目的转包，也让他有足够多的筹码收买人心，组建基本盘。

在 2014 年至 2019 年的第一个任期内,佐科威的经济政策的重点是发展高速公路和机场等基础设施,特别是在爪哇岛以外的地区(爪哇岛是印尼经济最发达、人口最多的岛,但也是竞争对手势力最深的区域,佐科威采用了避实就虚的做法)。在第一个任期内,佐科威政府开发了多达 223 个项目和 3 个国家发展计划,基建投入总额高达 4 180 万亿印尼盾(约合 1.88 万亿元人民币)。

这些投资向爪哇族豪族控制较浅的边远地区倾斜,佐科威在巴布亚省和西巴布亚省这两个印尼最贫困的地区,投入了 155 万亿印尼盾(约合 700 亿元人民币),建造一座新体育馆、一条长达 3 462 公里的收费公路、医院、5 个海港和 6 个新机场,获得了根据地。

同时,佐科威大力引入外国直接投资,获得外国支持,以制衡本地豪族(他的竞争对手普拉博沃是极端民族主义者,受到美国等多国制裁)。他极大地削减了印尼的外国投资限制,吸引外国资本投资印尼市场。他深知自己最大的竞争对手普拉博沃手上曾经沾着印尼华人的鲜血,于是自己就反其道而行之,对华亲善。在他当选一年之后,中国就击败了日本,获得了东南亚第一条高铁、连接雅加达和万隆的雅万高铁的合同。其后更积极地参与"一带一路"倡议中。

借助基建和外资的力量,印尼的贫困人口在 5 年中减少了 300 万,再加上大力反腐、打击豪族,原本梅加瓦蒂眼中的傀儡,逐步掌握了印尼的各项大权,变成了真正的印尼第一人。

托孤不成

凭借出色的经济发展成绩单和苦心经营的基本盘,佐科威非但没有成为傀儡,反倒牢牢地抓住了印尼的权柄。在之后的 2019 年大选中,左手依靠副总统、著名伊斯兰教士阿敏,拿下宗教保守势力;右手高举经济成绩单,吸引中低层选民支持。左右夹击之下,轻松击败了老对手普拉博沃。恼羞成怒的普拉博沃拒绝接受败选,控告佐科威作假,想要复刻自己老泰山苏哈托的做派,出盘外招,意图政变。他的党徒在雅加达制造骚乱,造成 8 人死亡、737 人受伤。可 2019 年的佐科威已经不是 10 年前那个木匠商人,从中央到地方,已经形成了一大批忠诚的支持者。普拉博沃左冲右突,毫无机会。此时,佐科威长袖善舞的柔韧身段再次祭出高招。他邀请普拉博沃担任国防部长,对外显示心胸宽广,为了国家主动妥协,对内让普拉博沃有个台阶下,免得狗急跳墙。

一系列精彩操作之下,佐科威迅速平定了动荡的局势。

重新坐稳总统大位的佐科威,此时心理却发生了微妙的变化。印尼的总统,任期限制为两届。佐科威虽然一时压住了普拉博沃,但其根基尚在。等到2024年任期结束,草根出身的佐科威再无能力与其对抗。

不光有外敌,家贼也很棘手。佐科威所在的民主斗争党,始终是印尼国父苏加诺的女儿梅加瓦蒂的党派,梅加瓦蒂已经打定主意,让其女儿、现任众议院议长的玛哈拉妮,继承其政治遗产。虽然佐科威着力培养自己的儿子吉伯朗(担任佐科威龙兴之地梭罗市市长)和女婿巴比(棉兰市市长)走上政坛,但毕竟资历尚浅,不能独当一面,如果自己到时隐退,缺少荫蔽的儿子与女婿肯定无法复制自己的成功,甚至会与自己最信任的前副手、印尼第一个华人雅加达省省长钟万学一样,以莫名其妙的罪名被政敌送入监狱。

无法托孤,只能自己想办法多撑两年。如果2024年不下台,佐科威有两个选项:

第一个是修改印尼宪法,允许其第三次竞选总统。佐科威和普拉博沃的支持率差距并不大,如果修改宪法,让印尼民众回想起苏哈托32年残酷的独裁统治,连任并非十拿九稳。而且修改宪法需要议会的全力支持,有私心的梅加瓦蒂为了自己女儿的前途,一定不会全力帮忙。

第二个是延长任期,延后选举。这条可行性更大一些,毕竟既保证了政权的连续性,又不会给自己的政敌递刀子。只要多干个两三年,等到儿子吉伯朗羽翼成熟,佐科威也就可以安心交棒了。一段时间以来,印尼海事及投资协调部长潘杰坦、经济协调部长埃耶兰卡等佐科威亲信,不止一次放风,以保持政策连续性的名义,提出延长总统任期的想法。

但是屋漏偏逢连夜雨,延长总统任期既然是为了保持政策连续性,那么政策本身就需要受到民众欢迎。可是,佐科威的支持率却开始跳水。

佐科威靠基建拉动经济,导致印尼债台高筑,第一个任期花了4 188万亿印尼盾,第二个任期到现在过半的时间,基建只投入了390万亿印尼盾,后继乏力。印尼的经济增长因此也仅仅维持5%左右的增速,低于佐科威承诺的7%。

另外，随着俄乌战争和全球经济形势的恶化，印尼国内食品和油料的价格飞涨，民怨沸腾。佐科威的支持率从 73％下降到 58％，几乎要追上他 7 年总统生涯中的最低值。

连喜欢他玩摩托车、摇滚的年轻族群，似乎也开始不满，雅加达甚至有学生向总统府投掷石块。

佐科威需要与 2014 年大逆转一样，来次漂亮的翻身仗。

背水一战

为了赢回民心，佐科威先是祭出了老绝招——大兴土木。

他在 2019 年推动印尼迁都。他提出雅加达人口爆满过度拥挤、无法应对长期气候变化危机、基础设施不足、空气严重污染、陆沉持续，以及天灾威胁等问题，准备耗资 466 万亿印尼盾把首都从雅加达，迁移到婆罗洲岛的东加里曼丹省。但其计划备受争议，资金缺口也很大，导致推进困难。

他又效法菲律宾总统杜特尔特，大搞街头缉毒事业，公开表示印尼警察可以当街击杀毒贩，营造铁腕形象，没想到也收效甚微。

他还组织了印尼刑法修订，迎合印尼国内宗教保守势力，规定发生婚外性行为的人士最高可被判 1 年监禁，婚前与伴侣同居则可被判 6 个月监禁，甚至分享避孕及堕胎资讯也可能被判 6 个月监禁等，没想到招致大量批评，反而损害了他的民望。

病急乱投医之下，他只能寄希望于外交领域。

运气极佳的佐科威，正好赶上印尼成为东盟轮值主席国和二十国集团峰会东道主，深知抓住机会重要性的他自然不会让机会白白流走。

俄乌与中国

俄乌冲突，印尼躺枪。乌克兰作为最大的葵花子油出口国，其海运中断导致国际油品供应短缺。印尼的棕榈油需求大增，价格暴涨，甚至印尼人都无法负担。为了平稳棕榈油价，佐科威不得不命令禁止棕榈油出口，但仍不能制止棕榈油价格暴涨，买油困难的民众怨声载道。为了平息民愤，佐科威急需与俄乌双方达成粮食和油料出口协议。

同时,作为二十国集团峰会的东道主,佐科威碰到的第一个难题,也是俄罗斯。作为二十国集团的成员,原本普京是应该参加二十国集团今年的峰会的。但西方国家以俄乌战争为由,向佐科威施压,要求他拒绝普京参会,否则就抵制本次峰会。

佐科威深知西方的力量已经被极大削弱了,而俄罗斯掌控着降低印尼通胀所需的化肥和粮食,因此秉承印尼多年以来的"不结盟"策略,顶住了西方的压力,坚持邀请普京参会。但是同时也向泽连斯基发出邀请,请他以嘉宾形式参会(乌克兰不是二十国集团成员),以显公平。

再加上他先去基辅,再去莫斯科,显示出调停俄乌战争的诚意,一方面消解西方对其拒绝制裁普京的愤怒,另一方面也向印尼国内展现其高超的政治手腕,博取人心。

另一边,中国也是佐科威的重点合作对象。中国是印尼最大的贸易伙伴,2021年双边贸易额约1 200亿美元。中国从印尼大规模进口镍铁、煤炭、铜和天然气,2022年上半年,中国从印尼的进口同比激增了34.2%,仅次于俄罗斯。佐科威向来对华友好,印尼在"一带一路"倡议中发挥着重要作用,雅万高铁也是两国合作的典范。二十国集团美俄如此刀光剑影的场合,如果有中国重量级人物出席,显然峰会规格和成果将大大不同。因此佐科威马不停蹄地又来到中国,邀请中方高层领导赴雅加达参会。

所有这一切努力,都是想要迅速平稳食品及油品价格,同时在国际舞台上展现佐科威的领导力,扭转其快速下滑的民意。

然而,如何在二十国集团中调停俄罗斯与西方剑拔弩张的关系,如何调解不同立场国家抱团以避免形成对立,如何协调东盟成员国避免选边站队保持团结,如何处理食品短缺并与高燃料价格抗争,如何应对主要贸易伙伴中国、欧盟与美国经济放缓导致印尼经济下滑等一系列问题,想必长袖善舞的佐科威,也有些分身乏术的感叹吧。

乱世出英杰,也许正是2022年夏天如此混乱的国际政局,给佐科威带来了最大的舞台。他能不能像18年前刚刚从政时一样,用坚忍的意志和柔软的身段,再次创造奇迹呢?

让韩国总统"惧内"的第一夫人金建希

惧内总统和太上王

韩国是个不折不扣的男权社会。虽然韩国女性权益活动开展得轰轰烈烈，甚至韩国政府都建立了女性家庭部，但是韩国女性的地位依然低下。韩国男性就业率为70%，而女性就业率仅为50%，很多女性在结婚之后就被要求辞职回家，成为全职主妇。在高级岗位中，女性的占比更是低得可怕，上市公司中女性职员比例仅为5.2%，4级以上的国家公务员中，女性占比17.8%。

然而在这么一个"大男子主义"无孔不入的韩国，却出现了一个让韩国总统都变成"耙耳朵"的强悍第一夫人。这就是韩国总统尹锡悦的夫人——金建希。

让金建希如此锋芒毕露的，还是总统宴会上一个小瞬间。2022年5月10日，尹锡悦举办了盛大的总统就职典礼，典礼结束之后，按照惯例，尹锡悦在首尔市内显赫的新罗酒店举办总统就职纪念晚宴。眼尖的韩国媒体在宴会上捕捉到这样一段画面：

接受众人祝贺的尹锡悦，正端起香槟酒杯准备一饮而尽，突然发现金建希以犀利的目光盯着自己，不自然地缩了两下脖子，赶紧把手中的酒杯放下，脸上还显露出一丝紧张的神情。看到丈夫把酒杯放下，金建希才将目光从尹锡悦身上移开。

韩国尽人皆知，新任总统尹锡悦是个嗜酒的人。检察官出身的他，有牛饮的海量，最喜欢烧酒加啤酒，据说他因为得罪权贵被下放地方检察院的时候，经常每周喝100杯以上的烧酒。单单瞅了一眼，就让这么一个爱喝酒的韩国权力巅峰上的男人缩起脖子放下酒杯，实在是韩国的新鲜事。《朝鲜日报》《中央日报》《首尔新闻》这些韩国大报也纷纷报道了尹锡悦这次"惧内事件"。

在这次宴会事件之前，其实金建希的声威已经在韩国家喻户晓。她曾经很霸气地说过"我是尹锡悦的妻子，但更是金建希"。因为其创立了艺术策展公司并自任代表理事（日韩企业株式会社制度中，具有代表和治理双重职能的特定董事，相当于总经理加法人代表），所以被韩国大众称为"金代表"。

许多韩国民众认为，金建希也许才是真正赢得大选、掌控韩国大权的那个"上王"（太上王的简称，朝鲜新罗王朝时代，真圣女王退位给儿子，自己继续掌权，成为朝鲜历史上第一个上王）。

宴会的另一个细节也引起了舆论的注意。尹锡悦与李在明这次选战非常胶着，双方都使出了不少盘外招，最后尹锡悦以微弱优势侥幸获胜，两个政党之间的关系自然也冷如冰封。然而在宴会中，记者们却发现，金建希与李在明所在的共同民主党要员、尹锡悦的重要政敌尹昊重相谈甚欢，原本严肃的尹昊重在金建希面前甚至多次捂嘴大笑。连官场仇敌都拜倒在金建希的魅力之下，难怪韩国时事评论家金容敏写道："虽然尹锡悦就任，但金建希可能会掌权。"

冻龄美貌，把丈夫驯服得服服帖帖，还能游刃有余地游走在各派中间，难怪很多韩国网民惊呼，韩国这位第一夫人好似明成皇后转世……

下嫁和旺夫

金建希出身草根，能到今天这个地位，全靠过人的眼光和手腕。

1972 年，金建希出生在京畿道杨平郡的一个公务员大家庭。金建希是四个孩子当中的老二。在金建希 15 岁那年，父亲金光燮病逝，所幸母亲崔恩顺是一名极其能干的女性，靠开服装店和小吃摊起家，通过房地产生意积累了不少财富，让四个孩子都能够接受良好的教育。母亲一肩支撑起全家的经历，也化作金建希成为一个独立女性的原动力。

1996 年从京畿大学艺术学院毕业之后，金建希开始在艺术圈摸爬滚打，逐渐在艺术展览界打出一片天地，35 岁时她创立艺术策展公司 Covana Contents，通过举办大型画展，声名鹊起。金建希的生意做得越来越红火，接连举办了"卡地亚收藏品展""安迪·沃荷伟大世界展""不朽画家凡·高在巴黎"等著名展览。2021年尹锡悦竞选公布家庭财产时,在金建希名下的资产高达70亿韩元,其成功可见一斑。

随着公司的成功,金建希的社交圈也在快速"升级"。2010年,在机缘巧合之下,她认识了当时大她"一轮"、已经52岁的尹锡悦。两个"大龄剩男剩女"刚认识的时候并不来电,而且当时尹锡悦虽然身居韩国重要的检察官职位,但是因为多次得罪权贵而外放,所以财务上也很窘迫。据说他追求金建希的时候,账户里只有区区2 000万韩元的存款(大概11万元人民币),还不及金建希的零头。金建希后来回忆说:"尹锡悦比我大很多,我都当他是个大叔,他没有什么钱,身边也没有女人,如果没有我,这辈子估计他很难找到老婆。"

面对大自己12岁且又胖又穷的尹锡悦,金建希却毅然"下嫁"。关于为何能追求到年轻貌美而又成功多金的金建希,尹锡悦在竞选中曾说,全靠自己"许诺给媳妇做一辈子饭",还曾经在综艺节目中表示,"如果不给老婆做饭,有可能会被赶出家门"。宠溺娇妻的形象跃然纸上。

但当时已经财务自由的金建希,显然不需要找个"厨子"。她还是看上了尹锡悦身上的潜力。检察官在韩国是个特殊的存在,具有非常大的权力,韩国总统都难逃检察官的检控(尹锡悦自己就曾经给两任韩国总统定过罪),对于一般的工商业人士来说,更是手拿把攥,地位超然。金建希正是看出了尹锡悦这个潜力股将来的发展,才接受了大自己12岁的"老男人"的追求。事实证明,金建希看人的眼光是毒辣而精准的。

另一个关键因素则是迷信。尹锡悦和金建希都是非常迷信的人,俩人年轻时就特别相信"大师"和"算命先生"。有传言说,尹锡悦特别相信韩国著名"术士"、人称"铁嘴算子"的徐大元,而正好金建希也特别相信风水命理,常常找徐大元问卜。两人是由徐大元引线认识的。韩国坊间传言,徐大元算出尹锡悦是"天生孤寡",所以他身在要职却50多岁还没结婚,同样金建希也是"孤寡命",但是两人灵气相合,所以可以结婚。不知道命理先生的话,对这对"大龄剩男剩女"决定结婚起到了多大的作用。

不过算命先生的卜算似乎相当灵验,尹锡悦迎娶"旺夫"的金建希之后,事业就坐上了火箭。2012年结婚的时候,被外放许久的尹锡悦刚刚被调回首尔,不过是检察长办公室中央侦查一处的一个处长,结婚之后,原本坎坷的仕途一下子顺畅起来。

2016年朴槿惠案爆发，尹锡悦临危受命，担任"亲信干政门"特别调查小组组长。尹锡悦亲选20名检察官组成检察团，将朴槿惠一派人马打得七零八落，"总统杀手"一战成名。2017年升任首尔中央地方检察厅厅长，2018年查办前总统李明博，2019年升任检察总长，以不可能的速度完成官场三级跳，从正处跨到正部级。在2022年大选中，实现大逆转，以毫厘优势击败执政党共同民主党的候选人李在明，完成了韩国历史上罕见的权力大跃进。

如此旺夫的老婆，尹锡悦这饭做得应该很心甘情愿。

结婚不久，金建希怀孕，但由于是大龄产妇，因此不幸流产。此后二人再无子嗣，只养了一群宠物作伴。金建希夫妇总共养了四只狗、三只猫，幸得金建希生财有道，在首尔有面积超大的居所，否则这么多宠物还无处居身。

光鲜背后

2019年，原本只是在艺术策展圈小有名气的金建希，走入了韩国大众的视野。这年尹锡悦被文在寅总统任命为韩国总检察长。总检察长在韩国是具有特殊地位的司法官员，按照惯例，总统要举办任命典礼。金建希作为尹锡悦的夫人，陪同他参加了这个许多媒体与会的就职典礼。

唇红肤白、眼眸传神如同娃娃，梳着斜刘海短马尾，看上去似乎20出头的金建希，在一群穿着古板西装的老年政客群中异常扎眼，马上引起了韩国社会的注意。

木秀于林，风必摧之，声名鹊起后跟随而来的是善于挖掘黑料媒体的放大镜审视。随着尹锡悦步步高升，他的敌人和竞争对手也越来越多、越来越强，对金建希的挖料也就随之越来越深。

首先被挖的，是金建希的"初恋脸"。金建希在50岁的时候，还能维持二三十岁的颜值，除了妆容和穿衣心思独到，更重要的是韩国整容技术的加持。韩国媒体把金建希年轻时的照片翻出来，对比之下，是否整容一目了然。不过对于韩国这样一个整容大国来说，爱美之心人皆有之，略微动动手术刀也是稀松平常的事情，不算什么丑闻。但是金建希性格刚硬，非要公开说自己只割过双眼皮，其他绝对"原装"。

在各种历史照片的对比之下，这种嘴硬实在是苍白无力。整容不算丑闻，但是为此嘴硬说谎、指鹿为马性质就不同了。韩国国内对金建希这种行为也大为不满，韩国歌手安致焕还特地写了一首歌讽刺她，歌名是《长得像迈克尔·杰克逊的女人》，单曲封面是一名穿西装衬衫的女性，歌词中多次出现与"建希"二字念起来完全相同的双关，再加上歌词中提到"长相换了好几次的女人，名字也换了好几次的女人"，似乎的确在影射金建希（金建希原名金明信，2008年改名建希）。不过面对尹锡悦的高压抨击，安致焕还是被迫出来道歉，说歌词实际讽刺的是韩国前总统朴槿惠的"闺蜜门"事件主角崔顺实。

整容都要撒谎，其他的当然也不剩多少真实。

在媒体的挖料之下，金建希的丑闻一个接着一个。先是被人发现她的硕士毕业论文《保罗·克利绘画特征研究》，查重率高达42%，基本上就是抄的。然后金建希常常自以为豪的水原女子大学教职经历也被人发现作假，她当时申请教职的简历里许多是子虚乌有的虚构。比如金建希宣称曾在2004年首尔国际漫画动画节上荣获大奖，但是当年获奖者名单里并没有她的名字；还有她说自己从2002年开始担任韩国游戏产业协会策划组的策划理事，但这个协会2004年才建立等。

对此，金建希还是一样的嘴硬，号称自己只是想让简历更好看，为了突出自己，如果这是罪，那就是罪吧，等等。这种傲慢的态度让原本的小丑闻变成大事件，最后不得不举办记者招待会公开道歉了事。

"皇亲国戚"

抄袭作假还是小事，金建希最大的命门还在于她对自己的定位。迷信的她始终认为，自己和尹锡悦是命中注定的"人上人"，因此常以"皇亲国戚"的态度对待周围的人。

她常常对身边的记者媒体直接下达命令，有些甚至等同于贿赂。比如她曾经对多个记者表示，自己对对方很满意，希望对方能来竞选团队工作，替她像韩国国情院（韩国的中央情报机构，类似于美国的CIA）一样收集情报，如果做得好，可以马上拿1亿韩元的红包。据说收到这种"工作邀请"的记者，多达十多个。

对于对自己不友好的媒体，她则是直接摆出霸王腔。她曾经对抨击尹锡悦的网媒表示：不要认为尹锡悦温和好欺负，我们背后有保护我们的大势力，随便说话可能会出大事的。

常在河边走，怎能不湿鞋。总是威逼利诱媒体和记者的金建希最终还是捅出了大娄子。在金建希与《首尔之声》记者交谈的过程中，对方秘密对其言行进行了录制，整理出7小时45分钟的录音，公布在媒体上。录音中，金建希露骨地表示："我丈夫如果成为总统，你将获益良多。如果李在明成为总统，你想想你能得到什么？"还对韩国政界讳莫如深的朴槿惠案进行"揭秘"：敌人往往来自内部，促成朴槿惠下台的不是文在寅而是保守势力。最后还不忘自己的"1亿韩元"套路，对记者保证，如果能够完成她布置的抹黑其他候选人的任务，等到尹锡悦当选之后，记者会获得1亿韩元。

金建希的妈妈崔恩顺也不是省油的灯。韩国的检察官有独立决定是否起诉的权利，因此在韩国司法体系中的影响力巨大。女婿尹锡悦在首尔检察厅当一把手，崔恩顺自然也不会放过这个机会，原本崔恩顺有一些地产是做情趣酒店的，还曾经因为"非法扩建"惹上官司，现在有女婿撑腰，当然要搞点更大的生意。她把家里的酒店改造成疗养院，并从韩国疗养保险金中获取高额利润。结果没想到女婿的官大，敌人也多，最终竟然没有保住岳母平安。就在尹锡悦宣布参选总统后不久，崔恩顺就因为涉嫌骗领了22.9亿韩元疗养保险金以诈骗罪被判刑3年。

对金建希更麻烦的是，妈妈在审讯过程中无意间透露，金建希和尹锡悦实际上是通过三武建设董事长赵南旭认识的，而并非所谓的"大师牵线"。据说金建希当时以"朱莉"的化名出入万丽酒店，替母亲的地产生意结交商界人士。当然金建希对此传闻一口回绝。没想到后来首尔大街上甚至出现了神秘壁画，影射"朱莉"过往的"交际历史"。当然随着尹锡悦当选，这段往事估计也很难被证实或证伪了。

财阀与蛰伏

金建希的丑闻越来越多，以至于"旺夫"的妻子成了尹锡悦的包袱。为了扭转局面，尹锡悦公开表示，如果自己当选，妻子的艺术策展公司将暂停营业，同时他也会解散青瓦台的总统第二秘书处，这个秘书处传统上是协助韩国第一夫人办公的机构，以此表示似有"行为不端"的妻子不会干政。

大选最后几个月，金建希极度低调，除了大选当天露面投票，几乎从不出现在公众视野。韩国国内一直有声音猜测，为了避免丑闻，可能金建希不会出席尹锡悦的总统就职典礼。而当金建希以一身白装出现在就职典礼的时候，出乎很多人的意料。

她有必须出席的理由。

韩国人常说，"死亡、交税和三星"，意思是不可避免的事物。韩国经济70%由十大财阀家族集团控制，其中三星一家的销售额就占到了韩国GDP的22%。这些财阀才是韩国真正的主人。如果不能与这些财阀处好关系，即使贵为总统也寸步难行。尹锡悦所在的国民力量党正是支持财阀的保守派势力。

但是财阀在韩国名声极差，文在寅的共同民主党正是高举反财阀的旗帜才成功上台，他也通过检举三星太子李在镕，完成了对选民的承诺。尹锡悦需要感谢财阀的推举，同时又不能与财阀走得太近。这样，妻子金建希就成为最关键的人物。

财阀们明白金建希对尹锡悦有很大影响力，同时金建希又没有公开职务，与财阀协调沟通比直接找总统低调稳妥得多。在金建希的安排下，2022年的总统就职典礼，韩国五大财阀的负责人全数出席，包括三星电子副会长李在镕、SK集团会长崔泰源、现代汽车集团会长郑义宣、LG集团会长具光谟、乐天集团会长辛东彬。上次出现这样的大佬齐聚，还是10年前朴槿惠的总统就职典礼。

朴槿惠是朴正熙的长女，而韩国大财阀几乎都是在朴正熙时代成长起来的，很多人也受过朴家的恩惠和保护。朴正熙1961年政变上台就与三星初代创始人李秉喆达成过秘密协议，以政治保护换取李家财力支持，虽然后边也几经冲突，但关系还在。所以哪怕失势，朴家与财阀的关系依然藕断丝连，甚至李在镕入狱也是被朴槿惠案牵连。

在总统就职典礼上，虽然文在寅的座位排在前边，但是金建希却抓住一切机会与后排的朴槿惠聊天。甚至到典礼结束，在尹锡悦夫妇按礼数送别前总统的环节，金建希都因为与朴槿惠聊天而错过了。

安排财阀尽数出场，冷落反财阀的文在寅，积极同被自己丈夫检控入狱但与财阀关系紧密的朴槿惠修补关系，金建希虽然没有总统权位，却帮自己丈夫传递出一个强烈的信号，财阀们又回来了。

尾　声

朝鲜历史上，从不缺乏女性垂帘听政。从神秘过去突然登上权力巅峰的金建希,带着各种谜团走上了韩国政治舞台的正中央。这位让韩国总统甘心下厨做饭、外表甜美、内心强硬的第一夫人,是否也会如同明成皇后或者真圣女王一样成为韩国人口中的"上王"呢?

尹锡悦当选之后,金建希在受访时表示,不希望使用"令夫人"(即第一夫人)的称呼,认为"总统配偶"的表达更好,金建希的心思,由此可见一斑。

随笔篇

屠龙少年终生鳞，叛逆首富受招安

屠龙少年终生鳞

你在凝视深渊的时候，深渊也在凝视你。

有一条恶龙，每年要求村庄献祭一个处女，每过一段时间这个村庄都会有一个少年英雄去与恶龙搏斗，但无人生还。又一个英雄出发，龙穴铺满金银财宝，英雄用剑刺死恶龙。然后坐在尸身上，看着闪烁的珠宝，慢慢地长出鳞片。

曾经潇洒的马斯克，最近似乎不那么体面了。这位以前各种举手投足都充溢着自信的前首富，最近似乎突然变成了一个八岁劣童。

他先是陷入了莫名的被害焦虑症，不但在多次采访中说自己正在面临暗杀的风险，最近还炒作出来蒙面疯子拦车事件。

为此，马斯克大动肝火，把推特上一票共享私人飞机行踪的账号全给封了。可是在美国，民用航空器的飞行位置和起降时间是公开信息，分享这些信息是典型的"言论自由"，因此马斯克的封禁行动被不少记者抨击"伪善"（马斯克入主推特，打的旗号就是保护"言论自由"）。

正常来说，天天被黑的马斯克也不缺这一件事被骂，过去也就过去了。可这次马斯克却如同吃了枪药，准备死磕到底。他把一群报道和抨击他封禁账号的记者的账号全给封了，封得严严实实。

屠刀举起，账号砍得唰唰唰。VOA 的首席记者都被封了，CNN、《华盛顿邮报》和《纽约时报》等大电视台与大报的一些大牌记者也没能幸免。

为了防止突然被塞抹布，不少推特上的"大V"开始公布他们在长毛象（另一个类似于推特的 App）上的链接，希望粉丝可以跟过去。

没想到这更触动了马斯克的逆鳞。推特突然出了个政策，一切外链的，通通要封。长毛象的推特官方账号首先被禁，其后大量"大V""小V"纷纷被封。包括脸书、Instagram 之类全被封，连好友特朗普的"truth media"平台也在封禁之列。

借着这个新政，推特砍账号的速度极大加快，原本还主要集中在新闻记者领域的封禁，现在全面推开，砍得"头颅滚滚"。

这个政策是如此不得民心，连与马斯克关系挺好的推特创始人多西也觉得不能理解，在这条规定下回了一句"Why?"（为什么）。

杀得失心疯的马斯克，才不管你是不是创始人，现在就是"逆我者亡"的架势，当然直接封了多西。这个新闻实在不好看，马斯克没想到有更狠绝的办法。

多西在最近所谓的"推特文件门事件"（马斯克曝光推特为亨特·拜登掩盖罪证而删帖封号的事件）发生之后，在推特孵化的长文章平台 Revue 上发了一篇长文，指出马斯克先入为主地对推特进行有罪推定，认定推特与拜登串通，这是不合理的。结果这文发出来没多久，马斯克直接就把整个 Revue 平台给关了。推特花了不少钱和时间孵化的重点项目，就因为一篇文章批评了马斯克，马上被连根拔起……

17 个小时，还算是长的。马首富还学到了"效率宝典"。

推特有个语音聊天室功能，叫做 Twitter Space。美国著名八卦媒体 BuzzFeed 的记者本着看热闹不嫌事大的心态，搞了一个被封禁记者的讨论大会。大概是实在搞得声势有点大，这个语音大会的消息传到了马斯克的耳朵里。讨论开始了一段时间之后，许多人突然发现马斯克亲自来到了聊天室。

这可热闹了，一群人质问他，不是说好的为了捍卫"言论自由"才买推特的嘛，怎么你封起来比之前的人封得还狠呢?

马斯克舌战群儒，没占到一点便宜，反倒被喷了不少"伪君子"的帽子。没过多久，就被一群牙尖嘴利的记者给喷跑了。马斯克下线短短几十分钟之后，整个推特 Space 语音聊天室就服务器宕机，功能下线了……

风度全无，封嘴塞听，如同暴君。马斯克最近这一系列行为，让人不由得怀疑，是不是他最近吃错了什么药，导致精神上发生了分裂。

贫贱百事哀,"缺钱"的首富

一分钱难倒英雄汉,马斯克突然性情大变,说到底还是被钱逼的。

马斯克的这个首富,是纸面上的富贵,真的论起现金流来,他还是很捉襟见肘的。

入主推特之后,马斯克发现这公司简直就是个烧钱机器,需要大量现金流去供养,但财富主要是特斯拉股票的马斯克,如果不出售股份又很难短期内获取足够的现金。偏偏现在美股弱势,特斯拉股价已经从高点腰斩,此时创始人出售股票,怕又要引发新的动荡,因此马斯克一直想用别的办法撑过这一关。

可自打他曝光"拜登丑闻"的推特文件门事件之后,推特的厄运就一直不断。先是各路广告主威胁集体退出推特,逼得马斯克给了"脚踝斩"的优惠才好歹稳住这帮大爷,原本收入不佳的推特,在"大优惠"之下又亏得更多了。然后是爆出推特与苹果闹翻,苹果将在苹果商店下架推特,逼得马斯克亲自去找库克喝茶,才算勉强维持住。

推特亏空越来越大,甚至大到推特总部租金都付不出来的地步。

再搞不到钱,推特怕是要倒闭了。人前光鲜的马斯克,其实已经债务淹到了下巴,借无可借。没办法,只能硬着头皮卖特斯拉的股票。

马斯克 2022 年已经出售了近 4 000 万股特斯拉股票,套现 200 多亿美元,每次套现之后,特斯拉股票就跌一轮,股价已经"脚踝斩"。

特斯拉毕竟是上市的公众公司,创始人如此薅羊毛,把羊都要薅秃了,这怎么能忍?特斯拉股东中已经有人串联起来,向马斯克下了最后通牒,如果不放弃推特,那么也别当特斯拉的老板了。

内忧外困,推特看起来要保不住了,连大本营特斯拉都有可能被人抄走。马斯克承受着巨大的压力,之前的那些怪异乖张的行为,大概也是被逼得有点失心疯。

叛逆首富受招安?

多重打击之下,马斯克还是顶不住了。

他在自己的推特上发起了一个投票，说如果支持他不再掌管推特的人多，那么他就退位。结果压倒性的多数人认为他应该退位。之后他也发帖说会按照大多数人的意愿行事。

这样的投票辞职，也算是叛逆的马斯克最后的倔强了。

明眼人都看得出来，自打马斯克戳破了亨特·拜登的"邮件门"之后，他就绝无可能在推特坐稳宝座了。

马斯克这些新贵，因为其崛起之迅速，往往以为所有的事情都能用钱来摆平，只是他没想到，自己段位还差得远。

就在马斯克发起辞职投票的时候，他被拍到来到世界杯决赛现场。首富看个球没什么特别，特别的是跟谁一起看。

现在可千万别认为库什纳是特朗普的人，这个人可是相当忠诚地执行"犹大精神"。只要利益足够，该背叛的时候绝不手软。特朗普的海湖庄园被抄家，据说是有一名内应报信，目前传闻告密者是伊万卡。伊万卡为了与库什纳结婚，放弃了基督教的信仰，加入了犹太教，可谓对老公言听计从，相信告密这件事也是受库什纳的指派。

库什纳和世界最大的对冲基金管理人及做市商之一的 Citadel 老板格里芬，现在已经成为共和党建制派里最有名的两个操盘手。马斯克与这两个人一起来看球，也就不用多说了。

当年特朗普靠推特一己之力当选总统，可见推特政治影响力实在太大了。匹夫无罪，怀璧其罪，这么一个重器，怎么可能让你一个"个人"私有？不去找个大树挂靠，可不就会喝凉水都塞牙？不去找个大庙挂靠，这满天神佛，哪怕贵为首富也招架不了。之前是文斗，大家就是给个信号，如果装傻，后边谁知道还有什么招数。

在被各种"无形"铁拳打得眼冒金星之际，哪怕叛逆不逊的马斯克，也只能低眉顺眼地求招安了。亿万的身家，全家的性命，千斤担子下，该低头的时候也要低个头。

希望搭上了库什纳和格里芬以及共和党建制派大船的马斯克，这次能平安落地。也许多年后马斯克回想起这段历史，也会对自己说：安心做个富家翁多好，何苦要蹚这浑水？

（本文写作于 2022 年 12 月 20 日）

可控核聚变突破：人类里程碑、美国降维打击还是里根星球大战？

美国突破可控核聚变

星际文明的前提，是掌握太阳的能量。

文明的等级，来自它获取和利用能量的能力。衡量文明先进程度，一般用卡尔达舍夫指数（Kardashev Scale）[①]，其根据就是一个文明所能够利用的能源数量。目前人类文明的卡氏指数只有0.73，连一级文明的边还没摸到。掌握核聚变的能源将是人类实现文明跃升的关键。

人类早已经掌握了核聚变技术，并用这种技术制造出了氢弹。但氢弹中的核聚变太过于猛烈，无法可控地从中获取能量。一旦可以可控地进行核聚变反应，那么就将获得源源不断、几乎"免费"的能源。因此，可控核聚变技术一旦被发明出来，将是人类文明的一次飞跃，最先掌握可控核聚变技术的国家，将如同历史上最先掌握青铜、钢铁、蒸汽机的国家一样，支配整个世界。

包括中国在内的许多国家，已经成功地进行了可控核聚变的实验，只不过在这些实验中，所耗费的能量比核聚变产生的能量还多，因此没有实用价值。

美国能源部于2022年12月14日公布了一个重磅消息：美国人在可控核聚变技术上实现了重大突破。

[①] Ⅰ型文明：使用它的故乡行星（地球）所有可用的资源；Ⅱ型文明：利用它的恒星（太阳）所有可用的能源；Ⅲ型文明：利用它的星系（银河系）所有可用的能源。

美国劳伦斯·利弗莫尔国家实验室（Lawrence Livermore National Laboratory）在最近的一系列实验中，通过激光点火的方式，成功进行了可控核聚变，并且获得了正能量收益（核聚变产生的能量超过了激光花费的能量）。

劳伦斯·利弗莫尔国家实验室花费了 35 亿美元，建造了有 3 个足球场那么大的核聚变实验室，由近 200 台激光器同时用极高能量的激光轰击一个小点上的氢原子，以启动氢核聚变反应。最成功的一次实验中，该实验室消耗了 205 万焦耳的能量，启动了核聚变，从核聚变中获得了大约 315 万焦耳的能量，投入产出比超过了 100％，达到了 150％。

这的确是非常惊人的成果。之前中国和欧洲可控核聚变的能量效率，最高也就 70％左右，美国人 150％的效率是人类历史上第一次实现了可控核聚变的正能量收益，这事无论如何也是彪炳史册的时刻。

美国降维打击？

如果美国真的掌握了可控核聚变技术，那么它将像三体人碾压地球人一样，降维打击其他国家。

可控核聚变带来源源不断几乎廉价的能量，可以让石油、天然气通通变得毫无价值，靠着石油、天然气过活的中东和俄罗斯的经济，将遭到毁灭性打击，世界能源格局彻底改变。借助可控核聚变带来的廉价能源，美国的工业将重新获得无与伦比的竞争优势，碾压任何竞争对手。借助可控核聚变，星际旅行、行星改造这些原本的科幻概念，全都可以实现。可以说，有了可控核聚变的突破，足够让美国再当一千年的霸主。

但前提是，这个可控核聚变的突破是真的。

劳伦斯·利弗莫尔国家实验室声名卓著，当然不会伪造实验数据，不过数据怎么解读，那就文章颇深了。

通过激光"点火装置"进行核聚变，中间要经过多层能量转化才能获得能量足够大的高能激光，每一层都有巨大的能量耗损。劳伦斯·利弗莫尔实验室所声称的 150％能量收益，是按激光能量来算的，如果考虑到电能转化为激光过程中巨大的能量耗损，美国这个可控核聚变的正能量收益的含金量还需要慎重对待。

另外，劳伦斯·利弗莫尔国家实验室这套激光可控核聚变装置，已经连续进行了许多次的点火试验，其中仅有几次达到了150%的能量收益，远没有达到稳定的可控正能量输出。

最后，这个激光可控核聚变装置需要巨大的投入，实验运行过程中会产生大量昂贵的设备耗损，运行成本极高，产生的能量却只有一点点，而且还是理论上的能量输出，无法收集起来用于发电。即使其正能量输出是真的，以人类目前的技术、工艺和材料水平，也远远达不到商业化的可能性。

许多人说0－1实现了，1－100就是顺理成章的事情。可人类历史上科学突破与技术使用往往相差百年。1690年，曾经发明高压锅的法国科学家帕潘就发明了蒸汽机，但直到1780年前后瓦特的改良，才让蒸汽机真的用于实际。

也就是说，可控核聚变的突破固然是科技上的里程碑，但远远没有到动摇地缘政治的地步。

星球大战再来一次？

1983年，美国总统里根宣布了一个名为"星球大战"的军事战略计划，目标为建造太空中的激光装置来作为反弹道导弹系统，使敌人的核弹在进入大气层前受到摧毁。

这个星球大战计划显然将极大地动摇苏联的核反击能力，让苏联的几万枚核弹头无用武之地。所以惊慌的苏联马上投入巨量资源到与星球大战计划类似的军备突击中。几年下来国力空耗，国防消耗大量资源导致民生供应崩溃，引发了剧变，让美国不战而胜。

冷战之后，苏联人才发现，所谓星球大战科幻的战法，大多是美国人的编造，是吸引俄国人空耗国力的陷阱。

如今中东破局，美国在这个奇特的时间，巧合地突然宣布一系列科技大突破，怎么看都有点当年星球大战的味道。

如今美国可控核聚变取得如此巨大的突破，结果美国2022年给可控核聚变新增的拨款是多少呢？仅7亿美元，大概是俄乌战争投入的百分之一。如果可控核聚变真的能改变国际能源和地缘局势，这个拨款数至少得乘以100吧？

第一次"星球大战"骗成功,搞垮了苏联,第二次又想来"照方抓药"?

可控核聚变能量正增益的确是人类里程碑,但也可能如郑国渠一样,是吸引对手空耗国力的圈套。中国也在积极开展可控核聚变的研究,但轻重缓急,一定得分清。

(本文写作于2022年12月14日)